hänssler

ERIKA GEIGER

Nikolaus Ludwig von Zinzendorf

Seine Lebensgeschichte

Abitur 1956, Studium der klassischen Philosophie und Germanistik von 1957-1962 in München, Wien, Tübingen; Lehramtsexamina in München 1962 und 1964; Tätigkeit als Lehramtsassessorin im Gymnasium Korntal bei Stuttgart von 1964-1965, von 1972-1997 an der Friedrich-Oberlin-Fachoberschule in München, seit 1972 Lehrauftrag für Neutestamentliches Griechisch an der Fachhochschule für Religionspädagogik in München. Seit 1964 verheiratet, drei Kinder. Mitarbeit im Zinzendorf-Arbeitskreis (zur Herausgabe der Werke Zinzendorfs) seit 1993, mit der Edition von griechischen Texten beauftragt.

hänssler-Paperback
Bestell-Nr. 392.839
ISBN 3-7751-2839-5

© Copyright 1999 by Hänssler Verlag, D-71087 Holzgerlingen
Titelfoto: Unitätsarchiv, Herrnhut
Umschlagillustration: Stefanie Bunner
Satz: AbSatz, Klein Nordende
Druck und Bindung: Ebner Ulm
Printed in Germany

INHALT

DANKSAGUNG

Mein herzlicher Dank gilt der Direktion der Brüder-Unität in Herrnhut, die das Erscheinen einer kurzgefassten Biographie Zinzendorfs zu seinem 300. Geburtstag im Jahr 2000 angeregt und die mir mit der Übertragung dieser Aufgabe großes Vertrauen geschenkt hat. Ebenso danke ich den Mitgliedern des Zinzendorf-Arbeitskreises und dem Arbeitskreis, der das Zinzendorf-Jubiläum vorbereitet, für manche Hilfe und Anregung. Ganz besonders möchte ich mich bei Bischof D. Hellmut Reichel in Königsfeld bedanken, der das Manuskript sehr genau durchgesehen und mir zahlreiche wertvolle Hinweise und Ergänzungen gegeben hat. Gewidmet ist dieses Buch in großer Dankbarkeit meinem Mann, Dr. Gottfried Geiger, durch dessen kirchenhistorische Arbeiten ich mit Herrnhut und Zinzendorf bekannt geworden bin und der die Entstehung der Biographie als wissenschaftlicher Berater begleitet hat.

Gräfelfing, 28. März 1999   Erika Geiger

VORWORT

Ungezählte Christen lesen heute täglich die Losungen der Brüdergemeine. Mit ihrer Geschichte ist Nikolaus Ludwig Graf von Zinzendorf wie kein anderer verbunden, dessen 300. Geburtstag am 26. Mai 2000 wir entgegengehen.

Von ihm und seinem Leben berichtet dieses Buch, ein Buch voller Spannung. Wie anders verlief der Weg dieses Reichsgrafen, als er ihm von seinem Stand und der Familientradition vorgezeichnet schien! Schon als Kind prägte sich ihm die Geschichte von dem Heiland, der für uns in Leiden und Sterben ging, so tief in sein Herz, dass er »beschloss, lediglich für den Mann zu leben«. Die Verbindung mit ihm hielt ihn dann fest in allen Zweifeln seiner Zeit. Durch die Aufnahme mährischer Glaubensflüchtlinge auf seinem Gut wurde er unerwartet zum »Erneuerer« der böhmisch-mährischen Brüder-Unität, die seit dem Frieden von Münster und Osnabrück 1648 kein Lebensrecht mehr in ihrem Lande hatte. Diesen Siedlern in Herrnhut gab er zuerst das tägliche Bibelwort als Parole mit.

Aus ihrer Mitte zogen die ersten Boten in die Karibik, um dort die Botschaft vom Heiland den schwarzen Sklaven weiterzusagen, von denen europäische Christen meinten, sie hätten keine Seele, sondern seien »wie halb unvernünftige Tiere«. Das war der Anfang einer Missionsarbeit in fünf Kontinenten.

Das Zeugnis von dem »Schöpfer und Heiland« gilt allen Menschen. In ihm wusste sich Zinzendorf, von Hause aus Lutheraner, mit allen Christen verbunden und suchte ihre Gemeinschaft, obwohl ihn viele nicht verstanden und ablehnten. Die Brüdergemeine sah er mehr als eine ökumenische Dienstgemeinschaft denn als Kirche. So war er »der erste, ganz von der Sache aus denkende und redende Ökumeniker«, wie Karl Barth ihn einmal nannte. Er selbst bezeichnete sich schließlich nur als »Jünger«, Schüler des Wortes Gottes wollte er sein.

Wir wünschen dieser lebendigen Darstellung des Lebens Zinzendorfs auf Grund der heutigen Forschung viele aufmerksame Leser.

D. Hellmut Reichel, Bischof der Brüder-Unität

Im Berlin des Jahres 1738 ist der merkwürdige Graf Zinzendorf das Tagesgespräch. Für mehrere Monate hält er sich in der Stadt auf; er hat ein großes Haus gemietet, in dem er mit seiner Familie und 70 Brüdern und Schwestern aus Herrnhut logiert. Jeden Tag hält er dort Andachten für die Hausgemeinde ab. Aber die neugierigen Berliner wollen ihn auch hören. Von allen Seiten werden Bitten um eine öffentliche Predigt an ihn herangetragen. Jedoch keiner von den lutherischen Geistlichen in Berlin ist bereit, ihn auf seine Kanzel zu lassen, obwohl man weiß, dass König Friedrich Wilhelm I. einen Narren an Zinzendorf gefressen hat und ihn in jeder Weise unterstützt. Aber man kann für diesen undurchsichtigen Grafen, über dessen Brüdergemeine in Herrnhut man allerhand Verdächtiges hört, doch nicht einfach die Kirchentüren aufmachen! Soll er doch die Leute, die ihn hören wollen, in sein Haus einladen!

Und der Graf öffnet sein Haus für die Berliner Bevölkerung, die in Scharen herbeiströmt, jeden Tag werden es mehr. Zinzendorf muss mit seiner Zuhörerschaft von der Wohnstube auf den Dachboden umziehen, wo dann etwa 500 Menschen dicht gedrängt stehen, da für Stühle kein Platz ist. Schließlich kommen so viele, dass der Graf eine Einteilung treffen muss: Am Sonntag und Mittwoch spricht er für die Männer, am Montag und Donnerstag für die Frauen.

Auf der Straße vor dem Haus halten über 40 Kutschen in langer Reihe hintereinander; oben auf dem Dachboden sieht man adlige Herren neben Handwerkern, Studenten, Bürgern und Gelehrten. In der Ecke steht ein Student und schreibt eifrig mit. Später sollen die »Berliner Reden« im Druck erscheinen. Was ist das Faszinierende an diesem Redner, dass er die Menschen so stark in seinen Bann zieht? Was hat es mit diesem hochadligen Grafen auf sich, der freundschaftlich mit einem König verkehrt und sich von einfachen Handwerkern und Bauern »Bruder« nennen lässt? Der die Frauen ebenso achtet wie die Männer und deshalb seine Reden an beide Geschlechter in gleicher Weise richtet? Der als Prediger des Evangeliums in ganz Europa herumreist und aus seiner kleinen Bruderschaft in Herrnhut Missionare in die entlegensten Weltteile schickt?

1. Kinderjahre

Dresden, 26. Mai 1700. Im ersten Jahr des neuen Jahrhunderts bringt die junge Frau des Ministers Georg Ludwig von Zinzendorf einen Sohn zur Welt, der den Namen Nikolaus Ludwig erhält. Aber im Haus an der Scheffelstraße ist die Freude über das neue Leben sehr getrübt; denn der Vater des Kindes ist schwer lungenkrank. Wenige Wochen nach der Geburt seines Sohnes stirbt er an einem Blutsturz. Von Trauer erfüllt schreibt die junge Mutter Charlotte von Zinzendorf in ihre Familienbibel:

> *26. 5. 1700, Mittwoch abends gegen sechs Uhr hat der allerhöchste Gott mich in Dresden mit meinem Sohne Nikolaus Ludwig in Gnaden beschenkt, welcher aber nach sechs Wochen zur vaterlosen Waise geworden, da mein herzliebster Gemahl, dessen Vater, der selige Graf von Zinzendorf, mir von der Seite gerissen worden ...*[1]

Dunkle Schatten liegen also über der Geburt des kleinen Nikolaus Ludwig. Seine Mutter ist kaum 25 Jahre alt; sie war nur ein Jahr mit dem Minister Georg Ludwig von Zinzendorf verheiratet, der bereits zwei Kinder aus einer ersten Ehe hatte. Die junge Frau hat ein kurzes glückliches Ehejahr erlebt, getragen von großer Liebe und innigem Einverständnis der beiden Gatten. Nun ist sie nach dem Tod ihres Mannes mit den drei Kindern allein und in einer prekären finanziellen Situation; denn der Minister hat zwar eine Stadtwohnung besessen und ein Landhaus vor den Toren der Stadt, aber er hat kaum Bargeld hinterlassen.

In dieser Notlage steht der Bruder des Verstorbenen, der Generalfeldzeugmeister Otto Christian von Zinzendorf, seiner bedrängten Schwägerin ritterlich zur Seite. Er schickt ihr Geld zur Überbrückung der ersten schwierigen Zeit und übernimmt nach dem Willen des Verstorbenen die Vormundschaft für alle drei Kinder. Die beiden älteren aus der ersten Ehe seines Bruders will er zu sich nehmen, da er selbst kinderlos ist; sie sollen auf seinem Gut Gävernitz aufwachsen.

Die junge Witwe Charlotte von Zinzendorf hat also nur noch für ihren eigenen kleinen Sohn Nikolaus Ludwig zu sorgen. Sie verkauft Stadtwohnung und Landhaus und kehrt mit dem Kind in ihr Elternhaus zurück. Ihr Vater, Nikolaus von Gersdorf, ist ein bekannter Mann in Dresden. Er leitet als Geheimratsdirektor die oberste Regierungsbehörde im Land, den »Geheimen Rat«. Außerdem ist er Landvogt, das heißt der höchste Verwaltungsbeamte des sächsischen Kurfürsten in der Oberlausitz.

Das Wasserschloss in Großhennersdorf

Im Dresdner Stadthaus seines Großvaters verbringt also der kleine Lutz – so wird Nikolaus Ludwig genannt – die ersten Jahre seines Lebens. Aber schon 1702 stirbt der Großvater – wieder einmal ändert ein Todesfall die Lebensumstände des Kindes. Die Großmutter Henriette von Gersdorf muss ein Jahr später den kostspieligen Haushalt in Dresden auflösen. Sie zieht sich mit ihrer ganzen Familie, zu der auch Lutz und seine Mutter gehören, auf ihr Landgut zurück. Es ist das alte Schloss Großhennersdorf in der Oberlausitz, das etwa 80 km östlich von Dresden liegt.

Dieses Schloss, von einem Wassergraben und einem Lustgarten umgeben, in der rauen, wald- und hügelreichen Landschaft der Oberlausitz, mit dem Blick auf die fernen blauen Bergkuppen des Riesengebirges, wird die Kinderheimat des kleinen Lutz. Das Schloss ist erfüllt vom Leben der großen Familie, zu der auch Charlotte von Zinzendorfs jüngere Geschwister gehören, »Tante Henriette« und ihr Bruder Nicol. Sie sind nur elf und dreizehn Jahre älter als ihr kleiner Neffe. Fürsorglich nehmen sie sich des Kindes an, das so gerne spielt und sich so gerne herausputzt.

Es gibt ein Porträt von dem dreijährigen Lutz, das ihn in der Tracht eines römischen Feldherrn zeigt: Über einem Brustpanzer trägt er einen prächtigen faltenreichen Umhang, den er mit der linken Hand festhält. Die andere Hand streckt er in lässiger Haltung einem gefleckten Hündchen entgegen, das an ihm hochspringt. Das Gesicht, von hellen Locken umrahmt, mit der ausgeprägten Nase und den dunklen Augen, spiegelt den ganzen Stolz des Kindes auf sein heroisches Kostüm.

Es kommt Besuch

Eines Tages herrscht freudige Aufregung im Schloss zu Großhennersdorf. Ein Gast wird erwartet, von dem Lutz schon viel gehört hat: Philipp Jakob Spener, ein alter Freund der Familie. Er ist der in ganz Deutschland berühmte »Vater des Pietismus«, der die pietistische Programmschrift »Pia Desideria« (»Fromme Wünsche«) verfasst hat.

»Pietismus« bedeutet »Frömmigkeit«. Überzeugte Christen gehören zu dieser Bewegung, die eine persönliche Glaubensentscheidung getroffen haben und meinen, dass diese auch in ihrem täglichen Leben zum Ausdruck kommen muss. Deshalb stehen sie in einer gewissen Distanz zu der offiziellen lutherischen Kirche, die man die »orthodoxe« (rechtgläubige) nennt. An ihr vermissen sie das geistliche Leben und die freudige Aufbruchstimmung, die diese Kirche zu Luthers Zeiten hatte. Jetzt ist sie nach Meinung der Pietisten erstarrt in festen Formen und Lehrstreitigkeiten; sie hat eine Auflockerung durch die neue pietistische Bewegung dringend nötig.

Natürlich versteht der kleine Lutz noch nichts von diesen Zusammenhängen, aber er begreift, wie sehr Mutter und Großmutter sich über den Besuch dieses ehrwürdigen Mannes freuen, der da im Hof des Großhennersdorfer Schlosses aus der Reisekutsche steigt. Die Frauen kennen Spener aus Dresden, wo er fünf Jahre Oberhofprediger am kurfürstlichen Hofe gewesen war und wo sie

Nikolaus Ludwig von Zinzendorf als dreijähriges Kind

mit einigen anderen sächsischen Adelsfamilien zu seinem Freundeskreis gehört hatten. Mit großer Ehrerbietung und Freude wird der fast siebzigjährige Spener in Großhennersdorf willkommen geheißen. Lutz betrachtet ihn verstohlen und wünscht sich sehr, von ihm beachtet zu werden. Und wirklich, der alte Mann ruft das Kind zu sich. Die Erinnerung an den Vater des Kleinen steigt in ihm auf, mit dem er gut befreundet war und der so kurz nach der Geburt dieses Sohnes starb. Spener legt dem Knaben die Hände auf den Kopf und spricht einen Segen über ihn. Lutz ist tief beeindruckt und wird sich sein Leben lang dankbar an diesen »Spezialsegen«[2] erinnern.

Auch sonst gibt es viele Gäste in Großhennersdorf: Verwandte, Freunde und Schützlinge der Landvögtin Henriette von Gersdorf geben sich die Klinke in die Hand. Manchmal muss sie einen Gast auf später vertrösten, weil alle Stuben und Kammern in dem weitläufigen Schloss belegt sind.

Gegen Ende des Jahres 1704 wird Hochzeit gefeiert auf Großhennersdorf: Charlotte von Zinzendorf vermählt sich in zweiter Ehe mit dem brandenburgisch-preußischen Feldmarschall Dubislav Gneomar von Natzmer. Die junge Frau ist zwischen Freude und Wehmut hin- und hergerissen; denn diese Heirat bedeutet für sie die Trennung von ihrem Kind. Sie wird ihrem Gatten nach Berlin folgen und ihn auch in seine häufig wechselnden Winterquartiere während des Spanischen Erbfolgekriegs begleiten. Bei diesem unruhigen Leben kann sie ihren vierjährigen Sohn unmöglich bei sich haben. Der kleine Lutz bleibt in Großhennersdorf bei der Großmutter; er kennt die Mutter von nun an nur als Sommergast.

Die »Groß-Frau-Mutter«

Die wichtigste Bezugsperson für das Kind wird also die »Groß-Frau-Mutter«[3], wie er sie nennt: Henriette von Gersdorf. Sie ist damals etwa Mitte der Fünfziger, eine hervorragend gebildete Frau, die mehrere Sprachen beherrscht. Aber sie ist auch künstlerisch interessiert, malt, musiziert und dichtet Kirchenlieder. Regen Anteil

Henriette von Gersdorf, die »Groß-Frau-Mutter«

nimmt sie an den religiösen Auseinandersetzungen ihrer Zeit, bewahrt aber ein selbständiges Urteil und lässt sich von keiner der sich bekämpfenden Strömungen vereinnahmen. Zu Speners Pietismus fühlt sie sich hingezogen, ohne sich von der lutherisch-orthodoxen Kirche zu trennen. Vielmehr ist sie nach ihres Enkels späterer Aussage eine »Mittlerin«[4] zwischen beiden Richtungen und wird »von beiden gleich bewundert«. Sie sieht auf das Herz eines Menschen und nicht auf seine Konfession; diese »Prinzipia«[5] weiß sie dem Enkel zu vermitteln.

Ein inniges Verhältnis entsteht zwischen dieser »wahrhaft großen Frau«[6] und dem heranwachsenden Kind, ihrem »Augapfel«[7], dem sie die Mutter ersetzen will. Lutz darf in ihrem Zimmer schlafen, wodurch eine tiefe Gemeinsamkeit entsteht. Tagsüber ist sie vollauf beschäftigt mit Haushalts-und Verwaltungsdingen, mit den vielen Gästen und der riesigen Korrespondenz, die sie führt. Sie hat deshalb nicht viel Zeit, sich mit dem Kleinen unmittelbar abzugeben. Aber sie ist unbedingte Autorität und Vorbild für ihn. Abends im »Kabinett« erlebt er ihre tiefe Frömmigkeit, wenn sie beim Abendgebet in einer sehr persönlichen Art mit dem Heiland redet.

Während des Tages sucht Lutz sich andere Gesellschaft im Schloss. Da ist vor allem »Tante Nettchen«, seine Vertraute, der er sein ganzes Herz ausschüttet. Später kommt noch ein Vetter ins Haus und 1705 wird der Stiefbruder Dubislav von Natzmer in Großhennersdorf geboren. Auch er wird der Großmutter zur Erziehung anvertraut. Lutz hat also genügend Spielgefährten und muss nicht als einsames Einzelkind aufwachsen.

Ein »religiöses Wunderkind«?

Im Schloss zu Hennersdorf wird der christliche Glaube gelebt und praktiziert; auch die Kinder des Hauses werden in dieses Fluidum einbezogen. Deshalb ist es nicht überraschend, dass Zinzendorfs früheste Kindheitserinnerungen mit dem Heiland zu tun haben.

Er ist noch sehr klein, als ihm seine Mutter 1703 vom Sterben seines Vaters erzählt, der in seinen letzten Stunden an dem Lied: »O Haupt voll Blut und Wunden« Halt gefunden habe und »in der Meditation über das Lied … erstaunlich selig und vergnügt heimgegangen« sei, nachdem er seinen neugeborenen Sohn noch gesegnet hatte. Diese bewegende Schilderung der Mutter macht auf das empfängliche Gemüt des Kindes einen unauslöschlichen Eindruck. Zinzendorf wird zeit seines Lebens den Todestag des nie gekannten Vaters als wichtigen Gedenktag begehen[8].

Ein weiteres tiefgreifendes Erlebnis ist für den kleinen sechsjährigen Grafen der Abschied von seinem ersten Hauslehrer Christian Ludwig Edeling. Dieser weiß dem Kind seine Zugehörigkeit zum Heiland und dessen »Verdienste« sehr »aufgeschlossen, lebhaft und eindringend« darzustellen. Unter vielen Tränen beschließt das Kind, wie der erwachsene Zinzendorf später sagt, »nur noch für den Mann zu leben, der sein Leben für mich gelassen« hat.[9]

Dass Christus auch für die geliebte und verehrte Groß-Frau-Mutter an erster Stelle steht, erlebt das Kind jeden Tag, wenn die Landvögtin die Hausgemeinschaft zu einer Morgen-und Abendandacht versammelt. Hier wird viel gesungen, und die Kinder sind mit großer Freude dabei. Der kleine Lutz kennt viele Lieder auswendig. Besonders gut gefällt ihm die Strophe: »Unser lieber Vater du bist, weil Christus unser Bruder ist«[10]. Der Heiland ist also sein Bruder – das geht für Lutz aus diesen Worten klar hervor; und mit einem Bruder kann man reden und ihm alles anvertrauen!

Eines Tages verspricht ihm die Großmutter, dass diese Strophe in der Abendandacht gesungen werden soll, und Lutz freut sich den ganzen Tag darauf. Aber abends ist er so müde vom Spielen, dass er bei der Andacht einschläft und erst wieder aufwacht, als das Lied schon gesungen ist. Der Kleine ist außer sich vor Wut und Enttäuschung darüber, dass man ihn nicht geweckt hat, und führt sich so auf, dass man ihn nur mit Mühe wieder bändigen kann.

Der Heiland spielt also bei dem mit einer starken Einbildungskraft begabten Lutz eine große Rolle. Er schreibt seinem »Bruder« Briefe, die er zum Fenster hinauswirft, wo sie der Heiland seiner Meinung nach sicher finden wird. Und er redet »stundenweise« mit ihm »wie ein Freund mit dem andern«.[11]

Die Hennersdorfer Hausgemeinschaft jedoch ist keineswegs erbaut, wenn Lutz von seinem vertrauten Umgang mit dem Heiland erzählt. Das ist nicht die eher nüchterne, lutherische Art der Frömmigkeit, wie sie im Haus bei aller Aufgeschlossenheit für den Pietismus durchgehalten wird. Man wirft ihm Überheblichkeit in geistlichen Dingen vor; eine Großtante schlägt ihn sogar »ins Gesicht«, weil sie ihn für einen »extravaganten, geistlich hochmütigen Menschen«[12] hält.

Und doch hilft ihm diese persönliche Beziehung zum Heiland über die ersten Anfechtungen hinweg, die der erwachende Verstand bei diesem frühreifen Knaben schon bald auslöst. In seinem achten Lebensjahr verbringt er eine schlaflose Nacht. Schreckliche Gedanken und Zweifel jagen durch seinen Kopf: Ob es Gott wirklich gibt? Ob es nicht ein anderer Gott ist als der Heiland, den er so liebt? Die ganze Nacht wälzt er sich unruhig und ängstlich im Bett, dann findet er einen Ausweg: Der tägliche und vertraute Umgang mit dem Heiland ist ihm unentbehrlich geworden, den will er sich nicht durch Grübeleien nehmen lassen. Der Verstand, so erkennt er, ist wichtig für das tägliche Leben, für »menschliche Dinge«; »im Geistlichen aber« will er »bei der im Herzen gefassten Wahrheit«[13] bleiben.

Er erfährt also als Achtjähriger zum ersten Mal den »Widerstreit zwischen Kopf und Herz«[14]. Wenn er diese einzelnen Erinnerungen immer wieder beschreibt und aneinanderreiht, wird er unwillkürlich den Eindruck eines sehr frommen Kinderlebens vermitteln, so dass für die Nachwelt die Vorstellung von einem »religiösen Wunderkind« und vom »geborenen Stifter einer religiösen Gemeinschaft« entstehen kann.

Die Erziehung

Aber abgesehen von diesen religiösen Erfahrungen, die ihm sicher sehr wichtig sind, ist der kleine Lutz ein ganz normaler Bub, zuweilen auch ein rechter »Bengel«[15], der seinen Erziehern ihre Aufgabe nicht leicht macht.

Vor allem seine Mutter hat ihre liebe Not mit ihm, wenn sie in Hennersdorf zu Besuch ist. Sie ist eine ängstliche, zur Schwermut neigende Natur und kommt mit dem so ganz anders gearteten Jungen nicht zurecht. Denn Lutz ist kein handsames, leicht zu führendes Kind, sondern eigenwillig, leidenschaftlich, hochfahrend und leicht erregbar. Beim Spielen hat er immer neue Einfälle, er hat durchaus Sinn für hübsche Kleidung und angemessenes Auftreten. Mit »feurigen dunkelblauen Augen«[16] blickt er neugierig in die Welt und lässt sich begeistert von jeder neuen Idee entflammen. »Er ist wie Zunder«[17] – so charakterisiert ihn seine Mutter. Sorgenvoll beobachtet sie, wie leicht er zu beeinflussen ist, wie er zu Prahlerei und Hochmut neigt und ständig große Flausen im Kopf hat. Und sie, die Mutter, muss ja nach ihrer zweiten Heirat die Erziehung ihres Sohnes mehr oder weniger aus der Hand geben!

Es ist gut, dass die Großmutter sehr viel gelassener und verständnisvoller der Entwicklung dieses Kindes zusieht. Sie ist großzügig genug, auch die positiven Seiten an der Persönlichkeit ihres aufgeweckten, begabten Enkels zu bemerken und sich entfalten zu lassen: nämlich die hochfliegende Phantasie, die Willenskraft und den Unternehmungsgeist. Sie glaubt an ihn und liebt ihn – andrerseits ist sie unbedingte Respektsperson für das Kind. Ihr Wunsch ist, dass es »zu einem tätigen Christentum mehr und mehr angeführt wird«[18].

Unterrichtet wird Lutz von wechselnden Hauslehrern, wie es bei Adelsfamilien auf dem Lande üblich ist. Es sind Studenten, die während ihres Studiums diese Tätigkeit ausüben, allerdings immer nur für wenige Jahre.

Dem lebhaften Lutz fällt das Stillsitzen und Lernen recht schwer – es wird aber auch schon ab dem vierten Lebensjahr von ihm verlangt! In dieser Zeit beginnt der Unterricht in biblischen Geschichten, mit sechs Jahren lernt er Lesen und Schreiben, sehr bald kommen Fremdsprachen hinzu, die ihm am Anfang ziemlich zu schaffen machen. Die Hauslehrer sind mehr oder weniger mit ihm zufrieden, einer bescheinigt ihm eine »natürliche Geschicklichkeit«, klagt aber darüber, dass er »sehr flüchtig«[19] sei.

Kindliche Berufspläne

An dem Unterricht nimmt auch ein etwas älterer Vetter Gottlob Ehrenreich von Gersdorf teil, der längere Zeit mit im Hennersdorfer Schloss wohnt. Lutz ist viel mit dem Vetter zusammen, da er sich natürlich zu Gleichaltrigen hingezogen fühlt. Er möchte mit Gottlob gern alles teilen, was sein Herz erfüllt, und sucht auch ihn für die Sache Jesu zu begeistern. Zunächst hat er zwar bei seinen Bemühungen um die Seele des Vetters keinen Erfolg, aber der Wunsch und Wille, Menschen für Jesus zu gewinnen, ist in ihm erwacht und damit auch der Gedanke an das Theologiestudium. Verkünder und Zeuge Jesu Christi zu werden, das ist es, was der Heranwachsende ersehnt.

Die Verwandtschaft jedoch verfolgt ganz andere Pläne mit seiner Erziehung und Ausbildung. Er soll der Familientradition folgend in den Staatsdienst treten. Ja, die Großmutter träumt sogar davon, er werde einst in der Oberlausitz Landvogt sein wie sein Großvater. Deshalb ist sie auch sehr einverstanden, als 1706 ein Jurist für vier Jahre als Lehrer ins Haus kommt, der Lutz mit Sprach- und Geschichtsunterricht auf den künftigen Beruf vorbereiten soll.

Für den jüngeren Stiefbruder hingegen, Carl Dubislav von Natzmer, fassen die Eltern tatsächlich bereits 1710 ein Theologiestudium ins Auge, ein sehr ungewöhnlicher Plan für einen Adelsspross im 18. Jahrhundert, wo den Pfarrerberuf eigentlich nur Bürgersöhne ausüben. Aber für General von Natzmer sind Standesgesichtspunkte nicht so wichtig wie für die Familien Zinzendorf und Gersdorf: Er steht ebenso wie seine Frau dem Pietismus und vor allem August Hermann Francke, der in Halle sein großes Erziehungswerk aufgebaut hat, innerlich sehr nahe; daher sieht er im Theologiestudium eine segensreiche Zukunftsperspektive für seinen Sohn.

Familiengeschichte

Was wohl in dem jungen Zinzendorf vorgehen mag, wenn er mitbekommt, dass für den kleinen Bruder ein Studium vorgesehen ist, das für ihn selbst nicht im Bereich des Möglichen liegen soll? Denn er, Nikolaus Ludwig, ist ein Reichsgraf von Zinzendorf! Diese Tatsache ist ihm keineswegs gleichgültig, sondern er ist im Gegenteil sehr stolz auf seinen Namen und seine Herkunft. Nur allzu gerne lässt er sich von den Erwachsenen erzählen, wie sein Urgroßvater, der österreichische Freiherr Otto Heinrich von Zinzendorf, vom Kaiser im Jahre 1662 in den Reichsgrafenstand erhoben wurde. Das bedeutete, dass er auf seinen Besitzungen in Österreich »reichsunmittelbar« wurde, also keinen Herrn als den König und Kaiser über sich hatte. Damit gehörte er zum höchsten Adel.

Weiter hört Lutz mit großer Anteilnahme, dass sein Großvater wegen seines evangelischen Glaubens Österreich und seine Besitzungen verließ, als die Gegenreformation[20] den evangelischen Adel unter Druck setzte. Der Großvater lebte zunächst in Nürnberg, nach seinem Tod zog seine Familie nach Dresden, wo Nikolaus Ludwigs Vater Minister und Geheimer Rat wurde.

Alle diese Vorfahren, ebenso wie viele andere Verwandte, bekleideten Staatsämter. Deshalb ist der Staatsdienst für Lutz der vorgezeichnete, selbstverständliche Weg. Er kommt nicht auf die Idee, ernsthaften Widerstand dagegen anzumelden.

Abschied von Hennersdorf

Zehn Jahre einer glücklichen, unbeschwerten Kindheit vergehen für Lutz in Hennersdorf. 1710 steht wieder ein Hauslehrerwechsel bevor, der sich besonders schwierig gestaltet. Denn der neue Hauslehrer soll einerseits Theologe sein und vor allem den kleinen Carl Dubislav unter seine Obhut nehmen, andrerseits auch Lutz und Gottlob unterrichten, »diese beiden wilden Jungen«, die kaum »gezähmt werden« können, wie die Gräfin Natzmer klagt[21].

Lange verhandelt man mit August Hermann Francke, der auch die beiden ersten Hauslehrer vermittelt hat, aber es will sich kein geeigneter Kandidat finden; jeder zögert, diese dreifache Aufgabe zu übernehmen. Da nimmt die Gräfin Natzmer diese Schwierigkeit zum Anlass, einen von ihr und ihrem Mann lang gehegten Lieblingsplan in die Tat umzusetzen: Der junge Zinzendorf soll seine weitere Ausbildung im Adelspädagogium in Halle bekommen.

Gräfin Natzmer erscheint also in Hennersdorf, um die Großmutter vorsichtig auf die bevorstehende Trennung von ihrem Enkelsohn vorzubereiten. Die Großmutter ist zuerst erschrocken: Sie hängt an dem Kind, es ist ihr ans Herz gewachsen, sie möchte es noch nicht hergeben. Ist es nicht noch zu jung für den Wechsel in eine fremde Umgebung? Andererseits weiß niemand besser als sie, dass Lutz eine feste Hand und eine gute Ausbildung braucht. Und sie hat volles Vertrauen zu Francke und seiner Erziehungsarbeit; denn sie hat viel mit ihm korrespondiert und ihn auch schon als Gast in Hennersdorf empfangen. Von diesem Besuch her kennt auch Lutz den berühmten Mann und verehrt ihn sehr. So gibt die Großmutter schließlich schweren Herzens ihre Einwilligung zu dem Plan der Eltern.

Widerstand kommt von einer anderen Seite: Der Vormund des Kindes, der Generalfeldzeugmeister Otto Christian von Zinzendorf, ist entschieden gegen die Erziehung seines Mündels in Halle, weil er die ganze pietistische Richtung ablehnt. Er will aus dem väterlichen Erbe des kleinen Lutz, das er verwaltet, keinen »Heller«[22] zu den hohen Schul-und Kostgeldern beisteuern. Aber die Eltern Natzmer sind so überzeugt, das Beste für ihr Kind zu tun, dass sie sich bereit erklären, selbst die Kosten der Erziehung in Halle zu übernehmen.

So geht für den kleinen Lutz die behütete Kindheit in Hennersdorf überraschend schnell zu Ende. Er ist zehn Jahre alt und ein munteres, aufgewecktes Bürschchen. Das stellt der Vormund anerkennend fest, als ihn Charlotte von Natzmer mit ihrem Sohn auf der Reise nach Halle in Gävernitz besucht, um ihm sein Mündel vorzustellen. Der Onkel hätte Lutz am liebsten gleich dabehalten, zumal dieser sich schnell mit seinem Stiefbruder anfreundet, der ja seit dem

Tode des gemeinsamen Vaters in Gävernitz lebt. Aber die Erziehung in Halle ist beschlossene Sache; Mutter und Sohn reisen nach wenigen Wochen weiter.

2. Schulzeit in Halle

Als Nikolaus Ludwig von Zinzendorf 1710 als Schüler nach Halle kommt, ist die Stadt bereits geprägt von der Persönlichkeit des großen August Hermann Francke.

18 Jahre vorher war dieser als Pfarrer und Universitätslehrer nach Halle gekommen, wo die Bevölkerung nach einer Pestepidemie und zwei großen Bränden in Armut und Verbitterung lebte. Die Kinder lungerten auf den Straßen vor den zahlreichen Wirtshäusern und Spelunken herum. Niemand kümmerte sich um sie, es gab keine Schulen und keinen kirchlichen Unterricht.

Die Franckeschen Anstalten

Der junge Pfarrer Francke war energisch und tatkräftig. Er wollte diesen trostlosen Zuständen nicht tatenlos zusehen und begann für seine Armen Geld zu sammeln. In seiner Wohnstube brachte er eine Büchse an für die zahlreichen Besucher, die zu ihm kamen. Und er schrieb einen Bibelspruch dazu, der um Gaben für die Armen bat. Spärlich flossen die Beiträge; aber nach einem Vierteljahr stiftete eine reiche Frau die Summe von vier Talern und 16 Groschen. Francke war hochbeglückt: Diese Spende war für ihn ein Zeichen Gottes, dass er einen Anfang wagen durfte. Er kaufte von dem »Kapital« Schulbücher, stellte einen Studenten als Lehrer an und gründete so die erste Armenschule.

Aus diesen bescheidenen Anfängen ist inzwischen eine richtige Schulstadt geworden. Immer mehr Eltern werden auf die ausgezeichnete pädagogische Arbeit Franckes aufmerksam und wollen ihm ihre Kinder zur Erziehung anvertrauen. So hat Francke mit großer Organisationsfreude und unerschütterlichem Gottvertrauen ein Projekt nach dem anderen ins Leben gerufen. Neben dem stattlichen Gebäude des Waisenhauses gibt es inzwischen eine Bürgerschule, eine Gelehrtenschule, die auf das Universitätsstudium vorbereiten soll, und schließlich das »Pädagogium«, eine Internatsschule für Söhne aus adligem Hause.

Auch hier hat sich eine neue Idee Franckes durchgesetzt. Wie oft war er von adligen Familien um einen geeigneten Hauslehrer aus den Reihen seiner Studenten gebeten worden! Aber wenn diese eine solche Stelle annahmen, mussten sie ihr Studium unterbrechen. Francke fand in seiner praktischen und zupackenden Art eine Lösung des Problems: Warum sollten die jungen Adligen nicht ihrerseits nach Halle in eine Internatsschule kommen und hier von den Studenten unterrichtet werden, die dann nebenher ihr Studium fortsetzen konnten? So war das Pädagogium entstanden, dessen Schülerzahl inzwischen auf 75 junge Leute angewachsen ist.

Der erste Tag in Halle

In das Pädagogium soll mit dem zehnjährigen Nikolaus Ludwig von Zinzendorf zum ersten Mal ein echter Reichsgraf aufgenommen werden. Am 10. August 1710 steht er mit seiner Mutter, der Gräfin von Natzmer, in der Studierstube August Hermann Franckes und ist gespannt auf all das Neue, das ihn erwartet.

Die Mutter hat noch viel mit Francke zu besprechen. Sie weiß, dass sie Neuland betritt mit dem Entschluss, ihren Sohn nicht privat zu Hause, sondern im Internat zusammen mit anderen adligen Jugendlichen erziehen zu lassen. Aber genau hier liegt das Problem: Ein Reichsgraf, auch wenn er noch so jung ist, hat im Bewusstsein der Zeit ganz besondere Standesprivilegien, die ihn auch über andere Adlige erheben. Soll er also, wie es ihm gebührt, beim gemeinsamen Mittagstisch der Schüler den obersten Platz einnehmen? Soll ihm ein Lakai zur persönlichen Bedienung zur Verfügung stehen? Soll er

Die Franckeschen Anstalten in Halle

seinen Degen, das Abzeichen seines Standes, in der Öffentlichkeit tragen? Und wie verträgt sich das alles mit dem Wunsch der Eltern Natzmer, ihrem Sohn eine christliche Erziehung geben zu lassen, die ja eigentlich auf gleiche Behandlung aller Schüler abzielt?

Francke ist dafür, dass Lutz wie die anderen Pädagogiumsschüler mit einem oder mehreren Kameraden auf einer Stube zusammenlebt. Aber dazu will die ängstliche Mutter ihre Zustimmung nicht geben: Ihr Sohn ist so unerfahren, vertrauensselig und leicht zu beeinflussen; wie leicht könnten ihn Gleichaltrige zum Bösen verführen! Sie setzt durch, dass für den jungen Grafen außerhalb des Internats in der Stadt zwei Stuben bei einem Schneider gemietet werden, wo er unter der Obhut des Theologiestudenten Christian Homann wohnen soll, der auch am Pädagogium unterrichtet. Lutz bekommt also seinem Stande entsprechend einen »Hofmeister«, einen Privaterzieher.

Die Frage des Ehrenplatzes bei Tisch wird so gelöst, dass Lutz zwischen Francke und seiner Frau oben am Tisch sitzen soll, also gleichsam als Sohn des Hauses den »Platz der Liebe«[23] zugewiesen bekommt.

Nachdem nun die Mutter alle diese Ausnahmeregelungen ausgehandelt hat – auf den Degen wenigstens soll Lutz verzichten! –, spricht sie noch mit Francke über die Sorgen, die sie sich über den Charakter ihres Sohnes macht. Er neige zum Hochmut, so klagt sie, er bilde »sich auf seine Gaben was ein« und man müsse ihn deswegen »sehr niedrig halten«[24].

Der Zehnjährige horcht auf, als er diese Worte seiner Mutter mitbekommt, und grübelt darüber nach: Sollte er nicht doch »etwas Besonderes« sein, wenn man ihn »so scharf in Zaum halten« muss? Lange wird ihn dieser Gedanke beschäftigen und seinen Hochmut eher bestärken, mit dem er zeitlebens zu kämpfen hat.

Ein schwieriger Schüler

Die Mutter reist ab mit dem Gefühl, alles aufs Beste für ihren Lutz geregelt zu haben, und hat ihn doch, ohne es zu wollen, in eine recht problematische Situation gebracht. Er würde so gern echte Freunde gewinnen, mit denen er über alles sprechen könnte, was sein unruhiges und liebevolles Herz bewegt. Aber wegen seiner herausgehobenen Stellung kann er sich nur schwer in die Klassengemeinschaft hineinfinden. Er ist lebhaft, lustig, sprühend vor Temperament und bringt dadurch Unruhe und »ärgerliches Aufsehen«[25] in die Schulstube; vielleicht will er sich auch mit solchen ungewöhnlichen Auftritten vor den Kameraden Geltung verschaffen.

Die richtigen Freunde findet er auf diese Weise nicht. Wer sich an ihn heranmacht, sind Mitschüler, die dem jungen Grafen schmeicheln und schöntun. Dabei geben sie vor, ihm andächtig zu lauschen, wenn er sich über religiöse Fragen und Gedanken verbreitet, die ihn nach wie vor sehr beschäftigen.

Anderen Knaben ist es ein Anliegen, das völlig unerfahrene Hennersdorfer Landkind sexuell aufzuklären. Und da er »ein Ignorant in Gottes Schöpfung« ist, wie er später sagt, hört er »ihre medizinischen Entdeckungen als ein Schüler an«[26]. Arglos erzählt er seinem Hofmeister von diesen Enthüllungen und löst bei ihm helles Entsetzen aus: Das sind ja genau die schädlichen Einflüsse, die »Verführungen«, die er, Christian Homann, hätte verhindern sollen! Voll Aufregung und Zerknirschung schreibt er darüber an die Eltern des Kindes. Auf den armen kleinen Lutz hageln nun die Vorwürfe von allen Seiten, nicht zuletzt von den Kameraden, die sich von ihm verraten fühlen. So ist er noch mehr isoliert; der Hofmeister hält ihn unter strenger Aufsicht und überwacht seinen Umgang genau.

Auch die Lehrer sind keineswegs zufrieden mit ihrem vornehmen Zögling. Er wird in den Lehrerkonferenzen als »excessiv unordentlich« bezeichnet; man beklagt sich über seine schlechte Handschrift, die Schmiererei in seinen Heften und sein »flüchtiges Wesen«[27].

Erziehung und Bildung in Halle

Dabei ist der junge Zinzendorf eigentlich ein hochbegabter Schüler. Die Fremdsprachen, auf die in Halle großer Wert gelegt wird, lernt er mit der Zeit sicher zu beherrschen. Für Francke ist die praktische Anwendung des erlernten Wissens ein ganz wichtiger Gesichtspunkt; deshalb werden die Schüler angehalten, ihre Briefe nach Hause lateinisch oder griechisch zu schreiben. Aber auch die französische Sprache muss jeder Schüler beherrschen.

Zweimal im Jahr finden Prüfungen vor einer interessierten Öffentlichkeit statt; denn die Schulen in Halle sind inzwischen sehr berühmt. Dabei halten die Schüler selbstverfasste lateinische, griechische und französische Reden. Das sind Zinzendorfs große Stunden, da kann er glänzen und zeigen, was in ihm steckt.

Außer den Fremdsprachen werden im Pädagogium auch Geographie, Mathematik und natürlich die deutsche Sprache gelehrt. Den Unterricht, der sich bis in den Abend hinein erstreckt, lockern sogenannte »Rekreationsstunden« auf. Aber diese Erholungsstunden sind nicht dem reinen Freizeitvergnügen gewidmet, sondern auch hier sollen nützliche Kenntnisse erworben werden. Die Jugendlichen dürfen Ball spielen, aber sie gehen auch mit ihren Lehrern hinaus in die Natur, um Pflanzen zu sammeln und sie dann in einem Herbarium zu ordnen. Es gibt eine Sternwarte auf dem Dach der Schule, wo die Schüler Astronomie betreiben können; in besonderen Werkstuben wird gebastelt, werden handwerkliche Arbeiten verfertigt, und es wird sogar ein Sezierraum eingerichtet, wo Tierkadaver zerlegt und die einzelnen Körperorgane studiert werden.

Ein sehr lebensnaher und praktischer Unterricht also, den der junge Zinzendorf hier genießt! Es ist in dieser Zeit für einen Sohn aus hochadliger Familie, der zu Hause von Bediensteten umgeben ist, sicher nicht selbstverständlich, dass er einen hölzernen Kegel drechseln und eine Limonade aus wohlschmeckenden Kräutern zubereiten kann!

Der Religionsunterricht spielt in den Franckeschen Anstalten eine große Rolle. Jeden Tag ist eine Stunde dafür bestimmt. Aber auch im übrigen Unterricht ist die christliche Grundhaltung immer durchzuspüren. Zweimal in der Woche findet unter Franckes Leitung ein Singegottesdienst mit vielen Liedern statt. Hier ist Lutz ganz in seinem Element, er singt begeistert mit und gehört keineswegs zu den Schülern, denen es in Halle zu fromm zugeht und die sich gegen die religiöse Beeinflussung auflehnen.

Wo also liegen die Gründe dafür, dass der kleine Reichsgraf sich in den ersten Jahren seiner Schulzeit in Halle nicht so recht eingewöhnen kann, dass in dem regen Briefwechsel zwischen seinen Lehrern und Eltern, sowie der Großmutter in Hennersdorf die Klagen über seine Aufführung sich häufen, dass ihm einmal sogar die Prügelstrafe angedroht wird, dass die Eltern schließlich erwägen, ihn aus Halle fortzunehmen und seinem Vormund zur Erziehung zu übergeben?

Eine Erklärung dafür ist einmal in den erzieherischen Grundsätzen und Leitlinien August Hermann Franckes zu finden, die in den Haller Schulen verwirklicht werden. Francke ist ein tieffrommer Mann, der die ihm anvertrauten Kinder »zur wahren Gottseligkeit und christlichen Klugheit«[28] führen will. Notwendig dafür ist seiner Meinung nach, dass »der natürliche Eigenwille gebrochen« wird; das heißt, der Mensch soll nicht seinen eigenen Willen über den Willen Gottes stellen, sondern zum »Werkzeug Gottes« werden. Der Gehorsam gehört neben der Wahrheitsliebe und dem Fleiß zu den Haupttugenden, um die sich der Mensch bemühen soll.

Das bedeutet für einen Schüler des Pädagogiums, dass er sich in den täglichen Schulbetrieb einzufügen hat, seine Aufgaben gewissenhaft und ordentlich erledigen und möglichst wenig unliebsam auffallen soll. Ein Kind mit so originellen und genialen Zügen wie der kleine Zinzendorf, mit seinen ständig neuen Einfällen und Temperamentsausbrüchen, hat da natürlich einen schweren Stand, weil er immer wieder aus der Reihe tanzt und in kein Schema zu pressen ist.

Hofmeister Crisenius

Ein gewisses Problem bleibt für die Schulleitung auch, dass der junge Graf mit seinem Hofmeister Christian Homann außerhalb des Anstaltsgeländes wohnt. Als dieser Hofmeister im Sommer 1712 Halle wegen einer neuen Stellung verlässt, sehen die Lehrer und Erzieher eine gute Gelegenheit, den jungen Zinzendorf besser in die Gemeinschaft seiner Kameraden zu integrieren. Mit Einwilligung seiner Eltern siedelt er in das Internat des Pädagogiums über. Aber nun ist es schon zu spät: Lutz kommt mit den anderen Jungen nicht zurecht; sie empfinden ihn als arrogant und überheblich, verspotten ihn, stoßen ihn auf der Straße in den Schmutz, streuen Verdächtigungen über ihn aus und lassen ihn auf jede Weise spüren, dass er nicht zu ihnen gehört. Er fühlt sich todunglücklich.

Da erscheint als Retter in der Not ein Mann, der allerdings eine unheilvolle Rolle in seinem jungen Leben spielen wird: Daniel Crisenius, sein Aufsichtslehrer am Pädagogium. Teilnahmsvoll nähert er sich dem jungen Zinzendorf. Er bedauert ihn, entrüstet sich mit ihm über die Art, wie Mitschüler und Lehrer ihn behandeln, was er sich als Reichsgraf keineswegs gefallen lassen müsse. Ob es nicht doch besser und angemessener für ihn wäre, wieder mit einem Hofmeister, zum Beispiel mit ihm, Crisenius, zusammenzuwohnen?

Lutz ist begeistert von dieser Idee; sofort gehen Briefe an die Eltern und die Großmutter, in denen er stürmisch und dringend darum bittet, Crisenius als Hofmeister für ihn anzustellen. Gleichzeitig klingen in den Briefen neue Ansprüche und Wünsche an: Seine vornehme Stellung wird in Halle zu wenig beachtet. Warum zum Beispiel serviert man ihm zum Frühstück nicht Tee oder Kaffee – damals ausgesprochene Luxusgüter! –, sondern die gewöhnliche Morgensuppe wie den anderen Schülern?

Die Großmutter in Hennersdorf wird stutzig: Sollte etwa Crisenius hinter dem neuen Ton in den Briefen ihres Enkels stecken? Zufällig erfährt sie im Bekanntenkreis, dass dieser Crisenius sich vor seiner Anstellung in Halle als Hauslehrer in adligen Familien auf dem Land betätigt hat und man dort keineswegs gut auf ihn zu sprechen ist. Er soll ein Meister der Verstellung sein, weiß sich durch frommes und gelehrtes Gehabe gut einzuführen und ist doch in Wirklichkeit anspruchsvoll, arrogant und nur auf den eigenen Vorteil bedacht.

Die Großmutter berichtet sofort alles, was sie gehört hat, nach Halle. Aber die Erzieher ihres Enkels beschwichtigen ihre Bedenken. Crisenius ist als Lehrer hoch angesehen. Wenn er die Hofmeisterstelle bei dem jungen Grafen übernehmen will, sieht die Anstaltsleitung darin eine gute Lösung, nachdem der Versuch, den jungen Zinzendorf mit Gleichaltrigen zusammenwohnen zu lassen, gescheitert ist.

Lutz ist glücklich, dass er seinen Willen durchgesetzt hat, und glaubt, in Crisenius einen Freund fürs Leben gewonnen zu haben. Aber sehr bald muss er erkennen, wie sehr er sich getäuscht hat; denn Crisenius nützt das Vertrauen des Kindes schamlos aus, um seine Stellung als Erzieher eines Reichsgrafen auszubauen und sich unentbehrlich zu machen. So bringt er den Knaben dazu, Klagebriefe über die strenge Zucht im Pädagogium an seinen Vormund zu schreiben. Diese Briefe zeigt er dann hinter dem Rücken des Kindes dem Leiter der Schule und beschwert sich über den verlogenen und verdorbenen Charakter seines Zöglings. So kommt es, dass die Lehrer und Erzieher den jungen Grafen allmählich für einen bösen und verschlagenen Burschen halten, sie verzweifeln an seinem »kläglichen Gemüt«[29] und an der Möglichkeit, ihn noch bessern zu können. Andrerseits droht ihm Crisenius mit den schlimmsten Strafen, wenn er sich bei seinen Angehörigen über den Hofmeister beschweren sollte. Das eingeschüchterte Kind gerät in eine ausweglose Situation. Der tyrannische Hofmeister beherrscht den Zwölfjährigen völlig; niemand ist da, dem er sich anvertrauen kann.

Ferien in Hennersdorf

Die übermäßige innere Belastung stürzt den Knaben in eine schwere Krankheit. Ein heftiges Nervenzucken macht ihm zu schaffen, so dass er Arme und Beine nicht ruhig halten und die Schreibfeder nicht mehr führen kann. Nun endlich ist die Familie alarmiert; man beschließt, ihn im Juni 1713 für ein Vierteljahr nach

Hennersdorf zur Erholung zu schicken. Lutz ist zum ersten Mal seit drei Jahren wieder in der geliebten Kinderheimat; denn im Internatsbetrieb dieser Zeit gibt es keine regelmäßigen Ferien mit Heimfahrten für die Zöglinge.

Hier in Hennersdorf bei der Großmutter, die nie an ihm irre geworden ist und trotz aller schlimmen Berichte aus Halle an den guten Kern seines Wesens geglaubt und zu ihm gehalten hat, kann Lutz sich aussprechen und ruhiger werden. Ihre Liebe und ihr Vertrauen helfen dem Kind, gesund zu werden und innerlich gestärkt nach Halle zurückzukehren.

Die letzten Jahre in Halle

Crisenius mit seinen Intrigen und heimlichen Umtrieben bleibt dem jungen Zinzendorf allerdings erhalten, obwohl die Eltern und die Großmutter inzwischen sehr misstrauisch ihm gegenüber geworden sind. Aber er hat es verstanden, sich dem Vormund des Knaben anzudienen, dem alten Generalfeldzeugmeister von Zinzendorf in Gävernitz. Bei ihm klagt Crisenius über die pietistischen Neigungen seines Zöglings, die ihm bei seiner späteren Karriere hinderlich sein könnten. Da dem Vormund die »Pietisterei« in der Seele zuwider ist und er den »Frommen« in Halle sehr reserviert gegenübersteht, glaubt er in Crisenius den richtigen Bundesgenossen gefunden zu haben, um den Jungen davon abzuhalten, sich allzu viel mit religiösen Dingen zu beschäftigen. So muss Lutz auf Drängen des Vormunds weiterhin mit dem verhassten Hofmeister zusammenwohnen. Aber er bekommt wenigstens ein eigenes Zimmer im Pädagogium, und Crisenius wird im Nebenzimmer einquartiert. Das ist schon eine Wohltat für den Jungen; denn trotz seines niedrigeren Standes hat der gräfliche Hofmeister volle Erziehungsrechte gegenüber seinem »Herrn Untergebenen«[30] bis hin zur körperlichen Züchtigung.

Und doch gestalten sich die letzten Jahre der Schulzeit in Halle für Lutz sehr viel schöner und erfreulicher als die ersten; denn endlich gelingt es ihm, wirkliche Freunde zu gewinnen! Vor allem ist hier der junge Baron von Söhlenthal zu nennen, zwei Jahre älter als Lutz und bei Lehrern und Erziehern wegen seines ruhigen und ausgeglichenen Wesens hoch angesehen. Er wird Zinzendorfs Freund, was diesen in den Augen der Vorgesetzten allmählich wieder in einem besseren Licht erscheinen lässt. Man erwägt sogar, den jungen Zinzendorf in die Klasse der besonders Begabten, die »Selecta«, aufzunehmen, was ihn mit großem Stolz erfüllt.

Die missglückte Rede und der erste Abendmahlsgang

Im Frühjahr 1715 soll Zinzendorf beim feierlichen »Osteraktus«, der öffentlichen Prüfung in Anwesenheit prominenter Gäste, eine lange selbstverfertigte Rede über die »Stützen des Staates« halten. Voll Zuversicht und Selbstvertrauen geht er an die Sache heran, denn er hält sich für einen geübten und begabten Redner, und die Rede soll sein »Meisterstück« werden. Aber im letzten Teil seiner Ausführungen verliert er den Faden und bleibt kläglich stecken. Obwohl er sich wieder fängt und die Rede irgendwie zu Ende bringt, ist die öffentliche Blamage doch ein niederschmetterndes Erlebnis für den selbstbewussten Grafen, zumal Crisenius diese Niederlage weidlich auszuschlachten weiß und Zinzendorfs ganze Familie darüber informiert.

Später aber sieht Zinzendorf in diesem Missgeschick einen heilsamen Fingerzeig Gottes. Denn einige Wochen danach wird er zum ersten Mal zum Abendmahl zugelassen. Das ist in Halle ein wichtiger Schritt; Francke und die anderen Erzieher sehen sich die Schüler genau an, die sich zum Abendmahl melden, und bereiten sie in seelsorgerlichem Gespräch darauf vor. Zinzendorfs erste Meldung zu Anfang des Jahres 1715 wurde noch zurückgewiesen, weil man ihn für zu unreif hielt. Erst im Juni geht er mit seinem Freund Söhlenthal zusammen zum Abendmahl; Francke selbst teilt es aus. Dabei taucht die Erinnerung an den harten Schlag gegen seinen Hochmut wieder auf. Er erfährt den entscheidenden Anstoß zur inneren Umkehr, wie er acht Jahre später in einem Brief an Francke bekennt:

Da griff mir Gott ans Herz. Siehest du nun, was du für eine töchte Einbildung von dir hast! Worinnen setztest du deinen Ruhm? O wie eitel! Du willst immer gern Leute bekehren – denn das war damals mein ernster Wille und Fürsatz – und du machst selbst solche große Soloecismos (Fehler) wider das Christentum. Was hast du nicht für Staat auf deine Wissenschaft gemacht, was hast du dir nicht auf Selectam eingebildet? ... Ich nahm mir ernstlich vor, ich wollte meine Ehre künftig in Christi Kreuz suchen, ich wollte mit Gottes Hilfe gar ein andrer Mensch werden...[31]

Der Freundeskreis

Der Wunsch, »Leute zu bekehren«, zeigt sich bei dem jungen Zinzendorf in diesem letzten Jahr in Halle sehr deutlich. Mit Söhlenthal weiß er sich einig in der Begeisterung für die Sache des Heilands. Andere ähnlich gesinnte Mitschüler schließen sich den beiden Freunden an. Zu ihrer großen Freude können sie auch den jungen Baron von Watteville aus Bern für ihren Kreis gewinnen, der im Pädagogium sehr beliebt ist und sich bis jetzt eher mit leichtsinnigen und oberflächlichen Kameraden abgegeben hat. Um ihn auf dem neuen Weg zu halten, gibt ihm Lutz für jeden Tag ein Bibelwort mit – schon hier taucht bei ihm die Vorstellung der »Tageslosung« auf.

Die Freunde gründen einen Bibelkreis, in dem die Schrift gelesen, diskutiert und gemeinsam gebetet wird. Sie treffen sich zunächst in Zinzendorfs Zimmer. Sofort aber ist der Argwohn des Hofmeisters im Nebenzimmer geweckt, der ja von Zinzendorfs Vormund beauftragt ist, solche frommen Bestrebungen zu unterbinden. Er hat schon vorher, um seinen Zögling besser kontrollieren zu können, in den Ofen zwischen beiden Zimmern ein Loch brechen lassen, das mit einer eisernen Tür verschlossen wird. Wenn nun die Freunde im Gebet versunken sind, reißt Crisenius im Nebenzimmer die Ofentüre auf, belauscht und verspottet die kleine Versammlung, so dass sich die jungen Leute in Söhlenthals Zimmer eine neue Zuflucht suchen müssen.

Auch sonst hat der Freundeskreis von den weniger frommen Mitschülern viele Anfeindungen und Spöttereien auszuhalten. Um die Gruppe zu verhöhnen, wird an der Tür ihres Versammlungsraumes ein Zettel mit der Aufschrift »Senatus sanctus« (heiliger Senat) angebracht. Aber die Freunde empfinden diese Bezeichnung als höchst ehrenvoll. Und die Lehrerschaft ergreift entschieden Partei für den Bibelkreis, Francke selbst lässt sich von Zinzendorf darüber berichten. Der junge Graf, das Sorgenkind der Pädagogen in Halle, sieht sich auf einmal von allen Seiten wohlwollend anerkannt.

Zukunftspläne

Lutz ist glücklich und erfüllt von dem neuen Leben in der Gemeinschaft mit gleichgesinnten Freunden. Sein Organisationstalent, seine Neigung zu »großen Unternehmungen«[32] ist angesprochen: Könnte man nicht, wo doch der Abschied von Halle bevorsteht und die Freunde bald auseinander gehen müssen, einen Orden gründen, einen Brüderbund fürs ganze Leben, um auch künftig für das Reich Gottes zu arbeiten? Die Gründung solcher »Sozietäten« hat im 18. Jahrhundert Hochkonjunktur, und Zinzendorf lässt sich nur allzu gern vom Geist der Zeit anstecken. Schon denkt er über die Zahl der Mitglieder nach und überlegt sich, wie das Ordensabzeichen aussehen könnte.

Ein weiterer Zukunftsplan, mit dem sich die Freunde in den letzten Monaten in Halle beschäftigen, ist die Mission. Berühmte Missionare wie Plütschau, Ziegenbalg und Gründler[33] sind oft und über längere Zeit in Halle zu Gast und sitzen mit an Franckes Mittagstisch. Die Freunde lernen sie persönlich kennen, und sie lauschen mit brennendem Interesse ihren Berichten von fremden Ländern und Menschen. Im Garten des Pädagogiums geht Zinzendorf mit Watteville unter schattigen Bäumen auf und ab und gibt der Hoffnung Ausdruck, »dass sich die Heiden doch nicht alle bekehren würden, bis wir groß würden; was dann übrig bliebe, das wollten wir zum Heiland bringen«[34].

So sehen die hochfliegenden Pläne des Sechzehnjährigen aus, der natürlich glaubt, dass ihm nach dem Schulabschluss die Tore der Welt offen stehen. Aber der junge Reichsgraf muss bedenken, dass seine Familie bei jedem Schritt auf seinem Lebensweg mitzureden hat. Es sind nicht wenige Stimmen, die im Familienrat gehört werden müssen: Die Mutter, der Stiefvater General von Natzmer, der Onkel und Vormund in Gävernitz, die Großmutter und Tante Henriette in Hennersdorf. Ihnen allen liegt das Wohl des Heranwachsenden sehr am Herzen, und sie haben ihre eigene Meinung dazu; seine eigenen Wünsche haben noch wenig Gewicht.

Im April 1716 hat Zinzendorf seine Schulzeit in Halle beendet und verlässt das Pädagogium, in dem er sich zuerst so unglücklich und zuletzt so wohl gefühlt hat. Er schreibt an seine Mutter:

Nunmehr ist das liebe Halle verlassen! Wiewohl es aus meinem Sinn nicht kommen wird, weil (solange) ich lebe, denn da habe ich dasjenige gelernt, was mich in Zeit und Ewigkeit glückselig machen kann ...[35]

3. Student der Jurisprudenz

Begleitet von dem unvermeidlichen Crisenius – der Vormund hat auf der Beibehaltung des Hofmeisters bestanden – fährt der junge Graf nach Hennersdorf, wo ihn die ganze Hausgemeinschaft mit großer Freude empfängt. Nun liegen erst einmal schöne lange Ferienwochen in der alten Heimat vor ihm, bis der Vormund und die Eltern über seine weitere Zukunft Entscheidungen getroffen haben.

Beglückt nimmt Lutz das Schloss und seinen Garten wieder in Besitz, wo er jeden Winkel und jede Ecke kennt und liebt. Er freut sich auf die Gespräche mit der Großmutter und Tante Henriette, diesen beiden ihm so nahe stehenden Menschen, denen er unendlich viel von Halle zu erzählen hat, vor allem von den Freunden, von seinem Bibelkreis, von der wunderbaren Gemeinschaft, die sie alle verbunden hat.

Der Ordensplan

Sehr bald sprudelt es aus ihm heraus, was ihn ganz und gar erfüllt, der große Plan, den er schon mit den Freunden in Halle besprochen hat: Einen Orden möchte er gründen, eine »Sozietät«, der alle seine Freunde und möglichst viele andere junge Adlige beitreten sollen. Ziel und Zweck der Ordensgründung ist die gemeinsame Arbeit für die Sache Jesu Christi und die Ausbreitung des Gottesreiches. Zunächst aber sind auch die Äußerlichkeiten für Lutz sehr wichtig: Wie soll das Ordensabzeichen gestaltet werden, wie das

GROSS-HENNERSDORF.

Schloss in Großhennersdorf. Lithographie um 1850

Ordensband, das Ordensbuch? Stundenlang bespricht er diese Dinge in allen Einzelheiten mit den beiden Frauen.

Die Großmutter kann ihn gut verstehen. Diese Begeisterung und Freude am Organisieren sind ihr von ihrem eigenen Wesen her vertraut. Auch weiß sie, wie wichtig die Gemeinschaft mit Gleichgesinnten für ein tätiges Christentum ist; hier hat ihr Enkel etwas ganz Entscheidendes begriffen. Aber der alten Dame ist die stürmische und ungestüme Art unheimlich, mit der Lutz an die Sache herangeht. Wie leicht kann der jugendliche Ordensstifter mit seinem Bekehrungseifer unter den jungen Adligen in ein schiefes Licht geraten! Deshalb versucht sie ihn behutsam in die Realität zurückzuholen: Ob er sich nicht zunächst auf einen ganz kleinen Kreis beschränken, nur die nächsten Freunde in die Ordensgemeinschaft aufnehmen sollte? Um ihm zu zeigen, wie sehr sie an seinen Ideen teilnimmt, lässt sie ihm zu seinem sechzehnten Geburtstag am 26. Mai 1716 eine Denkmünze für seine Sozietät prägen. Lutz schreibt begeistert in sein Tagebuch:

Gnädige Großmama hat mich an eben dem Tage mit der ersten Medaille meiner Sozietät regalieret (beschenkt), welches war ein Goldstück in der Größe eines Talers, auf deren einen Seite das Bild des dorngekrönten Jesu mit der Umschrift »Vulnera Christi« (Wunden Christi), auf der andern ein kläglicher Mensch mit Flügeln unter seinem schweren Kreuz liegend mit der Überschrift: »Nostra Medela« (unsre Heilung).[36]

Die nächsten Tage verbringt er damit, möglichst gute Abgüsse von der Medaille für seine Freunde machen zu lassen und ein geeignetes Band für die Münze zu finden. In diesen Dingen ist er sehr pedantisch und nicht leicht zufrieden zu stellen. Aber er findet sich damit ab, dass vorläufig nur zwei seiner Freunde das Band und die Medaille bekommen. Die Großmutter hat es in ihrer klugen Art verstanden, den großangelegten Plan in vernünftigen Schranken zu halten, ohne ihren Enkel zu kränken.

40 Jahre später wird der alte Zinzendorf am Rand des Tagebuchs eine Notiz hinzufügen und darin diese beiden Ordens-

abzeichen als »Senfkornordens-Insignien«[37] bezeichnen. Damit spielt er auf das Gleichnis Jesu vom Senfkorn[38] an: Aus ganz kleinen Anfängen soll etwas Großes entstehen. Allerdings kommt es 1716 noch nicht zur Ordensgründung; der »Senfkornorden« wird erst viele Jahre später gestiftet, verwendet aber eine Medaille mit derselben Aufschrift, wie sie der junge Zinzendorf in seinem Tagebuch beschreibt.

»THOR MEGORAI«

Das Tagebuch[39] spielt in den Hennersdorfer Wochen eine große Rolle. Lutz beginnt damit am 10. Mai 1716 und gibt ihm den feierlichen hebräischen Titel: »THOR MEGORAI« (Reihenfolge meiner Wanderungen). Mit der Großmutter ist abgesprochen, dass sie das Tagebuch in bestimmten Abständen zu lesen bekommt, wodurch ihr die Einsicht in das Tun und Denken ihres Enkels ermöglicht wird. Sie gestattet ihm andrerseits, die Schriftsachen und Briefschaften in ihrem Schreibtisch durchzusehen und sich so einen Eindruck von ihrer großen Korrespondenz und den vielfältigen Verwaltungsaufgaben zu verschaffen, die ein Gut wie Hennersdorf erfordert. Die gefundenen Schriftstücke verzeichnet Lutz genau in seinem Tagebuch.

Außerdem berichtet er vom allsonntäglichen Kirchgang in Hennersdorf, wo er bei der Predigt genau aufpasst, um den Gedankengang nachher wiedergeben zu können. Immer wieder schreibt er selbstverfasste geistliche Gedichte und Lieder auf, denn er hat angefangen, sich »durch Gottes Gnade« zu den »so genannten Pietisten ... zu zählen«[40].

»Benimmunterricht«

Aber Lutz ist auch Graf und Standesherr! Er muß die Regeln und Vorschriften lernen, wie sich ein junger Adliger zu benehmen hat. So schärft ihm die Großmutter ein, »den Degen oder etwas Gefährliches nie in einer Stube und an einem Ort liegen zu lassen, wo Kinder sind«[41]. Auch soll ein junger Mensch nicht als Erster an den gedeckten Tisch treten, sondern erst nach den Erwachsenen; er soll aufrecht, ohne sich anzulehnen, auf seinem Stuhl sitzen und die Arme nicht auf den Tisch legen. Lutz ist bestrebt, alle diese Anstandsregeln wohl zu beachten.

Zum Glück gehört zur Ausbildung des jungen Kavaliers auch das Reiten! Lutz ist begeistert von diesem Sport und interessiert sich sehr für Pferde, auch wenn sie wild und temperamentvoll sind. Fast täglich reitet er mit seinem Hofmeister oder in anderer Begleitung aus. Auch Kutschfahrten werden unternommen. Einer dieser Ausflüge führt den jungen Grafen ins nahe gelegene Berthelsdorf, das zu den großmütterlichen Besitzungen gehört und wo vor kurzem ein Bergwerk angelegt wurde. Dieses besichtigt Lutz mit großem Interesse und fährt selbst den Wagen tief in den Stollen hinein.

Ein Gedicht für den Prinzen

In diesen Hennersdorfer Wochen gibt es für den jungen Grafen eine große Aufgabe: Auf Anregung der Großmutter soll er ein »Carmen«, ein Glückwunschgedicht, zur Geburt des Prinzen Leopold verfassen. Der langersehnte Thronerbe des österreichischen Kaisers ist im April 1716 geboren worden und seine Mutter, die Kaiserin Eleonore, ist mit Zinzendorfs Großmutter gut befreundet. Deshalb ist diese der Meinung, dass sich hier für den jungen, dichterisch so begabten Lutz eine gute Gelegenheit bietet, sich am kaiserlichen Hofe und auch sonst in der Adelswelt auf eindrucksvolle Art einzuführen.

Das ist nun ganz eine Sache nach dem Herzen des sechzehnjährigen Grafen! Mit Feuereifer stürzt er sich darauf und bringt in nur sechs Tagen ein langes lateinisches Huldigungsgedicht mit über 60 Versen[42] zu Papier, ganz im Stil der Zeit, die bei solchen Gelegenheiten gern den griechischen Götterhimmel bemüht. Bei diesem Werk ist Crisenius einmal wirklich gut zu gebrauchen; er hilft mit Rat und Tat, vor allem bei der kunstvollen Ausarbeitung der Widmung.

Lutz ist zum ersten Mal seit langer Zeit wieder freundlich und dankbar ihm gegenüber gestimmt, während er sonst nach wie vor unter den Launen des Hofmeisters zu leiden hat. Jetzt aber gibt es für den jungen Dichter nichts Wichtigeres, als sein Carmen möglichst kostbar drucken und binden zu lassen! Tante Henriette muss die Reinschrift des Gedichts anfertigen, dann wird Crisenius damit nach Zittau zum Buchdrucker geschickt. Die Probedrucke sind nicht gut genug, so dass man bessere Druckbuchstaben und schöneres Papier aus Dresden kommen lässt. Wieder und wieder muss Crisenius nach Zittau reiten, um den Druck zu überwachen. Der Buchbinder besorgt Gold, um das Glückwunschgedicht angemessen zu verzieren. Endlich, Ende Juni, werden die fertigen Exemplare nach Hennersdorf gebracht, wo sie der Dichter überglücklich in Empfang nimmt. Das schönste Exemplar wird mit einem Begleitschreiben nach Wien an die Kaiserin gesandt. Dann macht sich Lutz daran, seiner ganzen hochrangigen Verwandtschaft und allen weitläufig bekannten fürstlichen und gräflichen Häusern sein Carmen zu schicken. Söhlenthal bekommt gleich 50 Exemplare zur Verteilung, ebenso werden alle Lehrer im Pädagogium zu Halle bedacht. Der junge Zinzendorf ist stolz darauf, sich in der großen Welt des Adels zu Wort gemeldet zu haben.

Entscheidung für Wittenberg

Inzwischen ist der Vormund Otto Christian von Zinzendorf in Gävernitz nicht untätig gewesen. Er hat mit der Mutter und dem Stiefvater seines Mündels korrespondiert, um über die weitere berufliche Ausbildung des Sechzehnjährigen zu beraten. Nach Ansicht des Vormunds kommen für einen Reichsgrafen von Zinzendorf überhaupt nur zwei Möglichkeiten in Frage: die Laufbahn eines Offiziers oder eines höheren Beamten. Da Lutz von der körperlichen Verfassung her eher als »schwächlich«[43] gilt und auch sonst keinerlei Neigung für das Militär zeigt, bleibt für ihn nur ein juristisches Studium übrig. Wo aber soll er studieren? Der Onkel und die Eltern entscheiden sich für Wittenberg, obwohl Lutz lieber in Halle studiert hätte, um wieder mit seinen alten Freunden zusammen zu sein. Aber der Onkel hat von Halle ein für allemal genug und möchte seinem Mündel endlich die »pietistischen Grimassen«[44] austreiben. Dafür ist Wittenberg seiner Meinung nach genau der richtige Ort. Es ist die Stadt, in der Luther gelebt und gelehrt hat, der Mittelpunkt der lutherischen Orthodoxie, also gleichsam der Gegenpol zu der pietistischen Richtung in Halle.

Die Eltern Natzmer in Berlin sind trotz ihrer guten Beziehungen zu Halle damit einverstanden, dass ihr Sohn in Wittenberg studiert, weil sie ihn auf diese Weise in ihrer Nähe haben. Lutz erhält also in Hennersdorf einen Brief des Onkels mit der Weisung, das Studium der Jurisprudenz in Wittenberg aufzunehmen und auf dem Weg dorthin bei dem Onkel in Gävernitz vorzusprechen.

Nach dem ersten Schrecken über das »finstere« Wittenberg – so wird die Stadt bei den Pietisten genannt – findet sich der junge Zinzendorf mit der Sache ab, weil er weiß, dass es gegen diese Entscheidung keinen Widerspruch gibt. Aber sofort schreibt er Briefe an die Freunde und sucht sie zu bewegen, ebenfalls nach Wittenberg zum Studium zu kommen, um die ersehnte Gemeinschaft wieder aufleben zu lassen. Er ist ein wenig enttäuscht von den Freunden; denn obwohl er selbst unermüdlich Briefe nach Halle schickt und immer wieder dazu mahnt, dass der Bibelkreis sich weiterhin trifft, bleibt das Echo gering und die hoffnungsvollen Anfänge des Kreises scheinen in seiner Abwesenheit zu versiegen.

Und die Sozietät? Der große Ordensplan, der bei der Ankunft in Hennersdorf seinen Kopf völlig ausgefüllt hat? Die große Anfangsbegeisterung ist abgeflaut. Kurz vor dem Aufbruch nach Wittenberg schreibt Zinzendorf resigniert an einen Freund, dass ihm »die aufzurichtende Sozietät um vieler Hindernisse willen halb und halb aus dem Sinn ist«[45]. Außer den Hennersdorfer Verwandten ist auch der Vormund strikt gegen solche »hoch hinauswollende Sachen«[46]. So stellt Lutz diese Idee zunächst in den Hintergrund; denn er bringt es durchaus fertig, ein Projekt, das er mit allen Kräften verfolgt hat, auch wieder aufzugeben, wenn es sich als undurchführbar erweist. Außerdem schieben sich jetzt viele neue Aussichten in seinen Horizont – er wird Student in Wittenberg!

Die »Instruktion«

Am 8. Juli nehmen der junge Graf und sein Hofmeister Abschied von Hennersdorf. Die Reise geht zuerst nach Dresden, wo Lutz den Stiefbruder Friedrich Christian trifft und mit ihm einige Tage verbringt. Sie besichtigen die Stadt, vor allem den königlichen Marstall mit den kostbaren Pferden, und Lutz lernt viele Leute der Dresdner Hofgesellschaft kennen. Dann lässt der Onkel, der sich gerade von einer Krankheit erholt, erst Crisenius und dann die beiden Brüder zu sich nach Gävernitz rufen. Hier bekommt der angehende Student unendlich viele Ermahnungen im Hinblick auf Wittenberg zu hören. Die Familie möchte sichergestellt haben, dass er in der Universitätsstadt ein fleißiges, unauffälliges und gottesfürchtiges Leben führt. Deshalb hat schon die Großmutter eine »Instruktion«, eine Lebensordnung, für ihn verfasst, die dem Onkel zwar gefällt, aber noch nicht genügt. Dessen eigene Instruktion[47] fällt noch strenger aus. Demnach ist es nichts mit dem freien Studentenleben. Dem Hofmeister, der nach wie vor sein Leben teilen soll, wird die uneingeschränkte Aufsicht über den gräflichen Studenten, seinen »Untergebenen«, übertragen. Auch die vom Onkel gestellten Studiengelder soll Crisenius verwalten und dem Grafen jeweils ein Taschengeld zuteilen. Lutz soll ein möglichst zurückgezogenes, nur den juristischen Studien gewidmetes Leben führen. Theologische und philosophische Vorlesungen sind unnötig, »Mäßigung im Schlafen, Essen und Trinken« wird empfohlen. Karten-, Würfel-, Billard- und Kegelspiel und »dergleichen geldfressenden unnötigen Zeitvertreib« verbietet die Instruktion, ebenso »Trink- und Caffe-Häuser« und »dergleichen üppige Gesellschaft«.

Auch sieht der Onkel voraus, dass die Universität es sich zur Ehre anrechnen wird, einen Reichsgrafen unter ihren Studenten zu haben und dass sie ihm unter Umständen nach der Sitte der Zeit das Ehrenrektorat antragen wird. Dieses Amt darf er auf keinen Fall annehmen; er soll sich auch sonst bei den an der Universität üblichen öffentlichen Streitgesprächen möglichst wenig hervortun. Hier spricht die Sorge des Vormunds, den Jungen könnten seine hochadlige Herkunft und seine glänzende Redegabe zu Hochmut und Überheblichkeit verführen.

Widerspruchslos nimmt Lutz alle diese Auflagen und Einschränkungen hin. Hinter der Autorität des Vormunds steht für ihn das große und heilige vierte Gebot, die Eltern zu ehren.

Die Wohnung

Den Mahnungen zur Bescheidenheit in der Instruktion stehen allerdings die Forderungen der Familienehre gegenüber: Ein Graf Zinzendorf muss standesgemäß wohnen und einen Lakaien zur Bedienung haben! So wird eine Vier-Zimmer-Wohnung im Haus des Bürgermeisters gemietet, wo Lutz am 25. August 1716 mit Crisenius und einem Bedienten einzieht. Die ersten Tage und Wochen in Wittenberg sind mit dem Einrichten der Wohnung ausgefüllt. Für Lutz sind vor allem die Bilder wichtig: Er lässt die Porträts des Kaisers und verschiedener regierender Könige aufhängen, dazwischen Landschaftsbilder und am schönsten Platz das Porträt des besten Freundes, Baron von Söhlenthal.

Die Wittenberger Gesellschaft

Die Ankunft des jungen Grafen hat sich in der Stadt herumgesprochen. Man besucht ihn, lädt ihn ein und führt ihn in die adlige Gesellschaft ein. Ebenso hat der junge Mann Anstandsbesuche zu machen, zum Beispiel beim Stadtkommandanten von Wittenberg, General von Röbel. Dieser gestattet ihm, auf dem Festungswall der Stadt mit seinen Freunden spazieren zu gehen. Das ist ein ganz besonderes Privileg für hohe Standespersonen! Und wenn der junge Reichsgraf an der Wache vorbeikommt, muss diese heraustreten und das Gewehr präsentieren, was begreiflicherweise das Herz des Sechzehnjährigen höher schlagen lässt.

Mit dem stillen und zurückgezogenen Leben, das sich der Onkel für seinen Neffen gewünscht hat, ist es also nicht so weit her. Und als Ende September der Studienbetrieb beginnt, gehen die jungen Leute in Zinzendorfs Wohnung ein und aus, zumal es im

Haus des Bürgermeisters auch einen Mittagstisch für die Lausitzer Adelsjugend gibt. Zinzendorf liebt die Geselligkeit, nichts wäre ihm so willkommen wie ein neuer Freundeskreis; aber die laute und ausgelassene Art dieser Studenten, ihre Trinkgelage und derben Witze stoßen ihn ab. So etwas hat es in Halle nicht gegeben! Sehnsuchtsvoll schreibt er an die Freunde, klagt über seine Vereinsamung und versucht wieder, den einen oder anderen nach Wittenberg zu lotsen. Söhlenthal, der ihm am nächsten steht, erteilt eine klare Absage. Der Grund dafür ist vor allem Crisenius, der die Gemeinschaft der Freunde damals in Halle so gründlich gestört hat und mit dem Söhlenthal nichts mehr zu tun haben will. Auch von den anderen Freunden kann sich zunächst keiner entschließen, nach Wittenberg überzusiedeln.

Das Studium

So bleibt Zinzendorf nichts andres übrig, als sich in der neuen Umgebung zu arrangieren, fleißig die juristischen Vorlesungen und Repetitionsübungen zu besuchen und die erforderlichen Prüfungen abzulegen. Bald fällt er den Professoren als hochbegabter Student auf, der die Examina glänzend besteht. Oft übernimmt er – trotz der Bedenken des Vormunds! – bei öffentlichen Disputationen die Rolle des Opponenten, der dem Vorredner zu widersprechen hat. In Wittenberg werden der Pietismus und Halle immer wieder angegriffen. Da kann man sicher sein, dass Graf Zinzendorf das Wort ergreift und seinen Lehrer Francke ebenso wie den verehrten Spener verteidigt.

Mit seinen theologischen Interessen, die ihm nach wie vor überaus wichtig sind, muss er sich ganz auf ein Selbststudium zurückziehen, da ihm die »Instruktion« theologische Vorlesungen untersagt. In jeder freien Stunde beschäftigt er sich mit Bibellektüre, mit den Streitschriften zwischen Pietismus und Orthodoxie, mit Luthers Werken, aber auch mit eigenen geistlichen Liedern und Gedichten. Am Sonntag besucht er mehrere Gottesdienste hintereinander, erklärt auch den Sonntag zu seinem Fasttag, an dem er nur dem Gebet und der inneren Einkehr leben will und keine Besuche empfängt.

Die »Mitteldinge«

Der junge überzeugte Christ bemüht sich also mit allen Kräften, ein frommes und Gott wohlgefälliges Leben zu führen. Wenn nur die »Mitteldinge« nicht wären! Darunter versteht man in pietistischen Kreisen Vergnügungen und Zerstreuungen, die in der Mitte zwischen Gut und Böse liegen, die also an sich nicht sündhaft sind, aber dem Seelenheil nicht dienen, ihm sogar schaden können, zum Beispiel Theater, Oper, Tanzen, Fechten und Spielen. Zinzendorf würde auf das alles gern verzichten, da es für ihn Vergeudung der von Gott geschenkten Zeit bedeutet. Aber zur Ausbildung eines Kavaliers gehört auf jeden Fall das Fechten und das Tanzen: Beides zu erlernen hat der Vormund in der Instruktion angeordnet. Zinzendorf nimmt also diese »eiteln Exercitien«[48] aus reinem Gehorsam auf sich. Auf den Fechtboden zu gehen, wo sich die jungen Kavaliere treffen, macht ihm noch einigermaßen Spaß. Einmal gerät er sogar richtig in Rage und führt den Degen mit selbstvergessener Leidenschaft. Nachher schämt er sich zwar deswegen und gelobt, sich künftig nicht mehr von der Kampfeslust hinreißen zu lassen, aber er wird doch innerhalb eines Jahres ein sehr geübter Fechter und kann es mit den wildesten Kampfhähnen aufnehmen.

Anders ist es mit dem Tanzen. Er hält es für »Narrenpossen«[49], ja sogar für Sünde und ist nicht zu bewegen, in Gesellschaften mit Damen zu tanzen. Um aber nicht gegen die Instruktion zu verstoßen, lässt er den Tanzmeister allein in seine Wohnung kommen. Fleißig übt er mit ihm die Figuren der schwierigen französischen Modetänze, um sobald wie möglich den Unterricht wieder von seinem Programm absetzen zu können. Natürlich lernt er, auch ohne an Tanzveranstaltungen teilzunehmen, viele Damen der Wittenberger Gesellschaft kennen. Aber, so schreibt er später, ihre »Annehmlichkeiten« hinterlassen bei ihm »keinen bleibenden Eindruck«[50].

Und das Spielen, das bei der studentischen Jugend so große Bedeutung hat? Zinzendorf lässt das Schachspiel und Billard gelten, spielt auch gern Federball, um sich körperlich zu betätigen. Beim Karten- und Würfelspiel ist er bedenklich, vor allem, wenn es um Geld geht.

»Der große Philosoph und Schirrmeister«

Dass ein junger Mann mit so strengen Prinzipien unter dem leichtlebigen Studentenvolk, wo »Fressen, Saufen und unziemliches Reden«[51] an der Tagesordnung sind, nicht gerade beliebt ist, leuchtet ein, auch wenn er von Natur aus fröhlich und aufgeschlossen ist und auf andere Menschen zugeht. Seine Abwehr gegen die »Mitteldinge«, die er äußerlich aus Gefälligkeit mehr oder weniger mitmacht, von denen er sich aber innerlich nicht gefangen nehmen lassen will, gibt seinem Auftreten etwas Gezwungenes und Gesetzliches. Für die jungen Adligen, die nicht allzu eifrig studieren und vor allem ihr Leben genießen wollen, ist Zinzendorf der wandelnde Vorwurf.

Da sind zum Beispiel die beiden Brüder von Crailsheim. Sie waren Mitschüler Zinzendorfs in Halle und gehörten dort zu seinem Freundeskreis. Wie viele andere hat Zinzendorf auch sie beschworen, nach Wittenberg zu kommen und ihren Vater schließlich überreden können, sie hier studieren zu lassen. Überglücklich nimmt Zinzendorf im Dezember 1716 die beiden Freunde auf, die im gleichen Haus wohnen können wie er und mit an seinem Mittagstisch sitzen.

Den beiden jungen Baronen erscheint das freie Studentenleben nach der strengen Erziehung in Halle ungemein attraktiv. Natürlich hat auch ihnen der Papa einen Hofmeister mitgegeben, aber der ist der Erste, wenn es um Saufgelage, Jagdausflüge und Schuldenmachen geht. Vorlesungen werden nicht mehr besucht und das Studium ist absolut Nebensache.

Zinzendorf ist entsetzt; er fühlt sich verantwortlich für die beiden Brüder, weil er sie nach Wittenberg geholt hat. Er ermahnt sie, redet ihnen zu und setzt sich mit ihrem Hofmeister auseinander. Schließlich schreibt er schweren Herzens an den Vater in Crailsheim und berichtet ihm vom Treiben seiner Söhne und ihres Hofmeisters. Letzterer verliert seine Stellung, und die beiden Brüder verlassen Wittenberg, einer nach dem andern, da sie von ihren Gläubigern bedrängt werden. Zinzendorf erreicht schließlich mit vieler Mühe und flehentlichen Briefen eine Versöhnung zwischen Vater und Söhnen.

Solche Geschichten stärken Zinzendorfs Ruf als Moralapostel und tragen ihm Verachtung und Gegnerschaft von Seiten der Wittenberger Kavaliere ein. Den »großen Philosophen und Schirrmeister« nennen sie ihn spöttisch: Mit »Schirrmeister« ist der Aufseher im Pferdestall gemeint! Viele kündigen ihm die Freundschaft auf und wollen nichts mehr mit ihm zu tun haben. Eines Tages wird ihm das Gerücht zugetragen, man werde ihn »abprügeln«[52], wenn er sich auf dem Marktplatz sehen lasse. Zinzendorf nimmt die Herausforderung an; nur von einem einzigen treuen Freund begleitet, geht er demonstrativ auf dem Marktplatz auf und ab. Zum Glück erscheint keiner der gefürchteten Raufbolde. Aber Zinzendorf spürt, wie stark die Stimmung unter den Studenten gegen ihn ist. Wie damals in Halle macht er jetzt, Ende 1717, wieder die Erfahrung, dass er mit seiner besonderen, kompromisslosen Art bei der Mehrzahl der Gleichaltrigen Anstoß erregt. Aber er ist überzeugt, auf dem richtigen Weg zu sein und will deshalb von den »einmal erkannten Wahrheiten«[53] nicht abrücken.

»Sozietät der Bekenner Christi«

Unter diesen Umständen werden ihm die wenigen Freunde, die ihm in Halle geblieben sind und die er in Wittenberg neu gewonnen hat, immer wichtiger. Beide Gruppen möchte er zusammenbringen. Und so taucht im Frühjahr 1718 der Sozietätsplan wieder aus der Versenkung auf: Eine »Sozietät der Tugendsklaven« soll gegründet werden! Bald aber kommen die Freunde von diesem barocken Namen wieder ab und nennen sich »Sozietät der Bekenner

Christi«. Satzungen werden entworfen und Verpflichtungen zu einem tugendhaften Leben unterschrieben. Aber eine echte Blüte ist der Sozietät nicht beschieden, so sehr sich Zinzendorf auch darum bemüht, da er sich nach wie vor nach einer Lebens- und Arbeitsgemeinschaft mit Gleichgesinnten sehnt.

Der Friedensplan

Im Herbst des Jahres 1718 erfüllt den jungen Studenten eine ganz neue große Idee. Obwohl er ja keine theologischen Vorlesungen besuchen darf, bleibt sein glühendes Interesse an Glaubensfragen den Wittenberger Theologieprofessoren nicht verborgen. Er lernt einige von ihnen persönlich kennen, vor allem Professor Wernsdorf, der 1718 Prorektor der Universität ist. Im Gespräch mit ihm stellt Zinzendorf überrascht fest, dass Wernsdorf keineswegs so verbohrt und auf seinen Standpunkt fixiert ist, wie man das in Halle von Vertretern der Orthodoxie annimmt. Der Professor ist durchaus aufgeschlossen für den pietistischen Gedanken von der persönlichen Bekehrung des Menschen. Auch leuchtet ihm die Forderung ein, dass sich das Christsein im täglichen Leben zeigen und beweisen müsse. Anstoß nimmt er an der oft schwärmerischen, unklaren und übertriebenen Bildersprache des Pietismus, die ihm auch in Zinzendorfs Gedichten auffällt. Hier fordert er im Sinne Luthers Klarheit und Festhalten an den Worten des Evangeliums.

Zinzendorf erkennt zu seiner großen Freude und Verwunderung, dass die beiden feindlichen Lager des Pietismus und der Orthodoxie im Grunde gar nicht so weit voneinander entfernt sind. Bestärkt wird er in dieser Meinung durch den Briefwechsel mit dem Hallenser Professor Lange, der einen kühnen Gedanken in ihm aufkeimen lässt: Ob es nicht möglich sein sollte, nach den langen Jahren des Streites endlich Frieden zu stiften zwischen den beiden kirchlichen Gruppierungen? Wie, wenn er, der junge Zinzendorf, der zu beiden Richtungen gute und freundschaftliche Beziehungen hat, von Gott dazu ausersehen wäre, sie wieder zusammenzuführen? In sein

Tagebuch schreibt er am 9. November 1718, bevor er es an die Großmutter schickt:

> ... allerliebste Großmama, ich unterstehe mich, Ihnen
> (meine liebsten Wünsche) recht offenherzig zu entdecken, ich
> mache mir die ungezweifelte Hoffnung, dass, ehe ich von
> Wittenberg gehe, in unserer lutherischen Kirche der ärgerliche
> Streit aufgehoben werden solle und Halle und Wittenberg
> völlig vereinigt (sein wird).[54]

Zinzendorfs erster Schritt auf dem Weg zu diesem großen
Ziel ist die Formulierung von »Friedensgedanken«, in denen er
vorschlägt, die Glaubensartikel aller Kirchen am »Probierstein« des
Evangeliums zu prüfen. Er hat also nicht nur die Versöhnung der beiden Parteien der evangelischen Kirche im Auge, sondern als weiter
gestecktes Ziel die Vereinigung aller christlichen Konfessionen.

Zunächst aber versucht er, die beiden ihm nahe stehenden
Vertreter des Pietismus und der Orthodoxie, Professor Francke aus
Halle und Professor Wernsdorf aus Wittenberg, zu einem persönlichen Treffen und zur Aussprache zu bewegen. Nach einigem brief-
lichen Hin und Her ist es endlich im Frühjahr 1719 so weit: Professor
Wernsdorf ist bereit, mit dem Grafen Zinzendorf nach Halle zu reisen und sich dort mit Professor Francke über alle strittigen Punkte
auszusprechen.

Intrigen des Hofmeisters

Inzwischen aber hat sich über dem Kopf des eifrigen, von
seiner Friedensmission ganz erfüllten Grafen gewaltiges Unheil
zusammengebraut, ohne dass er es bemerkt. Wieder einmal steckt
Crisenius dahinter. Sein Gönner, Zinzendorfs Vormund in Gävernitz, ist im Juli 1718 gestorben. Seitdem ist der junge Graf getrieben
von der Hoffnung, endlich Crisenius loszuwerden, diesen Hofmeister, der ihn sechs Jahre lang unsäglich bedrückt hat! Er versucht
seinen Angehörigen klarzumachen, dass er mit 18 Jahren nun wirk-

lich keinen Hofmeister mehr braucht, und bittet sie, sich nach einer geeigneten Stelle für Crisenius umzusehen; denn er will ihn ja nicht auf die Straße setzen. Crisenius, dem Zinzendorf das alles offenherzig mitteilt, ist zutiefst gekränkt. Als es dann mit seiner anderweitigen Versorgung auch nicht klappen will, greift der Hofmeister wieder zu seiner bewährten Methode der Intrige. Er will beweisen, dass der junge Graf unbedingt eine Aufsicht braucht, weil er sonst allen möglichen Unfug anstellt.

Crisenius durchstöbert also Zinzendorfs Schreibtisch und seine Papiere, wo er seine geheimsten Gedanken aufgezeichnet hat. Diese weiß der Hofmeister geschickt unter die Leute zu bringen mit entsprechenden gehässigen Kommentaren. Auf diese Weise versucht er Wernsdorf und Francke gegen Zinzendorf aufzubringen, um so den Friedensplan zu hintertreiben. Das gelingt zwar letztlich nicht, aber dafür streut Crisenius am Dresdner Hof so manche Gerüchte über den wunderlichen Grafen Zinzendorf aus, der in Wittenberg durch pietistische Absonderlichkeiten auffällig geworden sei. Begierig nimmt der Hofklatsch dieses Gerede auf. Die Dresdner Kirchenbehörde erfährt von dem Friedensplan und will Näheres wissen. Graf Zinzendorf ist in aller Munde; hämische und abfällige Bemerkungen über ihn gelangen natürlich auch nach Hennersdorf und zu den Eltern nach Berlin.

Die Verwandtschaft gerät in helle Aufregung. Das Schlimmste ist eingetroffen, obwohl man es mit Hilfe des Hofmeisters und der »Instruktion« vermeiden wollte: Lutz ist in der Öffentlichkeit unliebsam aufgefallen! Der junge Mann hat sich mit dem Friedensplan in eine Unternehmung eingelassen, die einige Nummern zu groß für ihn ist; er wird sich in kirchlichen Kreisen unmöglich machen und sich seine Zukunft und spätere Karriere am Dresdner Hof verbauen!

Als der junge Graf gerade hoffnungsfroh mit Wernsdorf den Aufbruch nach Halle zum Friedensgespräch vorbereitet, erscheint seine Mutter, von Crisenius alarmiert, in Wittenberg. Sie hat einen strengen Brief des Stiefvaters im Gepäck, um ihrem Sohn die Reise und alles, was mit dem Friedensplan zu tun hat, sofort und auf der Stelle zu untersagen. Es nützt nichts, dass Francke an die

Gräfin schreibt und sie bittet, ihrem Sohn die Reise nach Halle zu erlauben. Lutz ist nach Meinung der Familie viel zu jung und unreif, um in den theologischen Auseinandersetzungen der Zeit das Wort zu ergreifen, abgesehen davon, dass ein Graf Zinzendorf das Gebiet der Theologie sowieso anderen überlassen soll. Im Übrigen hat Lutz Anfang 1719 erneut den Wunsch geäußert, zum Theologiestudium überwechseln zu dürfen. Dem muss sofort ein Riegel vorgeschoben werden!

Es scheint, als hätte Crisenius mit seinem bösen Intrigenspiel erreicht, was er wollte. Aber Lutz hat inzwischen eine Zusammenstellung von »43 Klagepunkten gegen Crisenius«[55] nach Hennersdorf geschickt, die beweisen sollen, wie sehr der Hofmeister gegen ihn gearbeitet und ihm geschadet hat. Endlich lässt sich die Familie überzeugen: Crisenius wird entlassen und verschwindet aus dem Leben des jungen Zinzendorf – zu dessen großer Erleichterung!

Abschied von Wittenberg

Was aber soll man mit dem schwierigen jungen Grafen anfangen, der natürlich tief enttäuscht und verzweifelt ist, dass er alle seine hoffnungsvollen Pläne begraben soll? Er muss nach Ansicht der Familie möglichst schnell aus dem Verkehr gezogen werden, weg von Wittenberg und Sachsen, bis Gras über die ganze Affäre gewachsen ist. Da macht Friedrich Christian von Zinzendorf, der ältere Stiefbruder, einen höchst willkommenen Vorschlag: Er ist mit seinem Hofmeister eben von einer Reise nach Frankreich zurückgekehrt; die beiden wollen aber noch zu einem längeren Aufenthalt nach Holland aufbrechen und erklären sich bereit, Lutz dorthin mitzunehmen.

Für die Eltern Natzmer ist dieses Angebot ein Geschenk des Himmels. Deshalb hat Lutz sich wieder einmal zu fügen und sein Studium in Wittenberg abzubrechen. Dass ihm das keineswegs leicht fällt und ihn schwere innere Kämpfe kostet, liegt auf der Hand. Aber, so schreibt er, »ich habe gelernt, mir Einhalt tun zu lassen«[56]. Wieder einmal ist es das vierte Gebot, das ihm den Gehorsam zur Pflicht macht und das er als absolute Notwendigkeit anerkennt.

Obwohl die Friedensbemühungen des Studenten Zinzendorf also äußerlich gesehen gescheitert sind, haben sie doch für ihn persönlich eine große Bedeutung. Sein theologischer Horizont hat sich geweitet, seine Fähigkeit zur Toleranz und zum selbständigen Denken in religiösen Fragen ist gewachsen. Nie mehr wird er sich auf eine bestimmte kirchliche Richtung festlegen lassen. Und dass er die Zeichen der Zeit erkannt hat, die reif ist für solche Aussöhnungsgespräche, zeigt sich an der Tatsache, dass bereits im Mai 1719 das erste Religionsgespräch zwischen Pietisten und Orthodoxen in Merseburg stattfindet. Da ist allerdings Zinzendorf schon auf Reisen.

4. Die Kavaliersreise

Aus taktischen Gründen also schickt die Familie den jungen Zinzendorf ins Ausland; man will ihn möglichst unauffällig aus Wittenberg entfernen. Nichts scheint für diesen Zweck besser geeignet als eine solche »Kavaliersreise«, die in dieser Zeit ein unverzichtbarer Bestandteil der Erziehung und Bildung eines jungen Adligen ist. Der Sohn aus guter Familie soll sich in der Welt umsehen, die Völker Europas und ihre Sprachen kennen lernen. Auch Studien an den berühmten europäischen Universitäten gehören zu einer solchen Reise. Hier geht es vor allem darum, dass der junge Kavalier seine juristischen, historischen und politischen Kenntnisse erweitert und vertieft; einen richtigen Studienabschluss als Voraussetzung für einen Broterwerb hat er meist nicht nötig. Dementsprechend locker kann er seine Studien betreiben. Wichtiger ist für ihn, dass er sich eine gute Allgemeinbildung erwirbt, sich einlebt in die ausgeprägte Kultur seines Standes, dass er die ausgefeilten Formen der Etikette beherrscht, sich gewandt in der Gesellschaft bewegen und elegant auftreten kann.

Reise durch Deutschland

Zinzendorfs Gefühle gegenüber dieser Reise sind sehr zwiespältig. Er wird ja aus seinen Wittenberger Studien und hochfliegenden Plänen herausgerissen und die »große Welt« kann den jungen Pietisten nicht locken: »Ich will ja«, so meint er, »der Welt und ihrem Wesen absterben, was soll ich mir erst so viel mit ihr zu tun machen?«[57] In dieser deprimierten Stimmung begibt er sich auf die Reise, die er zunächst nur als lästige Gehorsamspflicht empfindet. Immerhin legt er ein Reisetagebuch an mit dem Titel: »Attici Wallfahrt in Deutschland, durch die Welt«[58]. Er gibt sich darin den römischen Namen »Atticus« – in der Antike bedeutete dieser Name Weltläufigkeit und griechische Bildung –, ebenso werden auch die meisten anderen Personen, die in dem Reisebericht vorkommen, mit antiken Decknamen versehen. Das entspricht der literarischen Mode der Zeit, in der solche Reisebeschreibungen im antikverschlüsselten Gewand sehr beliebt sind. Geistvolle und ironische Anspielungen jeder Art sind dabei möglich; zum Beispiel bekommt der intrigante Crisenius den sprechenden Beinamen »Catilina«: So hieß der berüchtigte Verschwörer gegen den römischen Staat im 1. Jahrhundert vor Christus.

Äußerlich scheint sich für die Reise alles aufs Schönste zu fügen. Der ältere Stiefbruder Friedrich Christian überlässt dem jüngeren Lutz seinen Hofmeister Riederer als Reisebegleiter und macht selbst die Reise bis Holland mit. Auch übernimmt er bis dorthin großzügig die Reisekosten für die ganze Gesellschaft.

Nach ausgiebigen Abschiedsbesuchen verlässt Zinzendorf im Mai 1719 zum ersten Mal das heimatliche Sachsen. Die jungen Leute reisen über Naumburg, Erfurt, Eisenach nach Frankfurt. Dort besucht Zinzendorf unter anderem die Judengasse und die Synagoge. Es ist seine erste Begegnung mit Juden, die im Frankfurter Getto sehr eng und bedrängt leben. Der junge Mann überlegt, »wie bald es geschehen könne, dass ganz Israel nach der klaren Verheißung Gottes selig werde«, und ist deshalb sehr bedrückt darüber, »dass man das blinde Volk also sehr aufzieht und schraubt.«[59]

In Frankfurt besteigen sie ein Schiff und fahren erst den Main, dann den Rhein hinunter. Staunend erlebt Zinzendorf die Schönheit und Lieblichkeit des Rheintales, wo man »nichts als Felsen, Weinberge und Schlösser« sieht, er lobt den berühmten Rheinwein und bedauert, dass es »keinen solchen« in seiner Heimat gibt, wo man diesbezüglich »betrogen«[60] werde. Mehr noch als die Naturschönheiten, die er in seinem Tagebuch meistens etwas hilflos als »unvergleichlich« bezeichnet, interessieren ihn die berühmten Städte und ihre Geschichte. Darin ist er ganz ein Kind seiner Zeit, die noch keinen Sinn für Landschaftsromantik hat. Bacharach, St. Goar, Köln und Düsseldorf werden besichtigt. »Atticus« notiert alles, was ihm wichtig erscheint, in seinem Tagebuch.

Das »Ecce-homo«-Bild

Am 22. Mai sind die Reisenden in Düsseldorf. Hier besucht Zinzendorf die Gemäldegalerie. »Unter vielen Hunderten der herrlichsten Porträts auf der Galerie«, so berichtet er, »zog das einzige Ecce homo« sein »Auge und Gemüt« an. Er bleibt wie gebannt vor dem Bild des leidenden Christus von Domenico Feti stehen. »Ecce homo! (Sehet, welch ein Mensch!)« Diesen Titel hat der Maler seinem Werk gegeben und das Bild des gegeißelten Schmerzensmannes sehr eindrucksvoll dargestellt. Zinzendorf liest die Unterschrift: »Ego pro te haec passus sum; tu vero, quid fecisti pro me? (Ich habe dies für dich gelitten; du aber, was hast du für mich getan?)« Diese Worte bezieht der junge Mann sofort unmittelbar auf sich; tief beschämt muss er zugeben,

> *dass er hier auch nicht viel würde antworten können, und bat seinen Heiland, ihn in die Gemeinschaft seiner Leiden mit Gewalt zu reißen, wenn sein Sinn nicht hinein wolle*[61].

Wieder – wie in seiner Kindheit – ist es die eindringliche Vorstellung von den Leiden Christi, die das Gefühl einer ganz unmittelbaren persönlichen Verbindung mit dem Heiland bei Zinzendorf aufkommen lässt. Und obwohl diese Verbindung ohne Bruch bis zu diesem Tage im Leben des Neunzehnjährigen immer vorhanden war, wird sie doch durch dieses Erlebnis, das er später noch oft erwähnen wird, sehr bestärkt. Zugleich wird an der Reaktion des »Atticus« deutlich, dass er trotz aller gelebten Frömmigkeit – auch auf der Reise liest er täglich in der Bibel und im Gesangbuch – ein Gefühl des Ungenügens hat und glaubt, noch viel mehr für seinen Heiland tun zu müssen.

Ecce homo. Kopie nach Domenico Feti

In Holland

Von Düsseldorf geht die Reise weiter rheinabwärts. Bei Wesel verlässt die Reisegesellschaft das Schiff und fährt mit sechsspänniger Extrapost nach Holland.

Die Niederlande sind zu dieser Zeit eine der führenden Mächte Europas, eine reiche, blühende Republik. Dem jungen Zinzendorf fällt sofort die ungewöhnliche Sauberkeit und Gepflegtheit auf, die so groß ist, »dass auch die Abtritte mit Porzellan ausgelegt« sind. Auch die hohen holländischen Reisekutschen bewundert er, mit ihrer Hühnertreppe zum Einsteigen, die während der Fahrt hinaufgezogen wird. Aber teuer ist dieses Land! »Wer einen in Holland sieht, der fordert Geld«[62], seufzt der junge Graf, dessen finanzielle Mittel recht knapp bemessen sind.

Am 26. Mai, seinem 19. Geburtstag, trifft Zinzendorf in Utrecht ein. Hier soll er sich nach dem Willen der Familie aufhalten und seine juristischen Studien vervollständigen. Aber zuerst nimmt ihn der ältere Bruder zu einer Besichtigungsreise durch Holland mit. Sie besuchen unter anderem die berühmten Städte Rotterdam, Delft, Den Haag und Amsterdam.

Diese Stadt gefällt Zinzendorf ganz besonders. Er staunt über die riesigen Schiffe im Hafen, wo Muskat und Nelken herumliegen »wie Korn und Spreu«. Für diese Gewürze haben die Holländer ein Handelsmonopol und »der Geruch erfüllet Häuser und Höfe«. Aber auch die öffentlichen Einrichtungen schaut Zinzendorf sich an, das Zuchthaus, die Irrenanstalt, wo man die Leute seiner Ansicht nach »noch närrischer« macht als sie sind. Er ist entzückt über die »holländische Zierlichkeit«[63], die sich am Markt und an den Grachten zeigt. Und er besucht am Trinitatisfest einen armenischen Gottesdienst, dessen schöne und feierliche Zeremonien ihn tief beeindrucken.

Der »Neunundzwanzigste«

Abgestiegen sind die Brüder im Hotel »Wappen von Emden«, wo sie einen Landsmann, den jungen Grafen Heinrich XXIX. von Reuß treffen, der sich ebenfalls mit seinem Hofmeister Bonin auf Kavaliersreise befindet. Die jungen Leute freunden sich rasch an zur großen Befriedigung Bonins, der vor allem den jüngeren Zinzendorf gleich ins Herz schließt und für seinen Schützling »Segen«[64] von dieser Freundschaft erhofft.

Die Grafen aus dem Hause Reuß haben alle den Vornamen Heinrich. Zur Unterscheidung werden sie durchnummeriert: Zinzendorfs Freund ist also der »Neunundzwanzigste«, eine Bezeichnung, die Zinzendorf unbekümmert auf ihn anwendet.

Zwei verwandte Naturen haben sich hier gefunden; denn auch der junge Graf Reuß ist sehr an religiösen Fragen interessiert. Zinzendorf erzählt ihm von der »Sozietät der Bekenner Christi«, die er in Wittenberg gegründet hat, und erlebt die große Freude, dass der »Neunundzwanzigste« sich bereit erklärt, der Sozietät beizutreten. Nun zeigt sich Zinzendorfs Vorliebe für feierliche Formen: Er setzt eine Verpflichtung von 11 Punkten für den Freund auf, der als regierender Fürst künftig besondere Aufgaben und Möglichkeiten haben wird, ein »Bekenner Christi« zu sein. Diese Verpflichtung übernimmt Graf Reuß durch seine Unterschrift.

Abschied vom Stiefbruder

Nach einigen Tagen Aufenthalt in Amsterdam kehren die Brüder Zinzendorf nach Utrecht zurück, wo sich der ältere Bruder Friedrich Christian verabschieden und nach Deutschland zurückkehren muss. Er soll dort als Erbe des verstorbenen Onkels das Gut in Gävernitz übernehmen.

Der jüngere Bruder ist froh, dass der Abschied freundschaftlich verläuft; denn es hat auf der Reise starke Spannungen zwischen den beiden sehr verschiedenen Charakteren gegeben. Friedrich Christian, der vor kurzem in Paris war, kehrt betont den französischen Kavalier heraus, während Lutz keineswegs für diese Weltläufigkeit zu gewinnen ist, sondern heimlich um die Bekehrung des Bruders zu einem christlichen Lebenswandel betet. Außerdem wurde dem jüngeren Bruder während der Reise immer wieder gesagt, dass er »umsonst mitgereist«[65] ist, also dem älteren Bruder Kosten verursacht hat.

Aufenthalt in Utrecht

Der jüngere Zinzendorf bleibt mit Hofmeister Riederer in Utrecht, wo er an der Universität Vorlesungen hört und juristische Bücher durcharbeitet. Nebenbei treibt er holländische und englische Sprachstudien. Er besucht auch die Reitbahn und den Fechtboden, stöhnt aber über das viele Geld, das ihn diese Übungen kosten. Viele hochrangige Persönlichkeiten lernt er kennen; er wird sogar zur Geburtstagsfeier des Prinzen von Oranien eingeladen, wo er für dessen Mutter, die Statthalterin von Groningen und Westfriesland, ein Gedicht verfasst.

Nach wie vor aber gilt sein größtes Interesse religiösen und theologischen Fragen. Wenn in einer Gesellschaft die Rede darauf kommt, ist er sofort mit Feuereifer dabei. Er kommt aus dem deutschen Luthertum und begegnet jetzt zum ersten Mal anderen Konfessionen. Er lernt vor allem die holländische reformierte Kirche kennen, die ihn wegen der einfachen und klaren Liturgie ihrer Gottesdienste sehr beeindruckt. Aber es gibt in Holland, wo die religiöse Freiheit großgeschrieben wird, noch viele andere Kirchengemeinschaften. Zinzendorf versucht möglichst viele von ihnen kennen zu lernen und besucht neben dem armenischen auch einen mennonitischen und englischen Gottesdienst. Die theologischen Unterschiede zwischen den einzelnen Konfessionen interessieren ihn brennend und er kommt bei Gesprächen immer wieder auf dieses Thema zurück.

Wegen dieser »Liebe zur Pietät« wirkt er auf viele Menschen »wunderlich«. Manche halten seine Frömmigkeit für Heuchelei. Seine selbstkritische Meinung dazu ist, dass Gott ihm zwar die

Gnade gegeben habe, seine Gedanken über diese Dinge »sattsam auszudrücken. So schön aber der Mund und so ernstlich er redet, so liederlich sieht's manches Mal im Gemüt aus«[66].

Aufbruch nach Frankreich

Leider verträgt der junge Zinzendorf das holländische Klima nicht gut. Er leidet unter Rheumatismus, Geschwüren und Ohnmachtsanfällen. Schließlich sieht er »einem Totengerippe ähnlicher als einem jungen Menschen«[67]. Auch Hofmeister Riederer macht sich Sorgen um seinen Schutzbefohlenen; deshalb beschließt man, schon nach knapp drei Monaten Holland wieder zu verlassen und nach Paris aufzubrechen, wo sich auch der neugewonnene Freund, der »Neunundzwanzigste«, zur Zeit aufhält. Zinzendorf teilt diese Pläne brieflich seiner Familie mit, reist jedoch ab, ohne die Antwort abzuwarten. Seinen Angehörigen bleibt nichts übrig, als nachträglich seinen Entschluss gutzuheißen, obwohl sie einen längeren Studienaufenthalt in Utrecht gewünscht hätten. Man wundert sich zu Hause in Hennersdorf, dass der junge Mann unbedingt nach Paris will, wo er sich noch vor wenigen Monaten recht abfällig über diese Stadt und den dort herrschenden »esprit du monde (Geist der Welt)«[68] ausgesprochen hat. Ob er inzwischen eingesehen hat, dass ein junger Adliger einfach in Paris gewesen sein muss? Zu einer Zeit, da französischer Geschmack, Lebensart und Sprache tonangebend in ganz Europa sind?

Paris im Jahre 1719

Über Antwerpen und Brüssel reist Zinzendorf mit Diener und Hofmeister nach Paris, wo er am 27. September eintrifft und im Hotel des Escarcelles nahe beim Palais Royal Unterkunft findet. Gleich am nächsten Tag besucht ihn »der liebe Neunundzwanzigste«[69] mit anderen Freunden und Zinzendorf lässt sich berichten, was in Paris alles vor sich geht.

Mittelpunkt des gesellschaftlichen Lebens ist natürlich der Königshof. Der große Sonnenkönig Ludwig XIV. ist vor wenigen Jahren gestorben, sein offizieller Nachfolger ist sein Urenkel, der aber erst 5 Jahre alt ist. Deshalb führt die Regentschaft für dieses Kind sein Onkel, Philipp II., Herzog von Orleans. Die verwitwete Mutter des Regenten ist eine Deutsche, Liese-Lotte von der Pfalz, von der Hofgesellschaft nur die »Madame« genannt. Als deutscher Adliger hat man also gute Aussicht, bei Hofe eingeführt zu werden.

Zinzendorf möchte zuerst einmal die Stadt kennen lernen. Er besichtigt die berühmten Sehenswürdigkeiten, die »Tuilerien« – so wird das königliche Schloss genannt –, die Bastille, die Bildergalerie, die Kirche Nôtre Dame, aber auch soziale Einrichtungen wie das »Hôtel-Dieu«, ein Krankenhaus, wo »viele tausend«[70] Patienten liegen.

Zum Programm gehört selbstverständlich auch ein Ausflug nach Versailles, der prächtigen Residenz Ludwigs XIV. Sie ist Vorbild für viele Schloss- und Gartenanlagen europäischer Fürsten. Für Zinzendorf ist das Schloss von Versailles das »magnifiqueste Gebäude« der Welt. Er beschreibt genau die berühmten Attraktionen des weitläufigen Parks, macht sich aber auch Gedanken über die Verschwendungssucht des Herrschers, der »Schweiß und Blut der Untertanen«[71] und riesige Geldsummen an diese Anlagen gewendet hat.

Gleich in den ersten Monaten seines Aufenthaltes in Paris wird Zinzendorf sehr krank. Da in Paris die Blattern grassieren, glaubt er sich angesteckt zu haben. Er fühlt sich so elend, dass er meint sterben zu müssen. Schon will er sein Testament und Abschiedsbriefe an seine Familie schreiben, als der herbeigeholte Arzt ihm mit einem Aderlass Linderung verschafft. Bald erholt er sich und fühlt sich wieder ganz gesund.

An der Akademie in Paris belegt Zinzendorf einen Französischkurs und nimmt auch zögernd, aus Gehorsam gegenüber der Familie, die juristischen Studien wieder auf. Wichtiger ist ihm die Reitbahn. In der Kunst des Reitens macht er in zwei Monaten solche Fortschritte, dass man ihm »die stärksten Springer frei zu reiten gibt«[72].

Den vielen Vergnügungen und Zerstreuungen, die das glanzvolle Paris zu bieten hat, begegnet Zinzendorf misstrauisch, da es sich ja um »Mitteldinge« handelt. Aber er möchte sie alle kennen lernen, um sich selbst ein Urteil zu bilden. Die beliebten Tiergefechte zwischen Ochsen, Eseln und Hunden nennt er eine »gottlose Belustigung«[73]. Viel besser gefällt ihm das Theater, wo er Stücke der großen Dramatiker Racine und Molière sieht.

Länger dauert es, bis er sich entschließt, in die berühmtberüchtigte »Opera« zu gehen. Die prächtigen Dekorationen dort und die »verliebten Possen« können ihm wenig imponieren, aber die Musik gefällt ihm sehr gut. Tapfer bleibt er auch da, als sich nach der Opernaufführung die Bühne mit Hilfe von Hebemaschinen auf das Niveau des Zuschauerraumes senkt und ein Maskenball sich an die Vorstellung anschließt, auf dem es im Schutze der Masken recht lasziv zugeht. Gleich wird Zinzendorf von maskierten Damen umringt, die ihm vorwerfen, dass er ohne Maske gekommen sei. Da behauptet er kühn, »er sei nicht gekommen, um sich ein Vergnügen zu machen, sondern um die Leute auszulachen und das wolle er mit offenem Gesicht tun«[74].

Geldgeschichten

Im Großen und Ganzen würde sich also das Leben in Paris gar nicht schlecht anlassen, wenn nur die ewige Geldknappheit nicht wäre. 1000 Taler kostet den Kavalier ein Vierteljahr in Paris, auch bei sparsamster Lebensweise! Das Geld soll aus den Zinsen seines väterlichen Vermögens kommen, das inzwischen der Bruder in Gävernitz verwaltet. Aber dessen Geldsendungen treffen sehr unregelmäßig und spärlich ein, so dass Zinzendorf sich oft die nötigen Summen borgen muss.

Mit seinen Geldsorgen ist er nicht allein: Auch der Regent von Frankreich hat riesige Staatsschulden, die ihm der große Sonnenkönig hinterlassen hat. Da erbietet sich ein Schotte, John Law, mit der Einführung von Papiergeld und Aktien in Frankreich diese Schulden innerhalb eines Jahres zu tilgen. Der Regent ist begeistert von dieser Idee und das Finanzgenie Law ist im Herbst 1719 der große Mann in Paris. Staunend verfolgt der junge Zinzendorf, wie die Stadt im Aktienfieber taumelt, sich um die neuen Papiere reißt und wie auch einfache Leute unglaubliche Gewinne machen: »Lakaien gewinnen so viel, dass sie Equipagen (Kutschen) halten!«, berichtet er fassungslos nach Hennersdorf. Er sei »zu einer Zeit nach Paris gekommen, da er Zeuge einer unerhörten Sache« geworden sei. In der Bank wiegt man gegen Ende des Jahres 1719 »das Geld wie Gewürze den Leuten in die Säcke«[75].

Aber die Herrlichkeit dauert nicht lange. Für die Unmenge gedruckter Banknoten fehlt die Deckung, bereits im Frühjahr 1720 ist das ganze Papiergeld nichts mehr wert und Law muss vor dem Zorn des Volkes ins Ausland fliehen.

Damenbekanntschaften

Eines Tages lässt die Oberhofmeisterin der Mutter des Regenten den jungen Reichsgrafen wissen, dass sie von ihm gehört habe und ihn gern kennen lernen möchte. Er wird morgens in den Königspalast zum »Lever«, der Ankleidezeremonie, bestellt. Eine unmögliche Sitte nach Meinung Zinzendorfs: Da die vornehmen Damen sich erst gegen Mittag vom Schlaf erheben und das Frisieren, Ankleiden und Schminken eine zeitaufwendige Sache ist, empfangen sie bei dieser Gelegenheit Besuche, auch von Kavalieren. Diese haben hinter einem Wandschirm zu stehen und von dort aus die Konversation zu führen. Natürlich gibt diese Situation oft Anlass, mit Hilfe von Spiegeln und fallenden Hüllen frivole und lüsterne Spielchen zu treiben, weshalb der sittenstrenge Zinzendorf solche Besuche sonst ablehnt.

Aber bei der Oberhofmeisterin geht es ehrenhaft zu. Sie unterhält sich freundlich mit dem jungen Mann, von dessen Benehmen sie viel Gutes gehört hat, und verschafft ihm Zutritt zu ihrer Herrin, der »Madame«, Liese-Lotte von der Pfalz. Das ist nun wirklich eine große Sache. Zinzendorfs Tagebuch verzeichnet jedes gnädige Wort der hohen Dame, die vor vierzig Jahren schon seinen Vater gekannt hat und sich gern an ihn als einen »schönen Herrn«[76] erinnert. Liese-Lotte, die in ihren Briefen nach Deutschland oft den frivolen und kirchenfernen Geist am Pariser Hof beklagt hat, findet Gefallen an dem guten Charakter dieses jungen Adligen, von dem man sagt, dass er »die Schrift fast auswendig« kann. Sie ermuntert ihn zu weiteren Besuchen, so dass er sich nun öfter bei Hofe einfindet.

Schließlich wird Zinzendorf eine ganz außergewöhnliche Ehre zuteil, wie er ganz aufgeregt an seine Mutter schreibt, »dergleichen noch keinem Deutschen noch sonst jemand begegnet«[77] zu sein scheint, nämlich dass ihn Madame selbst ihrem Sohn, dem Regenten, vorstellt. Begeistert berichtet er alle ehrenvollen Einzelheiten dieser Begegnung im Zimmer der Madame. Nun hat man ihm und dem Namen Zinzendorf die höchste Ehre erwiesen, die Paris zu bieten hat! Die Familie zu Hause kann stolz auf ihn sein!

Hinrichtung eines Grafen

Wie ausgeprägt Zinzendorfs Standesbewusstsein ist, zeigt sich auch noch bei einer anderen Gelegenheit. Ein gewisser Graf Horn, der bei der Papiergeldentwertung sein Vermögen verlor, hat einen Raubmord begangen, wurde zum Tode verurteilt und soll nun wie ein ganz gewöhnlicher Mörder gerädert werden. Natürlich ist die Sache Tagesgespräch in der Stadt. Die vornehmen Verwandten des Verurteilten bitten den Regenten fußfällig um eine weniger grausame und erniedrigende Todesart. Auch Madame spricht sich mitleidig in diese Richtung aus, als Zinzendorf sie wieder einmal besucht. Unerwartet heftig widerspricht der junge Graf und ist sehr dafür, dass der Regent eine »gleich durchgehende Gerechtigkeit« übt. »Uns Grafen geht es vor allem an«, so begründet Zinzendorf seine harte Haltung: Ein Graf hat seiner Meinung nach Vorbild für das Volk zu sein. Wenn er aber mordet und stiehlt, »muss er öffentlich und noch härter als andere gestraft werden«.

Zinzendorf ist erstaunt und empört, als sogar das Volk nach der Exekution sich darüber aufregt, dass man einen Adligen auf solch schreckliche Weise hingerichtet hat. Er schreibt in sein

Tagebuch: »Solch ein Tier ist der Pöbel. Er weiß nicht, was er will. Straft man nicht, so ist man ungerecht, straft man, so ist man unbarmherzig.«[78]

Deutlich zeigt sich hier, wie fraglos sich Zinzendorf einer Herren- und Oberschicht zurechnet, die sich allerdings auch durch Tugend und vorbildhaftes Verhalten zu bewähren hat. Aber er sieht einen tiefen Graben zwischen dem Adel und dem gewöhnlichen Volk. Dass dieses Standesbewusstsein in einem gewissen Widerspruch zu seiner christlichen Grundhaltung steht, kommt ihm zu dieser Zeit nicht in den Sinn.

Kardinal de Noailles

Bedeutsam wird für Zinzendorf in Paris seine Begegnung mit der katholischen Kirche. Zu Hause im protestantischen Sachsen hatte er kaum Gelegenheit, den Katholizismus kennen zu lernen. Deshalb sucht er jetzt die Bekanntschaft mit katholischen Geistlichen, ebenso wie er sich in Holland um Glaubensgespräche mit den Reformierten bemüht hat.

Am 1. November 1719, dem Allerheiligenfest, besucht er ein Pontifikalamt in der Sainte Chapelle. Er stellt sich danach dem Pater La Tour vor, einem engen Mitarbeiter des Kardinals von Frankreich. Mit dem Pater kommt er gleich in ein sehr gutes und interessantes Gespräch. Die Freundschaft vertieft sich; wenige Wochen später bringt La Tour den jungen deutschen Reichsgrafen zu seinem Vorgesetzten, dem Kardinal de Noailles. Zinzendorf fühlt sich geehrt, weil die beiden hohen Geistlichen so interessiert und ausführlich mit ihm sprechen, er spürt aber auch deutlich ihre unverhohlene Absicht, ihn für die katholische Kirche zu gewinnen.

Die »appellierenden« Bischöfe

Um Klarheit für künftige Begegnungen zu schaffen, schreibt Zinzendorf an den Kardinal, er werde nie zur katholischen Kirche übertreten. Als Hauptgrund nennt er, dass diese Kirche gerade ihre besten Männer und »heiligsten Bischöfe«[79] verfolge.

Damit spielt Zinzendorf auf den schweren Konflikt an, den die französische Kirche zu dieser Zeit mit dem Papst in Rom ausfechten muss. Es geht um eine mit Erläuterungen versehene Übersetzung des Neuen Testaments ins Französische, die in Frankreich große Verbreitung gefunden hatte, aber durch einen päpstlichen Erlass 1713[80] verboten worden war. Der Papst wollte nicht, dass der Text des Neuen Testaments, ungefiltert durch kirchliche Auslegung, in die Hände von Laien gegeben werde. Viele französische Bischöfe erhoben Einspruch gegen diesen päpstlichen Entscheid und appellierten 1717 an ein Konzil. Das heißt, sie forderten, dass eine allgemeine Kirchenversammlung die Streitfrage entscheiden sollte. Kardinal de Noailles unterstützte nach einigem Zögern die »appellierenden« Bischöfe. Daraufhin drohte der Papst, den Kardinal abzusetzen und die Bischöfe aus der Kirche auszuschließen.

Bekehrungsversuche

Der Streit ist noch nicht geklärt, als Zinzendorf in Paris weilt. Er als überzeugter und eifriger Bibelleser steht natürlich ganz auf der Seite der »Appellanten« und lehnt schon aus diesem Grunde die Papstkirche ab. Aber der Kardinal weist ihn in Briefen und vielen weiteren Gesprächen darauf hin, dass die ewige Größe und Einheit der katholischen Kirche vom einzelnen Irrtum eines Papstes nicht berührt werde. Trotz seiner Kontroverse mit dem Papst fühlt sich der Kardinal zutiefst mit seiner Kirche verbunden und würde nur allzu gern diesen hochbegabten, gläubigen jungen Christen für den Katholizismus gewinnen.

Geschickt weiß er in seine Werbung einzubauen, dass in der katholischen Kirche große Aufgaben und wichtige Ämter auf einen Mann von der Art und Herkunft Zinzendorfs warten. Damit ist nun wirklich ein wunder Punkt bei dem Grafen berührt: Wie sehnlich hat er sich immer wieder ein Theologiestudium gewünscht! Aber der bürgerliche Beruf eines Pfarrers ist für ihn in den Augen seiner adelsstolzen Familie ein Ding der Unmöglichkeit. In der katholischen Kirche hingegen sind gerade die hohen und höchsten Kirchenämter dem Adel vorbehalten. Hier hätte ein Graf Zinzendorf eine große Laufbahn vor sich!

Auch sonst hat der erfahrene Kardinal viele geschliffene Argumente gegen die Einwände des jungen Protestanten parat. Zinzendorf gerät in wirkliche Bedrängnis und wird »ganz furchtsam«[81]. Er war sich doch seines Glaubens so sicher, dass er meinte, er könne seinerseits den Kardinal zum Protestantismus bekehren!

In dieser schwierigen Situation vertieft er sich gründlich in die Lehre seines lutherischen Glaubens. Als er dann wieder eine Einladung, diesmal auf den Landsitz des Kardinals erhält, ist er gut vorbereitet. Er weiß seine Überzeugung so hieb- und stichfest zu vertreten, dass der Kardinal beeindruckt ist, seine Bekehrungsversuche aufzugeben verspricht und versichert, er werde ihn von nun an nur noch »als ein Kind Gottes von Herzen lieben«[82].

Seine Gedanken über den evangelischen und katholischen Glauben schreibt Zinzendorf für den Kardinal in lateinischer Sprache nieder, wobei ihm, wie er dankbar bekennt, »der liebe Gott immer mehr Aufschluss und Einsicht ins Ganze verlieh«. Er schließt mit den Worten: »Unsere Seligkeit hängt nicht vom Papst oder sonst von Menschen, sondern vom Verdienste Christi ab.«[83] Nicht die guten Werke, nicht die Verdienste der Heiligen, sondern nur der Glaube an die Erlösungstat Christi kann den Menschen vor Gott rechtfertigen. Damit hat sich Zinzendorf auf dieselbe Glaubensgewissheit besonnen, wie sie Luther erfahren hat.

Wankelmut des Kardinals

Im Frühjahr 1720 bekommt Zinzendorf mit, dass der Kardinal sich mit dem Papst arrangieren und den umstrittenen päpstlichen Erlass annehmen will. In einem beschwörenden Brief versucht der Neunzehnjährige, den so viel älteren Kardinal davon abzuhalten, gegen seine Überzeugung zu handeln. Vergeblich: Der Kardinal stellt die Sorge um die Einheit der Kirche über die Wahrheit und unterschreibt das Abkommen mit dem Papst.

Das kann Zinzendorf nicht ertragen. Zutiefst enttäuscht setzt er sich hin und schreibt dem väterlichen Freund einen betrübten, aber entschlossenen Abschiedsbrief. Nach diesem Schritt, den er als einen Verrat an der Wahrheit empfindet, will er den Kardinal nicht mehr sehen.

Erst viel später wird Zinzendorf von Deutschland aus die Verbindung mit De Noailles wieder aufnehmen und mit ihm einen intensiven und freundschaftlichen Briefwechsel führen, der erst mit dem Tod des Kardinals endet.

Abschluss der Kavaliersreise

Die tief gehende und schwierige Auseinandersetzung mit dem Katholizismus bringt Zinzendorf in seiner inneren Entwicklung um zwei wichtige Schritte weiter. Erstens hat er seine katholischen Gesprächspartner trotz aller Meinungsverschiedenheiten als gute Christen achten gelernt. Darüber schreibt er später:

> *»Von der Zeit an bemühte ich mich, das Beste in allen Religionen zu entdecken ... Denn ich wußte, daß in allerlei Volk der Herr die Seinen haben wolle.«*[84]

Er gewinnt also eine offene und tolerante Haltung gegenüber anderen Konfessionen. Andererseits ist er gerade durch den harten Kampf um die Wahrheit tiefer in das Zentrum seiner eigenen lutherischen Konfession eingedrungen und hat die Lehre von der

Der 20-jährige Zinzendorf in Paris. Ölgemälde von A. S. Belle

Rechtfertigung durch die Gnade Gottes für sich als richtungweisend erkannt. Diese neugewonnene Überzeugung, dass die Gnade Gottes für den Menschen entscheidend ist, nicht seine eigenen unvollkommenen Bestrebungen, mit Gott ins Reine zu kommen –, diese Überzeugung hilft Zinzendorf, sich aus seiner früher oft so ängstlichen und gesetzlichen Frömmigkeit etwas zu lösen. Das heißt, sie hilft ihm, auch eine größere Freiheit der »Welt« und den »Mitteldingen« gegenüber zu finden.

Was hat ihm Paris sonst noch gebracht? Ein Porträt, das er in Paris 1720 hat malen lassen, zeigt ihn als Aristokraten im Staatsgewand mit Perücke und grünem Samtrock, der mit goldenen Tressen besetzt ist. Ein Mann von Welt, der sich auf höfischem Parkett sicher zu bewegen weiß, auch wenn die Augen den Betrachter keineswegs blasiert oder hochmütig, sondern eher fragend anblicken. An Welterfahrenheit und Menschenkenntnis, an Reife und Weitblick hat Zinzendorf viel gewonnen, weniger an juristischen Kenntnissen – aber dafür spricht er ein elegantes Französisch!

Am 29. April 1720 verlässt Zinzendorf Paris und kehrt über Straßburg, Basel und Zürich nach Deutschland zurück.

5. Drei Gräfinnen

Es sind Zukunftsbilder, die dem jungen Zinzendorf durch den Kopf gehen, als er im Mai 1720 nach einem Umweg über die Schweiz durch Süddeutschland nach Hause reist. Er kann sich Zeit lassen, denn er betrachtet seine Ausbildung als abgeschlossen. Und nun gilt es eine Tätigkeit zu finden, die ihn befriedigt. Hauptzweck seines Lebens ist nach wie vor, Menschen für Christus zu gewinnen. Außerdem aber kreisen seine Gedanken um das Leben in einer Gruppe von Gleichgesinnten, die gemeinsam für das Reich Gottes arbeiten. Dabei stellt er sich die Hausgemeinschaft auf einem ländlichen Herrensitz vor, so ähnlich wie in Hennersdorf: eine gräfliche Familie und frommes Hausgesinde, die alle aus einem Geist leben und sich in den Dienst des Herrn gestellt haben. Sich selbst sieht er in diesem Zukunftsbild als Oberhaupt und Leiter der kleinen Hausgemeinde.

Um diesen Traum zu verwirklichen, braucht er, so seine Überlegungen, zunächst einmal eine geeignete Ehefrau, die seine Auffassungen teilt und mit ihm ein frommes und zurückgezogenes Leben führen will. Warum soll er nicht diese Reise und die geplanten Verwandtenbesuche dazu benutzen, um sich unter den Töchtern des Landes ein wenig umzusehen?

Bis jetzt hat er allerdings sehr wenig Erfahrung mit jungen, heiratsfähigen Mädchen. Flirts und charmantes, unverbindliches Geplauder mit ledigen Damen hat er immer vermieden; denn er hat »keinen anderen Plan vom Liebhaben der Weibspersonen, als sie zu heiraten«[85].

In der Ferne tauchen die Türme von Nürnberg auf, der Stadt, die seinen Vorfahren Zuflucht und Heimat geworden war, nachdem sie wegen ihres Glaubens Österreich hatten verlassen müssen. Zinzendorf wird es etwas beklommen zumute; denn in der Nähe von Nürnberg, in Oberbürg, residiert eine berühmt-berüchtigte Tante, Margarete Susanne von Polheim, der er einen Besuch abstatten muss.

Die »schöne Susi«

Was hat man sich nicht alles von dieser Tante, einer Schwester seines Vaters, zu Hause in Hennersdorf hinter vorgehaltener Hand erzählt! In ihrer Jugend war sie eine gefeierte Schönheit am Dresdner Hof, die Favoritin des sächsischen Kurfürsten Johann Georg III. Glanzvolle Feste gab es damals, Maskenbälle und Schlittenfahrten, und immer stand die »schöne Susi« im Mittelpunkt der allgemeinen Aufmerksamkeit. Damit war es schlagartig aus, als der alte Kurfürst starb und mit dem neuen Kurfürsten auch eine neue Mätresse den ersten Platz am fürstlichen Hof beanspruchte.

Die »schöne Susi« verließ Dresden so schnell wie möglich, zog nach Nürnberg, heiratete dort den österreichischen Grafen Polheim und lebte mit ihm – und nach seinem Tode als Witwe – höchst ehrbar in Oberbürg.

Das also ist die etwas verrufene Tante, vor der man dem jungen Zinzendorf zu Hause »so Angst hatte machen wollen«[86]. Umso größer ist seine Erleichterung und Freude, als ihn die Gräfin Polheim mit großer Herzlichkeit als ihren Neffen begrüßt. In dem gastfreien Haus trifft er auch seinen Bruder Friedrich Christian an, den er seit dem Abschied in Holland nicht mehr gesehen hat.

Juliane von Polheim

Und schließlich erscheint Juliane, die bildschöne Tochter der »schönen Susi«. Zinzendorf ist ganz hingerissen von diesem Mädchen, er findet sie nicht nur sehr reizvoll, sondern ist auch begeistert davon, »wie viel Gutes Gott in die Komtesse Juliane geleget«[87]. Sie zeigt sich aufgeschlossen für seine religiösen Gedanken, so dass es zu vielen Gesprächen zwischen den beiden kommt. Zinzendorf gewinnt schon nach wenigen Tagen »die Juliane so lieb«, dass er ihr im Überschwang seiner Gefühle ganz naiv einen Heiratsantrag macht. Aber das junge Mädchen weicht diesem Thema geschickt aus. Betroffen schreibt Zinzendorf seiner Tante Henriette darüber. Die bedeutet ihm in ihrer Antwort spöttisch, er habe sich da recht komisch benommen und Juliane habe ihm wohl sagen wollen, er sei »zu jung und zu einer so dauerhaften Sache wie die Heirat bedarf es längerer Bekanntschaft«[88].

Aber Juliane hat andere Gründe für ihre ablehnende Haltung. Zinzendorf, ganz befangen in seinen vorwärtsstürmenden Plänen, hat nicht wahrgenommen, dass Juliane sich bereits zwischen ihren zahlreichen Freiern entschieden hat und dass sein Bruder Friedrich Christian der Erwählte ist. Er hält sich also nicht zufällig in Oberbürg auf. Kurze Zeit später wird das Verlöbnis bekannt gegeben.

Hausvogt Heitz

Zinzendorf muss sich also mit der Rolle des Bruders und Schwagers begnügen. Nach der ersten Enttäuschung sieht er seine Aufgabe darin, sich weiterhin um die Seele Julianes zu kümmern, die unter dem weltlichen Einfluss des Bruders von den »bisherigen guten Regungen«[89] abkommen könnte. Er bleibt also noch einige Wochen im Haus der Tante, wo er noch weitere Freunde findet, zum Beispiel den Hausvogt Heitz, einen sehr frommen Mann. Dieser gehört als Schweizer dem reformierten Bekenntnis an und hat unter der Dienerschaft so etwas wie eine Hausgemeinde aufgebaut. Davon ist Zinzendorf natürlich sehr angetan. Schon schmiedet er Pläne, wie er Heitz für seinen künftigen Haushalt, der allerdings bis jetzt noch in einem Luftschloss angesiedelt ist, gewinnen könnte. Am liebsten würde er ja in der Gegend von Nürnberg ansässig werden, wo es ihm ausnehmend gut gefällt, aber alle diesbezüglichen Bemühungen bleiben erfolglos.

Schließlich hat auch die Gastfreundschaft des Hauses Polheim ihre Grenzen, vor allem, wenn der junge Graf bei den Sonntagsandachten, die man ihm übertragen hat, seinen Zuhörern etwas zu direkt ins Gewissen redet und sich danach für den Rest des Sonntags zu eigenem Gebet und Bibelstudium auf sein Zimmer zurückzieht, obwohl Gäste angesagt sind, denen er sich widmen sollte. Man erwartet von ihm, dass er sich seinem Stand entsprechend benimmt; auch sein ständiges Zusammensitzen mit dem Hausvogt ist der herrschaftlichen Familie ein Dorn im Auge. Zinzendorf hat das Gefühl, dass »man es fast lieber sähe, wenn er sich in Frieden weiterbegäbe und den gräflichen Charakter anderwärts an den Nagel hinge«, wie er grimmig nach Hause schreibt. Zum ersten Mal empfindet er die Standesunterschiede als belastend, die »Gott nicht eingesetzt, sondern der menschliche Hochmut ersonnen«[90] hat und die ihm die Gemeinschaft mit Menschen unter seinem Stand verbieten wollen.

In Castell

Auf jeden Fall begreift Zinzendorf, dass er in Oberbürg nicht mehr bleiben kann, und er begibt sich wieder auf die Reise. In Hennersdorf wird er schon sehnsüchtig erwartet, aber er will noch einen kleinen Umweg machen und auch die zweite Schwester seines Vaters, die verwitwete Gräfin Renata von Castell besuchen. Die Grafschaft Castell liegt im lieblichen Maintal zwischen Laubwäldern und Weinbergen. Auch hier wird der Neffe sehr freundlich aufgenommen. Eigentlich will er nur kurz bleiben, aber eine fiebrige Erkrankung verhindert die Weiterreise. Als es ihm besser geht, vertraut ihm die Gräfin Castell ihre Probleme bei der Verwaltung ihrer kleinen Grafschaft an. Sie durchschaut das Tun und Treiben ihrer Beamten nicht und braucht dringend einen Gehilfen, um die verworrenen finanziellen Verhältnisse zu ordnen. Mit Schwung und Tatkraft übernimmt der junge Jurist diese Aufgabe; bald ist er der Tante für ihre »Regierungsgeschäfte«[91] unentbehrlich geworden und wegen seiner freundlichen Art sehr beliebt bei den Beamten. Der Aufenthalt in Castell dehnt sich also immer weiter aus bis zum Ende des Jahres 1720; die Hennersdorfer haben das Nachsehen!

Theodore von Castell

Es gibt noch einen anderen Magneten, der Zinzendorf in Castell festhält: seine 17-jährige Cousine Theodore, »ein holdseliges liebes Mädel, und der Gräfin Juliane, welche mein Bruder bekommen hat, weit vorzuziehen«[92], wie er seinem Freund, dem »Neunundzwanzigsten«, begeistert schreibt. Diesmal hat es ihn wirklich gepackt; eine tiefe und leidenschaftliche Liebe zu Theodore erfüllt ihn, er ist heiter und ausgelassen wie sonst nie, er dichtet Lieder, die Theodore mit der Harfe begleitet, und er schreibt der Geliebten feurige Billets in elegantem Französisch.

Was aber meint Theodore dazu? Zunächst begegnet sie dem Vetter unbefangen und herzlich. Als aber sein Werben zu stürmisch wird, spürt sie einen »Widerstand«[93], wie sie es später nennt, und zieht sich zurück. Sie bittet ihn, nicht mehr von Liebe zu sprechen und den Ton der Freundschaft im Umgang mit ihr beizubehalten. Zinzendorf geht wohl oder übel darauf ein, aber er gibt noch lange nicht auf. Er hat ja ihre Mutter auf seiner Seite, die ihn nur allzu gern als Schwiegersohn im Hause sähe. Und Theodore ist ein Kind ihrer Zeit, wo der Gehorsam den Eltern gegenüber einen großen Stellenwert hat und wo die Ehen der jungen Leute von den Eltern und der adligen Verwandtschaft abgesprochen werden. Herkunft, Familie, wirtschaftliche und finanzielle Gesichtspunkte spielen eine große Rolle, Liebe und Zuneigung sind weniger wichtig. Theodore ist also hin- und hergerissen zwischen den Wünschen ihrer Mutter und dem »Widerstand«, den sie deutlich gegen eine Verbindung mit Zinzendorf fühlt, obwohl sie ihn als einen »besonders frommen Menschen«[94] achtet.

Zu Beginn des Jahres 1721 hat Zinzendorf den deutlichen Eindruck, dass sein treues und anhaltendes Werben von Erfolg gekrönt ist. Nun will er endlich nach Hennersdorf reisen und die Zustimmung seiner Familie zu der Verlobung mit Theodore erbitten.

Beim Abschied zeigt sich Theodore mild und entgegenkommend: Sie will während seiner Abwesenheit prüfen, ob sie Gottes Willen in dieser Verbindung erkennen kann und ob ihr Gott »eine Gemütsneigung geben würde«[95]. Zugleich überreicht sie ihm ihr Porträt. Damit hat sie sich weit vorgewagt. Der glückliche Freier hört aus ihren Worten nur die Zusage heraus und eilt, von den schönsten Hoffnungen beflügelt, nach Hennersdorf, um der Großmutter und Tante Henriette die frohe Botschaft zu bringen. Aber hier muss er erst einmal einen Dämpfer hinnehmen. Die Großmutter hat Bedenken wegen der zu nahen Verwandtschaft der jungen Leute. Außerdem rückt sie damit heraus, dass sie Theodore bereits einem anderen als Braut vorgeschlagen hat, und zwar ausgerechnet seinem besten Freund, dem »Neunundzwanzigsten«, Heinrich von Reuß. Mit dessen Mutter, der Gräfin von Reuß-Ebersdorf, hat sie brieflich Heiratspläne für ihren Sohn geschmiedet. Er ist eben volljährig geworden, hat die Regierung in der Grafschaft Ebersdorf übernommen und sucht dringend eine Frau. Man ist übereingekommen, dass Theodore von Castell die geeignetste unter allen Heiratskandidatinnen ist. Und nun kommt der junge Zinzendorf in die Quere!

Dessen Hochstimmung lässt merklich nach, als er sich solchen Schwierigkeiten gegenüber sieht, aber Theodores Bild ist in seinem Herzen viel zu lebendig, als dass er sich von seinen Plänen abbringen ließe.

Ein Reiseunfall

Bereits nach wenigen Wochen sitzt er wieder in der Postkutsche, um nach Castell zurückzukehren und sich Theodores endgültige Antwort zu holen. Wie sie sich wohl entschieden hat? Inzwischen ist er nicht mehr so sicher, dass sie Ja sagen wird. Und dann die Großmutter – wenn sie auch die Verbindung mit Theodore nicht gerade verboten hat, so steht sie ihr doch recht ablehnend gegenüber. Während solche Gedanken in seinem Kopf durcheinanderschwirren, schaukelt die Reisekutsche durch die regnerische

Februarnacht. Plötzlich neigt sich der Wagen zur Seite, lautes Krachen ertönt, das Gepäck fällt vom Dach der Kutsche mit Gepolter in platschendes Wasser. Die Reisenden, zu Tode erschrocken, klettern mühsam aus dem Gefährt und begreifen langsam, was passiert ist. Der Fluss Elster ist hier in der Nähe von Plauen aus seinen Ufern getreten und die Postkutsche ist in überschwemmtes Gebiet geraten. Die Deichsel ist gebrochen, das Gepäck durchnässt, ein längerer Aufenthalt ist vorprogrammiert.

Ein ärgerlicher Zufall? Die Gedanken des jungen Grafen gehen in eine andere Richtung: Hier in der Nähe, nur ein paar Stunden entfernt, liegt Ebersdorf, die Residenz der Familie Reuß. Oft hat ihn der »Neunundzwanzigste« schon dorthin eingeladen, aber gerade jetzt, wo sie beide um dieselbe Braut werben, wollte er ihn keineswegs besuchen. Und nun diese deutliche Unterbrechung seiner Reise gerade an dieser Stelle – ob das nicht ein Fingerzeig Gottes ist? Er schickt einen Eilboten zu seinem Freund und erhält postwendend eine dringende Einladung nach Ebersdorf.

Im Schloss zu Ebersdorf

In der Familie seines Freundes wird der verunglückte Reisende sehr herzlich willkommen geheißen. Außer dem »Neunundzwanzigsten« und seinem Hofmeister Bonin kennt Zinzendorf bereits die verwitwete Gräfin-Mutter und die ältere Tochter Benigna, die er während seiner Schulzeit einmal in Halle gesehen hat. Neu ist die Bekanntschaft mit der jüngeren Tochter Erdmuthe Dorothea, die im gleichen Jahr geboren ist wie er.

Der junge Graf fühlt sich in der für alle religiösen Fragen aufgeschlossenen Atmosphäre dieses Hauses sofort unbeschreiblich wohl. Die Schlossgemeinde mit ihrem eigenen »Hofprediger«, zu der sich alle Hausbewohner und Gäste halten, ist genau das, was sich Zinzendorf für seine eigene Zukunft vorgestellt hat. So dehnt er seinen Aufenthalt auf zwei Wochen aus; in dieser Zeit wird das anfangs recht peinliche Thema »Theodore von Castell« allmählich in immer größerer Offenheit besprochen. Für Zinzendorf ist Theodore

»unstreitig das Kleinod aller fränkischen Gräfinnen, und habe sich der höchst glücklich zu schätzen, welchem sie der liebe Gott gönne«[96]. Aber nach dem Erlebnis mit der Postkutsche ist er nicht mehr so überzeugt, dass er dieser Glückliche ist. Was nun den Freund betrifft, so weiß er ihm auf Befragen auch keine besser geeignete Partie vorzuschlagen, und er begreift, welch schöne Hoffnungen er der Familie Reuß zerschlagen hat.

Schließlich ringt er sich zu einem hochherzigen Entschluss durch: Er will den Freund mit nach Castell nehmen; beide zusammen wollen sie als Freier vor Theodore treten und ihr die Entscheidung überlassen, die dann auch beiden als Gottes Wille gelten soll. Nach einigem Zögern willigt der »Neunundzwanzigste« ein; begleitet von Bonin machen sich die Freunde auf den Weg nach Castell.

Die Entscheidung

Hier hat sich inzwischen die Szenerie eindeutig zum Nachteil Zinzendorfs gewandelt. Theodores »Abgeneigtheit«[97] ihm gegenüber ist eher noch gewachsen. Ihre Brüder, denen der Graf viel zu pietistisch gesinnt ist, bestärken sie in ihrer ablehnenden Haltung, so dass sie schließlich Mut fasst, auch der Mutter ihre Gefühle offen zu legen und ihr zu sagen, dass sie sich unmöglich zu einer Heirat mit Zinzendorf entschließen kann. Sie bittet die Mutter, dem Grafen ihre Absage mitzuteilen. Aber die Gräfin Castell bringt das nicht fertig; sie wünscht sich diesen Schwiegersohn von ganzem Herzen und hofft insgeheim immer noch auf eine Sinnesänderung ihrer Tochter.

So steht also Zinzendorf am 25. Februar 1721 nichts ahnend im Schlosshof von Castell, nervös und aufgeregt wegen des bevorstehenden »Gottesurteils«. Auch Theodore hat begreiflicherweise Angst vor der Begegnung mit ihm. Wie befreit und erleichtert fühlt sie sich, als mit Zinzendorf zusammen ein zweiter Freier auftritt und der Cousin ihr die »völlige Freiheit zu wählen«[98] gibt! Sie sieht einen wunderbaren Ausweg aus der gefürchteten peinlichen Situation, zumal ihr der junge Graf von Reuß sehr sympathisch ist. Schon nach wenigen Tagen entscheidet sie sich für ihn.

Wie aber geht es Zinzendorf? Schon gleich bei der Ankunft in Castell hat er an dem kühlen und frostigen Empfang durch Theodore gemerkt, dass seine Sache bei ihr verloren ist. Er bewahrt aber Haltung trotz allem Schmerz und Groll, dass Theodore sich so »unerhört leicht«[99] einem anderen zuwenden kann. Und er bringt es sogar fertig, bei der Gräfin Castell für den Freund zu sprechen, bis auch sie Gottes Willen in dem Gang der Ereignisse erkennen kann.

Wenigstens erlebt Zinzendorf die Genugtuung, dass er die offizielle Verlobung von Theodore und dem Grafen Reuß nach seinen Vorstellungen als Feier in der Schlosskirche gestalten darf, wofür er sogar eine eigene Kantate dichtet. Hier ist er den Brüdern Castell zuvorgekommen, die ein rauschendes weltliches Fest vorgezogen hätten.

Trotzdem ist die Rolle des abgewiesenen Freiers, in der Zinzendorf sich befindet, nicht gerade angenehm, wenn er sich auch bemüht, die Entwicklung der Dinge als Gottes Fügung anzunehmen. Aus dem Blickwinkel einer späteren Zeit wird er feststellen, dass Theodore wohl nicht die richtige Frau für ihn gewesen wäre, weil er durch seine strenge Frömmigkeit »leichtlich eine Heuchlerin aus ihr gemacht« hätte. Mit dem Grafen Reuß aber, einem »angenehmen, frommen und sehr wohlhabenden Herrn«, sei sie »auf alle Art sehr glücklich« geworden.[100]

Erdmuthe Dorothea von Reuß

Aber zurück ins Jahr 1721. Noch vor der Verlobungsfeier in Castell, am 5. März, schreibt Zinzendorf:

> *»Meinem alten Adam ist's doch etwas sauer geworden, eine so holdselige Cousine auf ewig zu quittieren. Es wird aber der liebe himmlische Vater auch für mich dürftigen ... sorgen und mir, wenn es nötig ist, wieder etwas Gutes bescheren.«*[101]

Es ist Erdmuthe Dorothea von Reuß, im Familienkreis »Erdmuth« genannt, an die er diese Zeilen richtet. Ob er mit dem »Guten«, das er sich erhofft, bereits an sie gedacht hat? Jedenfalls verbringt er die zwei nächsten Monate in Ebersdorf, wo man ihn mit Lobsprüchen wegen seines großmütigen Verzichts überhäuft, die er aber bescheiden abwehrt.

Wieder nimmt ihn der Geist dieses Hauses völlig gefangen. Die beiden Schwestern seines Freundes machen großen Eindruck auf ihn. Benigna, die ältere, »die einsame Comtesse, die Gottesmagd«[102], ist so etwas wie eine Mystikerin: Ganz der Christusliebe hingegeben will sie von Ehe und Familie nichts wissen und ihr Leben allein auf ihrem kleinen Landgut verbringen. Sie gewinnt auf den jungen Zinzendorf großen Einfluss, weil er an ihr die »Freude, die man Seligkeit nennt, zum ersten Mal erblickt«,[102] und weil sie die Jesusliebe ausschließlich zum Mittelpunkt ihres Lebens macht, so wie es auch ihm als Ziel vorschwebt.

Aber er lernt auch die jüngere Tochter des Hauses und ihr »feines Gemüt« besser kennen als bei seinem ersten Besuch, wo er ja »in die Gräfin Theodore sehr verliebt war«[103]. Ein Jugendbildnis zeigt Erdmuth als eine klug und energisch blickende Frau, keine blendende Schönheit, aber mit klaren, sympathischen Gesichtszügen. »Artig und wohlgestalt«, nennt Zinzendorf sie, »von einem aufgeweckten, munteren Geiste und sehr angenehmen, liebreichen Umgang mit jedermann.«[104] Bald befestigt sich in ihm der Wunsch, sie zur Ehefrau zu gewinnen, ein Vorhaben, das von Bonin eifrig unterstützt wird. Erdmuth hingegen steht diesen Absichten sehr zurückhaltend und abwartend gegenüber. Aber auch Zinzendorf hat gelernt, etwas langsamer und vorsichtiger zu Werke zu gehen als bei seinen früheren Heiratsprojekten. Er reist ab, ohne sich deutlich zu erklären und will erst einmal versuchen, beruflich irgendwo Fuß zu fassen, ehe er seinen Hausstand gründet.

Erdmuthe Dorothea Gräfin Reuß im Alter von 16 Jahren

Staatsamt und Standesherrschaft

In Berlin feiert Zinzendorf mit Mutter und Stiefvater am 26. Mai seinen 21. Geburtstag, zugleich seine Volljährigkeit. Das bedeutet aber nun leider nicht, dass ihn die Familie in die Selbständigkeit entlässt und er seine eigenen Lebenspläne verwirklichen kann. Auf dem Weg nach Berlin hatte er in Halle bei Francke Station gemacht, und dort war die Möglichkeit seiner Mitarbeit in den Halleschen Anstalten aufgetaucht. Aber kaum hat die Großmutter in Hennersdorf davon Wind bekommen, als sie schon einen zornigen Brief an Francke schreibt, sie habe ihren Enkel nicht dazu studieren lassen, dass er sich »nach Halle setzen sollte«[106].

Die Landvögtin Henriette von Gersdorf beharrt auf ihrem unumstößlichen Ideal von Zinzendorfs Zukunft, dass er nämlich ein Staatsamt in Dresden annehmen und dort Karriere machen solle. »Alles, was ihr den Plan verrückte, darüber konnte sie sich entsetzlich ärgern«, stellt der Enkel seufzend fest. Deshalb gibt es auch schwere Auseinandersetzungen, während er sich von Juni bis Oktober 1721 in Hennersdorf aufhält. Zinzendorf sträubt sich mit Händen und Füßen gegen eine Stellung am Dresdner Hof, wo schlimmere Sitten herrschen sollen als in Sodom und Gomorrha. Er macht alle möglichen Versuche, diesem Schicksal zu entgehen, aber die Großmutter bleibt hart. Allerdings weiß sie ihm die Sache zu versüßen. Sie spricht davon, ihm das Rittergut Berthelsdorf zu einem günstigen Preis abzutreten, damit er neben dem Dresdner Amt auch einen Landsitz, eine »Standesherrschaft«, zur Verfügung habe.

Das ist nun genau das, was sich Zinzendorf gewünscht hat. Sofort reitet er hinüber nach Berthelsdorf, um sich das noch verpachtete Gut und das verfallene Herrschaftshaus anzusehen. Zum Glück ist inzwischen Heitz aus Nürnberg angekommen, den Zinzendorf tatsächlich für seine Dienste gewinnen konnte. Gleich wird er damit beauftragt, das Gutshaus wieder instand zu setzen, obwohl der Kauf noch keineswegs perfekt ist.

Denn die Bedingung der Landvögtin ist nach wie vor das Dresdner Staatsamt! Sie ist ärgerlich darüber, dass Zinzendorf innerhalb der Hausgemeinschaft im Hennersdorfer Schloss einen eigenen frommen Zirkel bildet und sich intensiv um ein krankes Fräulein kümmert, bei der er viele Stunden mit »Zuspruch und Ermunterung«[107] zubringt. Er soll seine Zeit und seine großen Gaben nicht so verschleudern, sondern endlich an eine angemessene Laufbahn denken!

Als ihm schließlich eine Stelle als Hof- und Justizrat in der Dresdner Landesregierung angeboten wird, gibt es keinen Ausweg mehr. Begleitet von Heitz, der als Hofmeister fungieren soll, macht sich der Graf in das verhasste Dresden auf. Aber schon am nächsten Tag, als man von ihm den Religionseid auf alle lutherischen Bekenntnisschriften verlangt, fühlt er sein Gewissen unerträglich überfordert. Noch einmal versucht er aus Dresden auszubrechen: Er will nach Dänemark gehen und seine Dienste dem frommen dänischen Kronprinzen anbieten. Aber er hat die eiserne Energie seiner Großmutter unterschätzt, die ihn prompt durch einen Eilboten zurückbeordern lässt.

Schließlich ergibt sich Zinzendorf in sein Schicksal, zumal man ihm den Eid stillschweigend erlässt und ihm, da es sich um eine unbezahlte Stelle handelt, die Freiheit zugesteht, einen Teil des Jahres auf seinem Landgut zuzubringen.

Verlobung und Heirat

Inzwischen hat Zinzendorf die Korrespondenz mit Ebersdorf weitergeführt, wenn auch nicht sehr intensiv. Erst im Oktober 1721 erklärt er Erdmuth gegenüber deutlicher seine Heiratsabsichten. Hierauf erhält er ein ziemlich spitzes Briefchen von ihr: Sie habe geglaubt, dieser Gedanke sei schon längst vergessen:

> *»Dieses ist mir aber sehr lieb, daß Ew. Liebden schreiben, es müßte erst noch wohl bei Ihnen mit Gebet durchgekocht werden, welches denn auch bitte zu tun, so werden Ew. Liebden vielleicht auf andere und für Sie bessere und nützlichere und glücklichere Gedanken kommen.«*[108]

Den weiteren Briefwechsel überlässt Erdmuth weitgehend ihrer Mutter und Bonin, auch wenn Zinzendorf sich beklagt, dass die »faule, aber doch liebe Erdmuth«[109] seine Briefe nicht beantwortet. Sie wartet in Ruhe ab, bis Zinzendorf beim »Durchkochen« zu der Überzeugung gelangt, dass sie die einzig Richtige für ihn ist und seine Sehnsucht nach einer eigenen »Haushaltung« immer dringender wird.

Im Frühjahr 1722 bekommt Zinzendorf sein väterliches Erbteil von 20 000 Talern ausbezahlt, so dass am 15. Mai der Kauf von Berthelsdorf abgeschlossen werden kann. Einige Tage später findet die feierliche »Huldigung« statt, wo die Dorfbewohner aus der Pflicht der Hennersdorfer Herrin entlassen und »erb-, lehn- und eigentumsweise«[110] dem Grafen Zinzendorf übergeben werden, was sie mit einem Handschlag bekräftigen. Zum Gutsverwalter wird Heitz eingesetzt.

Nun kann der Justizrat und Standesherr Ludwig von Zinzendorf ernsthaft ans Heiraten denken. Über die Liebe hat er sich inzwischen viele Gedanken gemacht. Seine Gefühle für Erdmuth sind anders als damals für Theodore, die er nach seiner jetzigen Meinung zu sehr geliebt hat; das hätte ihn vielleicht seiner eigentlichen Aufgabe, dem Dienst für Christus, entfremden können.

Was Erdmuth betrifft, so ist er ihr »in herzlicher Zuneigung ergeben«[111]. Es ist keine »kalte Liebe«, wie die Großmutter argwöhnt, sondern er hat sich die Sache diesmal gründlich durchdacht und »die Liebe nicht eher lassen aufkommen«, als bis er »mit der Überlegung fertig worden«[112].

Und Erdmuth? Sie kann sich zumindest nicht beklagen, dass der Freier nicht aufrichtig wäre. Er liebe sie »von ganzem Herzen und innigsten meiner Seele«, so schreibt er ihr, »aber den Herrn Jesum liebe ich noch viel mehr.«[113] Er will auch in der Ehe die Freiheit behalten, jedem Ruf seines Herrn zu folgen, den er hört, zum Beispiel auch »unter die Heiden« zu gehen, »um ihnen den Heiland zu predigen.«[114]

Er möchte mit seiner zukünftigen Gattin eine »Streiterehe«[115] führen, wie er es nennt: Nicht das persönliche Glück der beiden Eheleute ist der Hauptzweck dieses Bündnisses, sondern die gemeinsame Arbeit für den gemeinsamen Herrn. Im Rahmen dieses

Konzepts soll nach Zinzendorfs Meinung die Frau alle wirtschaft-lichen, verwaltungsmäßigen und familiären Aufgaben übernehmen, um so ihren Mann freizustellen für den Dienst am Reich Gottes.

Zinzendorf hat das große Glück, dass Erdmuth sich auf das alles einlässt, dass sie, geprägt durch ihre tiefreligiöse Erzie-hung und den Einfluss ihrer Schwester Benigna, diese Gedanken versteht und teilt.

Auch die beiden Familien stimmen nach vielem Hin und Her der Verbindung zu, obwohl die alte Gräfin Reuß schwere Beden-ken hat, ihre Tochter in die sündige Stadt Dresden ziehen zu lassen.

Am 16. August 1722 findet die feierliche Verlobung in Ebersdorf statt und bereits am 7. September werden Ludwig von Zinzendorf und Erdmuthe Dorothea von Reuß in der Schlosskirche getraut. Der Trauring der Gräfin trägt die Inschrift: »Lasset uns ihn lieben«, der des Grafen: »denn er hat uns zuerst geliebt«[116].

6. Berthelsdorf, Dresden, Herrnhut

Während Zinzendorf sich auch nach der Hochzeit noch wochenlang in Ebersdorf aufhält – ihm und Erdmuth eilt es gar nicht mit der Übersiedlung nach Dresden –, ist in Berthelsdorf der tüchtige Verwalter Heitz damit beschäftigt, das völlig heruntergekommene Gut wieder in Schwung zu bringen und das verfallene Herrschaftshaus herzurichten. Jedoch hinten und vorne fehlt das Geld; denn das Gut hat noch keine Erträge und der Graf in Dresden keine Einkünfte.

Daneben hat sich für den Verwalter unvermutet eine neue, große Aufgabe ergeben. Anfang Juni 1722 stehen eines Tages drei Männer vor ihm mit großen, erwartungsvollen Augen. Ihr Anführer Christian David erklärt, er bringe hier die Glaubensflüchtlinge aus Mähren, von deren Schicksal er dem Grafen Zinzendorf vor einigen Wochen berichtet habe. Die ganze Gruppe umfasse zehn Personen, die Frauen und Kinder habe man einstweilen in dem nahe gelegenen Leuba untergebracht. Graf Zinzendorf habe zugesagt, sie in seinem Herrschaftsgebiet anzusiedeln und ihnen Schutz zu gewähren.

Tatsächlich erinnert sich Heitz, dass dieser ernste, entschlossene Mann kurz vor der Huldigung in Berthelsdorf mit Zinzendorf gesprochen hat. Aber nun ist der Graf weit weg und Heitz hat die Verantwortung für diese Menschen, die im Vertrauen auf Zinzendorfs Versprechen hierher gekommen sind, um eine Zuflucht zu finden.

Christian David und die mährischen Brüder

Was sind das für Leute, die wegen ihres Glaubens Heimat und Freunde verlassen haben? Es handelt sich um Angehörige einer sehr alten christlichen Bruderschaft, an deren Beginn der böhmische Theologe Jan Hus stand. Dieser war auf dem Konzil zu Konstanz im Jahre 1415 von der katholischen Kirche als Ketzer verurteilt und danach auf dem Scheiterhaufen verbrannt worden. Seinem Tod folgten kriegerische Aufstände in Böhmen und nach dem Basler Konzil 1433 die Gründung einer von Rom unabhängigen und der Reformation nahe stehenden Kirche, in der das Abendmahl »in beiderlei Gestalt«, also von Brot und Wein gereicht wurde. Daraus entwickelte sich die Brüder-Unität, »Unitas fratrum«, die sich in Böhmen und Mähren ausbreitete. Sie gestaltete eine Lebensgemeinschaft aus dem Geist des Evangeliums mit eigenen Formen.

Bis in Zinzendorfs Zeit hinein war die Brüder-Unität ständig neu ausbrechenden Verfolgungen von Seiten der katholischen Kirche ausgesetzt gewesen und hatte immer wieder im Untergrund leben müssen. Ihr letzter Bischof, Amos Comenius, hatte viele Jahre seines Lebens im Exil verbracht und war 1670 in Amsterdam gestorben.

Einzelne Familien, deren Verbindung zur Brüderkirche sich erhalten hatte, lebten verstreut in mährischen Dörfern, konnten nur heimlich ihre Versammlungen abhalten und gemeinsam in ihren alten Büchern und der Bibel lesen. Solche Leute lernte eines Tages der junge Zimmermannsgeselle Christian David kennen. Er stammte selbst aus einem kleinen mährischen Dorf und war katholisch erzogen worden. Der feste Glaube und die Standhaftigkeit dieser heimlich evangelisch gesinnten Christen beeindruckte den jungen Mann tief; denn er machte sich viele Gedanken über den rechten Glauben. Als er eine Bibel in die Hand bekommen und eifrig darin gelesen hatte, reifte sein Entschluss, evangelisch zu werden.

Seine Wanderschaft führte ihn weit herum, auch in viele deutsche Städte. In Görlitz fand er Anschluss an einen pietistischen Kreis um den Magister Schäffer. Dieser war ein Freund Zinzendorfs;

am Sonntag hielt er nach dem Gottesdienst noch besondere Bibelstunden für Handwerker ab, an denen Christian David teilnahm und dabei großes Zutrauen zu dem Magister fasste. Hier meinte er endlich die Wahrheit des Glaubens gefunden zu haben, nach der er so lange gesucht hatte.

Aber er wollte seine neugewonnene innere Ruhe und Glaubensgewissheit nicht für sich behalten. Er dachte sofort an seine Landsleute in Mähren, die Nachfahren der alten Brüderkirche, die ihre Glaubensüberzeugung nicht offen leben durften, sondern sie in ständiger Angst vor Verfolgung verbergen mussten. In seinem Kopf reifte der Plan, irgendwo in Deutschland diesen Leuten einen Platz zu verschaffen, wo sie sich ansiedeln konnten. Seine Freunde in Görlitz machten ihn auf den Grafen Zinzendorf aufmerksam, der gerade das Gut Berthelsdorf gekauft hatte. Sofort machte er sich auf, um seine Hilfe zu erbitten, die Zinzendorf ihm auch »eventualiter« zusicherte. Allerdings erschien dem Grafen das ganze Vorhaben ziemlich vage, und er vergaß die Sache schnell wieder.

Nicht so Christian David. Freudigen Herzens machte er sich nach Mähren auf. Er hatte dort schon eine Familie im Auge, von der er wusste, dass sie sogleich für eine Auswanderung zu gewinnen wäre: vier Brüder Neißer aus dem Dorfe Sehlen, die den Gewissenszwang durch die »Päpstlichen« so satt hatten, dass einer von ihnen laut eigener Aussage »mehr als einmal die Versuchung hatte, den katholischen Pfarrer, weil er so viel Leute verführte, von der Kanzel herunterzuschießen«.[117]

Bei Nacht und Nebel verließen die Brüder Neißer mit Frauen und Kindern heimlich ihr Dorf und folgten Christian David in eine ungewisse Zukunft. Der Abschied von den zurückbleibenden Verwandten war hart, aber schwerer wog die Aussicht auf ein Leben in Glaubensfreiheit.

Siedlung am Hutberg

Nun also ist Gutsverwalter Heitz am Zuge und muss seine Entscheidungen treffen. Er gibt Anweisung, die Neuankömmlinge vorläufig im Dorfe unterzubringen und macht sich dann auf den Weg nach Hennersdorf, um mit der alten Landvögtin zu besprechen, wo man den Leuten Grund und Boden zur Ansiedlung zuweisen solle. Es sind Handwerker, so überlegt Heitz unterwegs, und sie werden ihre Erzeugnisse in dem abgelegenen Berthelsdorf nicht verkaufen können. Aber oben am Hutberg, wo die Landstraße von Löbau nach Zittau führt, nur eine Viertelstunde vom Dorf entfernt, das wäre ein guter Platz, da kommen die Fuhrleute vorbei, Handel und Gewerbe kann sich entwickeln! Vielleicht kommen noch mehr Siedler, vielleicht entsteht sogar ein kleiner Marktflecken da oben!

Den Kopf voller Pläne kommt Heitz in Hennersdorf an und schildert der Landvögtin sein Vorhaben in leuchtenden Farben. Interessiert hört die alte Dame zu; ohne weiteres nimmt sie ein Mitspracherecht in Berthelsdorf für sich in Anspruch, obwohl sie den Besitz verkauft hat. Sie ist sofort zu tatkräftiger Hilfe für die Flüchtlinge bereit und verspricht, eine Kuh hinüberzuschicken, damit die Kinder Milch haben. Was aber den vorgesehenen Siedlungsplatz betrifft, so bringt sie den gewichtigen Einwand vor, dort oben am Berg gebe es kein Wasser, das aber sei lebensnotwendig für eine Ansiedlung.

»Gott kann helfen!«[118], meint Heitz zuversichtlich und macht sich frohgemut auf den Rückweg. Am nächsten Morgen steht er bei Sonnenaufgang oben am Hutberg; dort wird, wie der Name sagt, das Vieh der Gemeinde gehütet. Heitz beobachtet lange die aufsteigenden Nebelschwaden: Zeigen sie nicht deutlich an, dass da Wasser im Boden ist? Der Verwalter blickt hinauf in den sonnigen Morgenhimmel und spricht ein inniges Gebet für die Neusiedler; dann geht er hinunter ins Dorf, um die mährischen Familien zu holen und ihnen den Platz zu zeigen. Deren Begeisterung hält sich allerdings in Grenzen, als sie die öde, morastige, von Gestrüpp bedeckte Hochebene an der Landstraße besichtigen. Sie würden viel lieber im Tal unten bauen, in der schützenden Nähe des Dorfes. Eine der

Christian David fällt den ersten Baum zum Anbau von Herrenhut.
Kupferstich von F. D. Reichel

Frauen bricht in die biblische Klage aus: »Wo nehmen wir Brot her in dieser Wüste?«

Damit aber hat sie an die Geschichte erinnert, wo Jesus selbst die Hungrigen gespeist hat: In den Herzen der frommen Siedler erwacht Mut und Gottvertrauen. Christian David ruft aus: »Hier hat der Vogel sein Haus funden und die Schwalbe ihr Nest!«[119] Von diesem Augenblick an ist es beschlossene Sache, dass an dieser Stelle die neue Siedlung entstehen soll.

Am 17. Juni 1722 wird der erste Baum für Bauholz im nahe gelegenen Wald gefällt und an demselben Tag noch schreibt Heitz einen Bericht an Zinzendorf, um ihn auf dem Laufenden zu halten, was sich da alles auf seinem Grund und Boden abspielt.

Ebersdorfer Pläne

Als Zinzendorf von der Ankunft der Mähren erfährt, hat er Bedenken, sie im Berthelsdorfer Gebiet anzusiedeln. Natürlich möchte auch er diesen Leuten helfen, aber er sieht voraus, dass eine Kolonie von Flüchtlingen so nahe an der böhmischen Grenze den Protest der böhmisch-habsburgischen Regierung hervorrufen wird und dass sich dann Schwierigkeiten mit seiner eigenen, der kursächsischen Obrigkeit ergeben werden. Deshalb verhandelt er mit seinem Schwager in Ebersdorf, ob man nicht in seinem unabhängigen Herrschaftsbereich Siedlungsgebiete für die Glaubensflüchtlinge finden könnte.

Aber er hat nicht mit der wilden Entschlossenheit seines Gutsverwalters gerechnet, der für die Siedlung am Hutberg Feuer gefangen hat: Genau dort soll Zinzendorf »eine Stadt bauen, die nicht nur unter des Herrn Hut stehe, sondern da auch alle Inwohner auf des Herrn Hut stehen, dass Tag und Nacht kein Stillschweigen bei ihnen sei«[120]. Damit hat die »Stadt« auch schon ihren Namen: »Herrenshut«, später »Herrnhut«.

Die Briefe des Verwalters an Zinzendorf berichten von Fortschritten beim Hausbau und von dem großen Glück, dass man nach vielen vergeblichen Grabungsversuchen endlich auf Wasser gestoßen ist. Die Einwohner der umliegenden Dörfer hatten sich schon über die Neusiedler lustig gemacht: »Wenn da Wasser zu bekommen wäre, es hätte von der Welt her schon jemand da gebauet, es würde auf des Grafen von Zinzendorfs Hofmeister nicht gewartet haben.«[121]

Ende Oktober 1722 wird das erste Haus eingeweiht. Heitz bittet Zinzendorf inständig, keine anderen Pläne in Ebersdorf zu verfolgen, »bis Sie hiesigen Ort und Umstände noch einmal selbst in Augenschein genommen. Herrenshut ist ein angenehmer, wohlgelegener Ort ... Es könnte da ein feines Städtchen werden!«[122]

Erster Besuch in Herrnhut

Es wird aber fast Weihnachten, bis Zinzendorf auf seinem Landgut auftaucht. Die Ebersdorfer Pläne haben sich zwar aus verschiedenen Gründen zerschlagen; aber nach dem langen Sommer und Herbst in Ebersdorf ist die Anwesenheit des Hof- und Justizrats Zinzendorf bei der Dresdner Regierung dringend erforderlich. Im November übersiedelt er also mit seiner jungen Frau von Ebersdorf nach Dresden. Die Hennersdorfer Großmutter hat eine schöne, standesgemäße Stadtwohnung für das junge Ehepaar gemietet und einrichten lassen. Erdmuth ist ganz erschüttert über so viel Luxus, so dass ihr die Tränen kommen: Wollten sie nicht beide ein einfaches Leben in der Nachfolge des Heilands führen? Aber die Großmutter denkt eben auch an die gräflichen Repräsentationspflichten!

Sehr erfreut über die Ankunft des Ehepaares ist Friedrich von Watteville, Zinzendorfs Freund aus der Schulzeit in Halle, der hier in Dresden auf die beiden gewartet hat. Der reiche Schweizer Bankierssohn hatte bei Spekulationen sein ganzes Geld verloren und Zinzendorf hatte ihn, als er davon hörte, voller Hilfsbereitschaft sofort nach Dresden eingeladen.

Mit Watteville zusammen besteigen Graf und Gräfin Zinzendorf am 22. Dezember 1722 die Reisekutsche, um endlich den lange versprochenen Besuch in Berthelsdorf und Hennersdorf zu machen und Weihnachten dort zu verbringen.

Es ist schon Abend, als sie durch die winterliche Landschaft am Hutberg entlang fahren. Da schimmert Licht in einem Haus, das nach Zinzendorfs Erinnerung früher dort nicht gestanden hat. Er lässt sofort anhalten und erfährt, dass hier die mährischen Glaubensflüchtlinge wohnen. Die einfachen Leute sind sehr erschrocken, als sie hören, dass sie den Herrn von Berthelsdorf vor sich haben; die Reisenden werden mit großer Ehrerbietung ins Haus gebeten und man räumt ihnen den wärmsten Platz am Feuer ein. Zinzendorf gewinnt sehr schnell das Vertrauen der Mähren und lässt sich von ihrer Herkunft und ihrem Schicksal erzählen. Alle sind bei dieser ersten Begegnung von großer Bewegung erfüllt; die Hausbewohner und die Reisegesellschaft knien nebeneinander auf dem Holzfußboden nieder, und der Graf spricht ein tiefempfundenes Gebet mit der Bitte um Gottes Segen für dieses Haus.

Von dieser denkwürdigen Stunde an ist sein Herz für Herrnhut gewonnen. Später dichtet er ein Lied darüber:

Wie war doch unser Herz entbrannt,
als Pilger vor uns stunden,
die weit von ihrem Vaterland
die freie Gnade funden![23]

Die Verwandten in Hennersdorf

Weihnachten feiert das gräfliche Paar in Berthelsdorf, obwohl der Umbau des Herrschaftshauses noch längst nicht fertig ist und nur »eine einzige Stube« für die beiden »zur Not zurecht gemacht« ist. Aber die Christnachtfeier in der Berthelsdorfer Kirche mit dem neuen Dorfpfarrer Andreas Rothe ist ein großes Erlebnis. Die Berthelsdorfer Gemeinde, das Herrschaftspaar und die mährischen Ansiedler singen und beten zusammen und fühlen sich als ein »verbundenes Häuflein«[24].

Aber auf die Dauer kann man in Berthelsdorf noch nicht wohnen; deshalb muss das gräfliche Paar für einige Zeit die Gastfreundschaft von Hennersdorf in Anspruch nehmen, da Zinzendorf nach langer Abwesenheit auf seinem Gut vieles zu regeln hat. Das Zusammenleben mit den Hennersdorfer Verwandten ist nicht einfach; vor allem Tante Henriette ist in Erdmuths Augen eine ziemlich merkwürdige Person, die ihren Neffen wie einen Schuljungen abkanzelt. Erdmuth schreibt empört an ihre Mutter, die Tante sei, »mit meinem lieben Mann nach Gewohnheit sehr verächtlich umgegangen, in meiner Präsens ihn ausgescholten … und kann ich nicht sagen, dass mein Herz mich zu ihr trägt«[125]. Die Großmutter ist zwar sehr freundlich dem jungen Paar gegenüber, aber die beiden müssen sich ganz nach ihren Wünschen richten und dürfen kaum ein paar Stunden in Berthelsdorf verbringen, geschweige denn dort für einige Tage wohnen. So fahren Graf und Gräfin nicht ungern Anfang April 1723 nach Dresden zurück mit der Aussicht, im Sommer endgültig in Berthelsdorf einziehen zu können.

In Dresden

Es ist die Stadt, die August der Starke, Kurfürst von Sachsen und König von Polen, gerade zu einer prächtigen Residenz ausbaut. In demselben Jahr 1722, wo Zinzendorf und seine Frau in Dresden einziehen, das märchenhafte Wasserschloss Pillnitz und der berühmte Dresdner Zwinger vollendet. Dieser gibt die Kulisse ab für prachtvolle Festlichkeiten jeder Art, Maskeraden, Tierhetzen und Karussellreiten. Die Oper hat 2000 Zuschauerplätze; ringsum bauen sich die Hofbeamten und reichen Adligen mit Unterstützung des Kurfürsten ihre Rokokopaläste. Kunst und Kultur erleben einen ungeheuren Aufschwung, so dass die Stadt im Herzen Europas zu einem weithin berühmten Zentrum der Lebensfreude wird. Der Kurfürst, ein barocker Kraftprotz, liebt die Pracht und den Festtrubel und obwohl er schwer zuckerkrank ist, gibt er sich ausgedehnten Zechereien mit seinen Höflingen hin. Sein ausschweifender Lebenswandel ist Stadtgespräch: Man weiß von vielen Frauen, die er geliebt und von vielen unehelichen Kindern, die er in die Welt gesetzt hat.

Zinzendorf und seine Frau halten sich ostentativ von allen Hoffestlichkeiten fern trotz vieler gutgemeinter Ratschläge, sich nicht so deutlich dagegen »zu sperren«[126]. Der Graf bringt es sogar fertig, sich vor der für Regierungsbeamte vorgeschriebenen Audienz beim Kurfürsten zu drücken. Auch andere versucht er vor den Gefahren des Hoflebens zu warnen. Nach wie vor ist für ihn die »Hauptsache«, Menschen für Christus zu gewinnen.

Als wahrer Pietist will er im alltäglichen Leben und Beruf seinen Glauben verwirklichen. Auch ein Justizrat kann Gott dienen, wenn er »Prozesse in Kürze« erledigt und »Friede unter den Parteien«[127] macht. Zinzendorf ist bald berühmt dafür, dass er bei Sühneterminen sehr schnell einen Vergleich zwischen den Parteien zustande bringt und auf diese Weise langwierige Prozesse vermeidet. Die Menschen sind ihm wichtig, die ihm hier auf dem Gericht begegnen und denen er oft noch nach den Terminen beisteht, indem er sie finanziell unterstützt oder sie in seinem weitverzweigten Freundeskreis irgendwo gut unterbringt.

Der Hauskreis

Aber Zinzendorfs Herz schlägt nicht für die Juristerei; da gibt es in Dresden ganz andere Dinge, die ihn interessieren. Er erfährt von einem Bibelkreis, den die fromme Generalin Hallart gegründet hat, die aber dann von Dresden wegziehen musste. Zinzendorf ist sofort bereit, hier die Leitung zu übernehmen.

Der Kreis trifft sich von nun an in Zinzendorfs Wohnung; er vergrößert sich schnell und umfasst schließlich an die hundert Personen. Der kluge Superintendent der lutherischen Kirche, Valentin Ernst Löscher, hat zwar ein wachsames Auge auf diese Versammlungen, lässt aber Zinzendorf lange Zeit unangefochten gewähren. So kann der Graf, dem ja zu seinem großen Schmerz das Theologiestudium verwehrt wurde, endlich wie ein Pfarrer Ansprachen an eine Gemeinde halten. Später schildert er diese Zeit mit einer gewissen Selbstironie:

In Dresden habe ich ohne Widerspruch meiner weltlichen und geistlichen Oberen alle Sonntage eine auch öffentliche Versammlung für jedermann und bei offenen Türen gehalten.

Das Singulare dabei war nur, daß ich ein Prediger war, der aus Gehorsam gegen seine Eltern einen Degen trug und auf die Regierung ging. Der liebe Superintendent zu Dresden, D. Löscher, hatte deswegen ein christliches Mitleiden mit meiner unterdrückten Gabe und ließ mich machen.[128]

Die »Separatisten«

Graf Zinzendorf wird allmählich zu einer gewissen Berühmtheit in Dresden. Von Seiten der Hofgesellschaft mit Spott und Sticheleien überhäuft, ist er ein Anziehungspunkt für die vielen Gottsucher, die in einer Zeit großer religiöser Erregung ganz verschiedene Wege zur Seligkeit einschlagen und sich von der offiziellen lutherischen Kirche abspalten. »Separatisten« nennt man diese unter sich wieder ganz unterschiedlichen Gruppen, und die Pfarrer haben ihre liebe Not mit ihnen, weil sie ihre besondere Frömmigkeit pflegen und sich vom Gottesdienst und Abendmahl fern halten. Aber viele von ihnen wenden sich voller Vertrauen an Zinzendorf, der sich für jeden und jede unendlich viel Zeit nimmt, mit ihnen zusammen die Bibel aufschlägt und in geduldigem Gespräch so manchen dazu bringt, dass er wieder in die Gemeinschaft der Kirche zurückkehrt. Insofern kann Superintendent Löscher ganz zufrieden mit dem Gemeindeglied Ludwig von Zinzendorf sein; aber bei entsprechender Gelegenheit kommt es auch zu kräftigen Auseinandersetzungen.

Eines Tages spricht man in Dresden von dem Tod einer hartnäckigen Separatistin, die von der Kirche bis zuletzt nichts wissen wollte. Nun soll sie kein christliches Begräbnis bekommen, sondern ohne Sarg auf dem Schindanger verscharrt werden. Zinzendorf hat die Frau zwar nicht gekannt, aber sofort schreibt er einen geharnischten Brief an den Superintendenten: Auch wenn er nicht die Haltung der Verstorbenen teile, sei er empört über den »lieblosen und ungöttlichen Eifer« seiner Kirche in dieser Sache. Der Superintendent solle diese grausame Entscheidung rückgängig machen, »wenn nur ein einziger Funke der Liebe Jesu«[129] in ihm sei, sonst werde er, Zinzendorf, selbst einen Sarg für die Frau anfertigen lassen, bei dem Begräbnis auf dem Schindanger im Staatsrock mit Degen auftreten und ein Vaterunser sprechen. Auf diesen Brief hin wird die Sache in kürzester Zeit zu Zinzendorfs Zufriedenheit geregelt.

Der »Dresdnische Sokrates«

Die Kirchenleitung hat noch andere Sorgen in diesen Jahren, in denen Zinzendorf sich in Dresden aufhält. Ab November 1725 erscheinen jede Woche Flugblätter eines unbekannten Verfassers unter dem Titel: »Der Dresdnische Sokrates«. Wie der Philosoph Sokrates im 5. Jahrhundert vor Christus den Bürgern von Athen die Augen öffnen wollte über die Oberflächlichkeit ihrer Lebensführung, so möchte auch der Dresdner Sokrates »bescheidene Gedanken seinen lieben Mitbürgern wöchentlich« mitteilen und so ihr »Nachdenken stutzig machen«[130]. Die »bescheidenen Gedanken« befassen sich in den ersten Flugblättern kritisch mit den Zuständen in Kursachsen, der »Hof und die Geistlichkeit« werden scharf angegriffen; in den weiteren Folgen – insgesamt erscheinen 32 Flugblätter bis Ende 1726 – will der Verfasser »den Weg zeigen, wie man zu einer wahren und dauerhaften Zufriedenheit gelange«, indem er das »Wesen der christlichen Religion«[131] darlegt.

Die Aufregung in der Stadt ist groß. Man reißt sich gegenseitig die Flugblätter aus den Händen und erwartet mit Spannung jede neue Folge. Als die Stadtpolizei das dritte Flugblatt konfiszieren will, gibt es Studentenproteste und der »Dresdnische Sokrates« wird noch berühmter. Nun versucht die Stadtpolizei den unbekannten Verfasser zu ermitteln; denn ohne Zensur durch die Regierung darf in Kursachsen nichts gedruckt werden. Der Drucker der Flugblätter ist bald gefunden, auch die Buchhändler werden befragt, aber niemand weiß, wer »Sokrates« ist. Dem Drucker hat ein geheimnisvoller Mann »in grauer, schwarz ausgemachter Kleidung« das Manuskript gebracht und gesagt, »der Verfasser des Sokrates wäre ein solcher Herr, der keiner Zensur unterworfen« sei. Die Buchhändler haben die Lieferungen von einem »Lakai in brauner Livree« oder von einem »Kerl in grauem Rock«[132] überbracht bekommen.

Ganz Dresden rätselt, wer der mysteriöse Verfasser der Blätter sein könnte. Da erscheint bereits die vierte Nummer und bekennt übermütig: »Sokrates hält sich wirklich in Dresden auf!«[133] Und deshalb habe »Sokrates« auch sehr wohl mitbekommen, wie man in der Stadt über das dritte Flugblatt geurteilt habe.

Ganz allmählich sickert der Verdacht durch, Graf Zinzendorf persönlich könnte hinter dem »Sokrates« stecken, zumal das vierte und die folgenden Flugblätter inzwischen in einer Druckerei in Ebersdorf hergestellt werden, also außerhalb Kursachsens, wo sie der Zensur entzogen sind und wohin Zinzendorf die besten Beziehungen hat. Die Stadtpolizei kann ihm allerdings trotz genauer Nachforschungen die Verfasserschaft nicht nachweisen. So wird zunächst nur der arme Dresdner Drucker mit Gefängnis bestraft und die Flugblätter erscheinen weiter in Ebersdorf, bis der Verfasser nach der 32. Nummer zu der Überzeugung gelangt, der »Sokrates« habe seinen Zweck erfüllt und es sei Zeit, »mit Applaus abzugehen«[134]. Erst danach lüftet Zinzendorf seine Anonymität: Er ist tatsächlich der »Dresdnische Sokrates« gewesen.

Der »Vier-Brüder-Bund«

Aber was war der Sinn dieses doch recht riskanten Unternehmens? Was hat Zinzendorf bewogen, auf diese Weise an die Öffentlichkeit zu gehen und seine Gedanken über Gott und die Welt, über das Verhältnis von Vernunft und Offenbarung darzulegen?

Zwei Jahre vor dem »Dresdner Sokrates« hat er mit drei Freunden, Friedrich von Watteville, dem Berthelsdorfer Gemeindepfarrer Rothe und Magister Schäffer aus Görlitz einen »Vier-Brüder-Bund zur Beförderung des Reiches Christi« geschlossen. Wieder einmal hat Zinzendorf eine »Sozietät« gegründet wie damals in seiner Studentenzeit! Jeder der vier Freunde bekommt im Rahmen dieses Bundes einen bestimmten Aufgabenbereich, Zinzendorf selbst übernimmt »die Ausbreitung des wahren Christentums durch öffentliche Schriften mit oder ohne Namensnennung«[135]. Eine dieser »öffentlichen Schriften« ist der »Dresdner Sokrates«.

Die Druckerei in Ebersdorf

Der »Sokrates« ist nicht die einzige Veröffentlichung Zinzendorfs in diesen Jahren, sondern er und seine Freunde haben noch viele andere Projekte.

Da es aber so schwierig und langwierig ist, jeweils die behördliche Druckerlaubnis zu bekommen, beschließt Zinzendorf kurzerhand, eine eigene Druckerei in Berthelsdorf einzurichten. Schon hat er einen Drucker gewonnen, schon sind alle Einrichtungen für die Druckerei beschafft, da untersagt die kurfürstliche Regierung ihre Aufstellung und Betreibung. Nachdem seine empörten Einsprüche und Beschwerden nichts genützt haben, lässt Zinzendorf »Buchdrucker und Buchdruckerei ... aufpacken und etliche 30 Meilen weit in seines Herrn Schwagers Land transportieren«[136]. Hier in der reußischen Grafschaft Ebersdorf haben die kursächsischen Behörden keinen Zugriff und hier entstehen in den nächsten Jahren wichtige Werke: außer dem »Sokrates« zwei Katechismen, die Zinzendorf verfasst hat, dann das »Berthelsdorfer Gesangbuch« und vor allem die berühmte »Ebersdorfer Bibel«. Ihre Grundlage ist die Lutherübersetzung, die Rothe genau überprüft hat, wobei er in einem Anhang viele eigene, neue Übersetzungsvorschläge gibt. Zinzendorf schreibt die Vorrede, die er mit dem Satz beginnt: »Da habt ihr das gewaltige Buch!« Außerdem verfasst er »Summarien« zu den einzelnen Büchern der Bibel, das heißt kurze, zusammenfassende Inhaltsangaben.

Abschied von Heitz

Zinzendorf ist mit diesen Arbeiten und seinem Beruf in Dresden sehr beschäftigt; aber auch in Herrnhut und Berthelsdorf, wo er sich mit Erdmuth immer wieder monatelang aufhält, gibt es viel für ihn zu tun. Das Herrschaftshaus in Berthelsdorf kann Ende August 1723 bezogen werden. Aber Gutsverwalter Heitz, der es gebaut und die ersten mährischen Flüchtlinge in Herrnhut angesiedelt hat, verlässt noch vor der Einweihung des Hauses das Dorf und kehrt in die Gegend von Nürnberg zurück. Was ist geschehen?

Der Verwalter hatte die Sache der Siedler zu seiner eigenen gemacht und ihnen geholfen, wo er konnte. Er war aber auch ihr erster Seelsorger; denn als sie hörten, dass er unten in Berthelsdorf für die Hausgemeinde Betstunden abhielt, kamen sie dazu und man studierte gemeinsam die Bibel.

Der Ortspfarrer Rothe steht diesen Stunden zunächst positiv gegenüber, bis er den Eindruck gewinnt, dass Heitz ganz offen sein reformiertes Bekenntnis vertritt. Es geht vor allem um die Lehre von der Gnadenwahl oder »Prädestination«, das heißt, dass der Mensch von Gott schon vor der Geburt zum Heil oder zur Verdammnis bestimmt ist. Christian David, stets für neue religiöse Ideen zu haben und inzwischen gut mit Heitz befreundet, lässt sich für diese Lehre gewinnen. Sie steht aber im Widerspruch zum lutherischen Bekenntnis, dass Christi Erlösungstat für alle Menschen gilt. Es kommt also zu Auseinandersetzungen zwischen Heitz und dem lutherischen Pfarrer: Die kleine Gemeinde droht sich zu spalten.

Auch Zinzendorf hat Schwierigkeiten mit Heitz, der inzwischen in Berthelsdorf sehr eigenmächtig schaltet und waltet und sich um die Anordnungen seines Herrn wenig kümmert. Es kommt zu schweren Verstimmungen zwischen beiden und schließlich bittet Heitz um seine Entlassung. Er bleibt bei diesem Entschluss und geht, obwohl ihm die Leute in Berthelsdorf und Herrnhut sehr nachtrauern und auch Zinzendorf mehrere Versuche macht, ihn zurückzuholen, da er seine großen Verdienste durchaus zu würdigen weiß.

Mit den Scherben aus allen diesen Auseinandersetzungen bleibt Zinzendorf zurück. Sie zu kitten, wird ihm erst ein Jahr später gelingen. Gegen Ende des Jahres 1724 beruft er ein »Konsilium« für die mährischen Siedler in seinem Haus in Berthelsdorf ein; drei Tage und die halben Nächte verbringt er mit ihnen im Gespräch über das Problem der Gnadenwahl. Mit unendlicher Geduld geht er auf die Gedankengänge dieser einfachen Menschen ein und kann sie schließlich aufgrund der Schrift, wie Christian David nachher sagt, überzeugen, »dass Gott nicht will, dass jemand verloren gehe«[137].

Schloss in Berthelsdorf. Zeichnung von M. v. Wagner

Ein Sonntag in Berthelsdorf

Wenn Zinzendorf sich in Berthelsdorf aufhält, ist der Sonntag ganz besonders wichtig für ihn. Pfarrer Rothe ist ein begnadeter Prediger, zu dessen Gottesdiensten die Menschen von weither kommen. Zinzendorf spricht bewundernd von seiner »flammenden Kanzel« und seiner »gewaltigen Predigt«. Er schildert den Sonntag in Berthelsdorf:

> *Des Sonntags waren von früh sechs Uhr bis nachts um zwölf*
> *Uhr in einem fort Versammlungen . . . Früh morgens gingen*
> *wir in die Kirche. Ich gab die Lieder dazu an. Unterm*
> *Singen ging ich in die Sakristei mit Herrn Rothen. Wenn der*
> *Glaube (Glaubenslied) bald aus war, so riss er sich von mir*
> *los und lief auf die Kanzel und redete in zwei Stunden, was*
> *ein anderer in fünf Stunden kaum reden könnte. Nach der*
> *Kirche gingen die mährischen Leute nicht nach Hause, son-*
> *dern ein jeder hatte sein Stück Brot in der Tasche. Darauf war*
> *Kinderlehre, und wenn die aus war, so setzte ich mich mit*
> *Herrn Rothen . . . vor den Altar und hielt ein Kolloquium*
> *(Unterredung), und wer was zu sagen hatte, der redete von*
> *seiner Kirchenbank oder vom Chor herunter. . .*[138]

Nach dem Kolloquium folgt die Singstunde. Kantor in Berthelsdorf ist Tobias Friedrich, ein sehr musikalischer Bauernsohn, den Zinzendorf aus Castell mitgebracht hat und der seitdem sein treuer Diener und Begleiter ist.

Dann trifft sich die Gemeinde im gräflichen Haus, wo Zinzendorf als »Helfer und Katechet« des Pfarrers die Gedanken der Frühpredigt noch einmal bis in alle Einzelheiten wiederholt. Auch wenn Rothe, was öfter vorkommt, den Grafen in der Predigt in irgendeiner Weise angegriffen oder kritisiert hat, wiederholt Zinzendorf den Tadel in großer Unbefangenheit: »Wie Herr Rothe heute Morgen von mir oder zu mir sagte . . .«[139]

Hier in Berthelsdorf ist um Zinzendorf und Pfarrer Rothe eine »Schlossgemeinde« ähnlich wie in Ebersdorf entstanden: eine kleine Gruppe von Menschen, die Gottes Anruf gehört, also eine »Erweckung« erlebt haben. Sie sind die »Ecclesiola in ecclesia«, das »kleine Kirchlein in der großen«[140]. Wie ein Sauerteig wollen sie mit ihrer klaren Überzeugung die Masse der dahindämmernden anderen Christen durchdringen.

Bemühung um Reichgrafschaft

Im Übrigen nimmt der Zuzug nach Herrnhut nicht ab. Verwandte und Bekannte der Neißerbrüder ziehen nach. Auf einer Reise nach Schlesien hat Zinzendorf die Glaubensgemeinschaft der Schwenckfelder kennen gelernt, die von einem schlesischen Edelmann namens Schwenckfeld, einem Zeitgenossen Luthers, begründet worden war. Auch sie leben unter ständiger Bedrückung und Verfolgung im habsburgischen Reich und bitten Zinzendorf um Zuflucht in seinem Herrschaftsgebiet.

Aber Zinzendorf weiß, dass er allen diesen Bedrängten nur in beschränktem Maße Schutz bieten kann; über sich hat er die sächsische Regierung, die bereits argwöhnisch geworden ist und den Zustrom nach Herrnhut jederzeit unterbinden kann. Als 1723 der habsburgische Kaiser Karl VI. in Prag zum böhmischen König gekrönt wird, benutzt Zinzendorf die Gelegenheit, den Kaiser bei einer Audienz um das Reichslehen Unterbirg bei Nürnberg zu bitten, das einst der Familie Zinzendorf gehört hatte. Mit einer solchen, dem Kaiser direkt unterstellten Grafschaft wäre Zinzendorf sehr viel souveräner und unabhängiger und könnte Menschen der verschiedensten Glaubensrichtungen in seiner Herrschaft aufnehmen, ohne dass es ihm jemand verbieten könnte. Aber obwohl der Kaiser ihn gnädig anhört, bleiben seine Bemühungen um eine solche Reichsgrafschaft letztlich ohne Erfolg; man speist ihn mit vagen Versprechungen ab. Die kleine Standesherrschaft Berthelsdorf mit Herrnhut bleibt weiterhin der Mittelpunkt und die Zuflucht für alle, die Glaubensfreiheit suchen.

Grundsteinlegung

1724 wird in Herrnhut der Grundstein zum ersten größeren Gebäude, einer Landschule für junge Adlige, gelegt, während die Siedlung bis jetzt nur aus den bescheidenen Häuschen der Flüchtlinge bestanden hat. Im neuen »Großen Haus« wird es auch einen Saal für Versammlungen geben. Es ist eine bewegende Feier; Watteville, der sein Schicksal inzwischen ganz mit Herrnhut verbunden hat, spricht ein so eindrückliches und inbrünstiges Gebet, dass alle Anwesenden, einschließlich Zinzendorf, zutiefst ergriffen sind.

Ein zeitgenössisches Bild zeigt wie in einer Momentaufnahme diese Szene: Die Herrnhuter knien auf dem Grundriss des zukünftigen Gebäudes, Watteville hebt die Hände zum Himmel. Im Vordergrund sind fünf Männer mit Reisesäcken und Wanderstäben zu sehen. Es sind bewusste und überzeugte Angehörige der Brüderkirche aus dem mährischen Zauchtental. Sie haben Gefängnis und Verfolgung hinter sich und sind auf dem Weg nach Lissa in Polen, wo noch ein Zweig der alten Brüder-Unität besteht. Unterwegs wollen sie Christian David besuchen, den sie kennen. Aber nachdem sie diese von Hoffnung erfüllte Grundsteinlegung miterlebt haben, beschließen sie in Herrnhut zu bleiben. Sie werden zu prägenden Herrnhuter Persönlichkeiten: drei von ihnen heißen David Nitschmann, der vierte ist Melchior Zeisberger, der fünfte Johann Töltschig.

Grundsteinlegung des Gemeinhauses in Herrnhut, Aquarell,
Detail einer Karte von Herrnhut

7. Die Entstehung der Herrnhuter Brüdergemeine

Im Frühjahr des Jahres 1726 sitzt die junge Gräfin Erdmuth von Zinzendorf in ihrer schönen Dresdner Wohnung und brütet über vielen Papieren und Rechnungen. Wie vor der Hochzeit vereinbart, hat ihr Zinzendorf vertrauensvoll alle wirtschaftlichen und finanziellen Aufgaben der umfangreichen Haushaltung übertragen. Er hat gut daran getan, denn Erdmuth hat ein viel größeres Geschick, mit Geld umzugehen, als der in diesen Dingen äußerst sorglose Graf. »Geld und ich«, so schreibt er einmal, »sind Sachen, die ganz weit voneinander sind.«[141]

Der Dresdner Haushalt

Erdmuth hat sich mit großer Sorgfalt und Sicherheit in die Verwaltung der Zinzendorfschen Güter eingearbeitet. Aber was kann das größte Finanzgenie ausrichten, wenn die mageren Einkünfte aus Berthelsdorf niemals reichen, um den herrschaftlichen Haushalt des unbesoldeten Hofrats Zinzendorf in Dresden zu bestreiten? Wenn gar kein Geld mehr im Hause ist, bleibt der Gräfin nichts anderes übrig, als ihren Schmuck, den letzten Notgroschen, zu verpfänden.

Die gräfliche Familie schränkt sich in Kleidung und äußerem Aufwand ein, so gut es geht; nach Meinung der Großmutter in Hennersdorf treiben sie die Sparsamkeit fast zu weit. Diese ermahnt Erdmuth, neue Kutschgeschirre anzuschaffen; denn wenn die

Zinzendorfs mit den alten, auf dem Land hergestellten in der Stadt ausfahren, könnten sie »zu großem Gespött Anlass geben, welches man sich doch ohne Not aufn Hals zu ziehen auch als Christ zu vermeiden schuldig ist«. Auch den neuen Hausrock des Grafen hat die Großmutter spendiert, weil ihr der alte gar zu »zerfranst«[142] erschien. Und auch sonst hilft die Großmutter, wie Erdmuth dankbar anerkennt; immer wieder schickt sie Geld, damit die junge Familie über die Runden kommt. Ein gewisses Schuldbewusstsein mag bei der Hilfsbereitschaft der alten Landvögtin mitsprechen; denn sie trägt eigentlich die Verantwortung für den kostspieligen Doppelhaushalt in Dresden und Berthelsdorf, da sie so hartnäckig auf dem höfischen Amt für ihren Enkel bestanden hat.

Seufzend sieht die Gräfin die Abrechnungen durch. Das Berthelsdorfer Gut ist inzwischen an Watteville und einen Verwandten aus der Gersdorfer Familie verpachtet worden, weil die Zinzendorfs sich nicht genug um die Bewirtschaftung kümmern konnten. Aber die Pachterträge steigern sich nur langsam. Und es wird ständig gebaut in Herrnhut! Zum Glück ist Watteville, der ehemalige Bankier, Erdmuths treuer Berater und Helfer in Finanzfragen. Für den Bau der Landschule mussten Gelder aufgenommen werden, obwohl Watteville aus seinem eigenen Vermögen dazu beigesteuert hat. Auch andere Häuser sind geplant. Die Gräfin muss lernen, gewagte Finanzoperationen durchzuführen, wenn es mit dem Ausbau von Herrnhut weitergehen soll. Sie weiß, dass daran Zinzendorfs ganzes Herz hängt, und sie ist entschlossen, ihm die Gehilfin zu sein, die er für seine Arbeit braucht.

Wie sehr ihr Gemahl sie liebt und anerkennt, hat er ihr erst vor kurzem an ihrem 25. Geburtstag mit einem seiner spontanen Einfälle gezeigt: »Zehn von den allerredlichsten Schwestern«[143] ihrer Bekanntschaft hat er für sie eingeladen und die Damen eigenhändig an der festlichen Geburtstagstafel bedient, in Staatsrock und Festperücke. Als Tafelmusik erklang zu Klavierbegleitung ein Lied, das der Graf zum Geburtstag seiner Frau gedichtet hatte.

Benigna

Erdmuth legt die Papiere beiseite und geht ins Nebenzimmer, wo ihre drei Monate alte Tochter Benigna in der Wiege schläft. Liebevoll und ängstlich betrachtet sie die Kleine. Es ist ihr zweites Kind; der erste Sohn, Christian Ernst, im August 1724 in Ebersdorf geboren, ist nach wenigen Monaten gestorben. Und auch die kleine Benigna hat bereits eine schwere Krankheit hinter sich, wo die Mutter um ihr Leben gezittert und Zinzendorf innig für seine »Benigel«[144] gebetet hat. Aber jetzt scheint sie gut zu gedeihen. Erdmuth ist stolz, dass sie das Kind selbst stillen kann, eine Fähigkeit, die ihr die Hennersdorfer Damen ihrer »schwächlichen Konstitution« wegen nicht zugetraut hatten. Aber nichts gegen die Landvögtin; sie hat Erdmuth bei der Geburt dieses Kindes mit mütterlicher Sorgfalt beigestanden, weil ihre eigene Mutter damals nicht kommen konnte, und sie war auch bei der Taufe Benignas zugegen. Überhaupt hat die »Groß-Frau-Mutter« eine große Zuneigung zu ihrer »Schwiegerenkelin« Erdmuth gefasst und begegnet ihr fast mit »zärtlicherer Liebe«[145] als ihren eigenen Kindern.

Tod der Landvögtin

Mitten in diese Gedanken und Überlegungen hinein kommt die Nachricht vom plötzlichen Tod der Hennersdorfer Großmutter am 6. März 1726. Zinzendorf und Erdmuth brechen sofort auf, um an der Trauerfeier teilzunehmen; der Enkel hält seiner Großmutter die Leichenrede. Seit früher Kindheit war er ihr innig verbunden gewesen, obwohl es später wegen seiner Studien- und Berufswünsche harte Auseinandersetzungen gegeben hatte. Aber der Siedlung Herrnhut gegenüber, deren Anfänge sie miterlebt und mitgeprägt hatte, war die Landvögtin immer sehr aufgeschlossen und freundlich gesinnt. Wenige Wochen vor ihrem Tod hatte sie sich im Tragstuhl dorthin bringen lassen, und als sie die Häuser von Herrnhut von ferne sah, »wendete sie sich gegen sie hin und segnete sie mit tiefgebeugtem Herzen«[146]. So kann Zinzendorf davon ausgehen, dass sie seine Arbeit und seine Pläne in Herrnhut gutgeheißen hat.

Das ist für ihn umso wichtiger, als er die Karriere im sächsischen Staatsdienst, den Herzenswunsch der Großmutter, jetzt nach ihrem Tod endgültig an den Nagel hängen möchte. Das ungeliebte Amt und die teure Stadtwohnung sind zu einer immer größeren Belastung geworden. Auch sonst hält Zinzendorf nichts mehr in Dresden, nachdem seine Hausversammlungen von der kirchlichen und staatlichen Obrigkeit immer argwöhnischer betrachtet und Ende 1726 ganz verboten werden. Der findige Graf führt zwar seinen Bibelkreis in Form von privaten Einladungen weiter, bei denen wie vorher viel gesungen und über Glaubensdinge gesprochen wird. Aber es ist nur eine Frage der Zeit, bis man auch bei dieser Art des Zusammentreffens mit Störungen rechnen muss.

Zinzendorf lässt sich also von seinem Staatsamt für unbefristete Zeit beurlauben – erst 5 Jahre später wird er seine endgültige Entlassung erbitten. Da das Berthelsdorfer Schloss verpachtet ist, bereitet er die Übersiedlung nach Herrnhut vor. Dort wird ein Herrschaftshaus für die gräfliche Familie gebaut, wo sie aber erst im Juni 1727 einziehen kann.

Probleme in Herrnhut

Wie sieht es um diese Zeit in Herrnhut aus? Der Ort hat etwa 300 Einwohner, die Hälfte davon sind mährische Exulanten. Aber auch die Mähren bilden keine einheitliche Gruppe. Die fünf Bauernsöhne aus dem Zauchtental, die zur Grundsteinlegung des Gemeinhauses 1724 nach Herrnhut gekommen und dageblieben sind, haben die Traditionen der alten mährischen Brüderkirche noch besser und genauer im Kopf als die ersten Herrnhuter Siedler um Christian David und die Brüder Neißer. Sie haben lebendige Vorstellungen von der Kirchenzucht der alten Brüder-Unität und der Beteiligung von Laien am Gemeindeleben. Die lutherischen Christen sind ihrer Meinung nach zu lax in der Lebensführung und zu nahe an der katholischen Kirche.

Aus diesen Gründen sind die Mähren in zwei Parteien zerfallen: Die einen halten sich zur lutherischen Gemeinde, die anderen – unter ihnen Christian David – stehen Pfarrer Rothe sehr kritisch gegenüber. Außer den Mähren sind aber auch noch aus ganz Deutschland Anhänger der verschiedensten religiösen Strömungen nach Herrnhut gekommen, die sich hier ein Leben in brüderlicher Gemeinschaft, frei von Verfolgung, erhoffen. Jede Gruppe aber beharrt auf ihrer Position und ihrem speziellen Weg zum Heil. Die ganze Palette der Sekten und Gruppierungen dieser religiös aufgewühlten Zeit scheint sich in Herrnhut zusammengefunden zu haben. Und sie stehen einander auf kleinstem Raum misstrauisch und feindselig gegenüber.

Solange Zinzendorf noch in Dresden war, versuchte er bei seinen Besuchen in Herrnhut zwischen den einzelnen Parteien zu vermitteln. Zum Beispiel lud er, wie schon erwähnt, Ende 1724 die Mähren zu einem klärenden Religionsgespräch nach Berthelsdorf ein.

Denn Zinzendorf will hier in Herrnhut sein altes Ideal von einer in sich verbundenen Gemeinschaft gläubiger Christen verwirklichen. Die »Schlossecclesiola«, die ihm ursprünglich vorschwebte, soll sich erweitern zu einer ganzen Dorfgemeinde. Es soll eine »philadelphische«[147] Gemeinde sein, das heißt, eine Gemeinde von wahren und überzeugten Christen, die sich nach Zinzendorfs Meinung zerstreut in allen Konfessionen finden lassen. Wenn Menschen Gott begegnet sind, eine Erweckung oder persönliche Bekehrung erfahren haben, dann werden sie – davon ist der Graf überzeugt – friedlich und im Geist der Liebe Christi beieinander wohnen.

Nun hatte es ja sowohl in Berthelsdorf als auch in Herrnhut zu Zinzendorfs großer Freude solche Erweckungen gegeben, zum Beispiel am Epiphaniasfest 1725 in der Berthelsdorfer Kirche. Watteville, der mit großen Glaubenszweifeln in die Oberlausitz gekommen war, hatte eine Bekehrung erlebt und hatte auch eine Frau aus dem Kreis der Erweckten in Berthelsdorf, Johanna von Zeschwitz, geheiratet. Auch sonst glaubte man immer wieder das Wirken des Geistes in der Gemeinde zu spüren.

Im Februar 1725 unternahm auch Pfarrer Rothe einen Versuch zur Einigung der Gemeinde, indem er einzelne Mitglieder mit

Ämtern betraute, wie sie schon in der urchristlichen Gemeinde üblich gewesen waren. Damit wollte er die Laien aktiv am Gemeindeaufbau beteiligen.

Rat Krüger

Die Entwicklung in Herrnhut schien also gerade in ein friedlicheres Fahrwasser zu geraten, da sorgte im Sommer 1726 ein gewisser Justizrat Krüger für neue, schreckliche Verwirrung. Er kam von Ebersdorf, wohin ihn Zinzendorf vermittelt hatte, wo man ihn aber nach kurzer Zeit entlassen musste, weil er religiöse Irrlehren unter den Leuten verbreitete.

Zinzendorf nahm diese umstrittene Persönlichkeit sorglos in Herrnhut auf, wie jede »gutmeinende Seele«[148], die ihn um Hilfe bat. Er billigt jedem Menschen, wenn er es nur ehrlich meinte, Freiheit des Denkens in religiösen Dingen zu und war zugleich überzeugt, dass Irrende mit der Zeit durch guten Zuspruch wieder auf den rechten Weg gebracht werden können.

Aber Rat Krüger dankte ihm diese Großzügigkeit schlecht. Als Zinzendorf sich auf einer längeren Reise befand, trat Krüger in Herrnhut als großer, von Gott gesandter Reformator der Gemeinde auf. Er warf mit starken Ausdrücken um sich, die er aus der Offenbarung des Johannes genommen hatte, bezeichnete die lutherische Kirche als die »Hure Babel«[149], Pfarrer Rothe als ihren »falschen Propheten« und Zinzendorf sollte sogar das »Tier aus dem Abgrund«[150] sein.

Die Herrnhuter waren erschreckt, aber auch beeindruckt von solchen Tönen. Leider war es wieder Christian David, der auf Krüger hereinfiel und in ihm einen göttlichen Boten zu erkennen glaubte, der gesandt war, neues Feuer im nachlassenden Glauben der Gemeinde zu entfachen. Da die Mähren Christian David immer noch als ihren Anführer, auch in religiösen Dingen, anerkannten, schlossen sich ihm viele an, als er sich im Gefolge Krügers von der Kirchengemeinde trennte.

Zinzendorf fand nach seiner Rückkehr die Berthelsdorfer Kirche fast leer, nur eine kleine Gruppe seiner treuen Freunde ging mit ihm zum Abendmahl. Pfarrer Rothe war verzweifelt über die unglückselige Entwicklung und bat den Grafen dringend, Rat Krüger und Christian David aus seinem Herrschaftsgebiet auszuweisen. Aber Zinzendorf, der sonst durchaus hart und heftig reagieren konnte, schreckte hier vor einer gewaltsamen Lösung zurück. Die »notwendige Gewissensfreiheit«[151] war für ihn ein unverzichtbares Gut. Außerdem war ihm klar, dass die Mähren eine Ausweisung ihres Anführers und »Reformators« nicht einfach hinnehmen, sondern mit ihm ziehen würden.

Zinzendorf versuchte also, mit Krüger in gütlichem Gespräch zu einer Einigung zu kommen, aber er musste feststellen, dass mit dem Mann nicht zu reden war, sondern dass er starrsinnig auf seinem Sendungsbewusstsein beharrte, dabei aber Anzeichen geistiger Verwirrung zeigte. Zinzendorf besprach sich daraufhin mit seinem Freund Gutbier, einem Arzt, der sich in Herrnhut niedergelassen hatte, und empfahl Krüger seiner Beobachtung. Tatsächlich brach bei Krüger Irrsinn und Raserei zu Anfang des Jahres 1727 offen aus. Man musste ihn in Gewahrsam nehmen; als der Anfall sich gelegt hatte, verließ er Herrnhut in aller Stille.

Die inneren Schäden und Verwundungen, die er zurückließ, waren gewaltig, auch wenn Zinzendorf bei den Auseinandersetzungen mit Krüger »flehentlich gebeten« hatte, »die Liebe nicht zu verletzen«.[152] »In Herrnhut soll es aussehen, als wenn der Teufel alles auf einmal übern Haufen werfen wollte«[153], schrieb Magister Schäffer bekümmert am 4. Januar 1727. Es ist höchste Zeit, dass der Graf seine Zelte endgültig in Herrnhut aufschlägt!

Die »Statuten«

Ab Ostern 1727 ist Zinzendorf in Herrnhut und geht mit großer Geduld daran, die zerstrittene und gespaltene Gemeinde wieder zu sammeln, die Wogen der Feindseligkeiten zu glätten und den Knäuel der Missverständnisse zu entwirren. Er geht von Haus zu Haus, spricht mit jeder Familie und jedem einzelnen Menschen. Er kann stundenlang zuhören, auch wenn ihm wirre Gedankengänge

Handschrift Zinzendorfs: »Solls uns übel gehn, lass uns feste stehen«

vorgetragen werden, und er kann oft mit einem kurzen, treffenden Wort zur Klarheit verhelfen. Mit leidenschaftlicher Menschenliebe sucht der hochadlige Graf die Seelen dieser einfachen, oft auch verbohrten Siedler von ihrer Selbstgerechtigkeit und Eigenbrötelei abzubringen und für ein Leben in Gemeinschaft miteinander zu öffnen. Er weist unermüdlich darauf hin, dass alle Menschen Sünder sind und die Erlösung durch Christus nötig haben. Seine großen seelsorgerlichen Fähigkeiten kommen hier zum Tragen und seine Menschenkenntnis nimmt zu. Später sagt er über diese Zeit: »Ich lernte in einem halben Jahr mehr Kirchen- und Ketzerhistorie, als ich in Arnolds Kirchen- und Ketzerhistorie nicht würde gelernt haben.«[154]

Zinzendorf hat aber auch begriffen, dass das Zusammenleben einer so großen und unterschiedlichen Gruppe ohne feste Regeln und Ordnungen nicht funktionieren kann. Als »Ortsherrschaft« hat er das Recht, für die neugegründete Siedlung Satzungen aufzustellen. Aber die »Statuten«, die Zinzendorf zusammen mit Pfarrer Rothe und anderen Mitarbeitern für Herrnhut entwirft, unterscheiden sich von den sonst üblichen Ordnungen.

Dem ersten Teil dieser Statuten gibt Zinzendorf den Namen: »Herrschaftliche Gebote und Verbote«[155]. Sie sollen den äußeren Gang des täglichen Lebens in Herrnhut regeln. Einer der ersten Sätze lautet:

Herrnhut soll zu ewigen Zeiten von aller Dienstbarkeit, Leibeigenschaft usw. mit allen seinen statutenmäßigen Einwohnern frei gesprochen sein ...

Im Weiteren geht es um Fragen der Gemeindeordnung, Sauberhaltung der Straßen, Baugenehmigungen, Gewerbeaufsicht usw., aber auch das menschliche Miteinander wird angesprochen, wenn Zinzendorf betont:

Kein Streit soll in Herrnhut länger als acht Tage währen.

Auch findet sich die Mahnung, seinem Nächsten zu helfen, wenn

ein Wagen umschlägt, Pferde stecken bleiben, Leute gefähr-
lich fallen … Wer aber dasselbe nicht tut oder gar mit geschla-
genen Armen dergleichen Unfall zusieht, soll, wenn er ein
und andermal ermahnt worden, für den Schaden, so daraus
kommen, mit haften …

Im zweiten Teil der Statuten »Brüderlicher Verein und
Willkür«[156] geht Zinzendorf noch einen Schritt weiter. Er will zeigen, dass Herrnhut keine gewöhnliche Ansiedlung wie jede andere
ist; deshalb beginnt er mit den Worten:

In Herrnhut soll zu ewigen Zeiten nicht vergessen werden,
dass es auf den lebendigen Gott erbaut und ein Werk seiner
allmächtigen Hand, auch eigentlich kein neuer Ort, son-
dern nur eine für Brüder und um der Brüder willen errichtete
Anstalt sei.

Hier kommt deutlich zum Ausdruck, dass Zinzendorf
innerhalb der Ortsgemeinde eine christlich-brüderliche Gemeinschaft begründen will. »Bruder« wird definiert als einer, der bekennt,

dass ihn die bloße Erbarmung Gottes in Christo ergriffen
und der täglich beweist, dass es ihm sein ganzer Ernst sei,
die Sünde, die Christus gebüßt, wegnehmen zu lassen, und
täglich heiliger … zu werden …

Mit keinem Wort verlangt Zinzendorf die Verpflichtung
auf ein bestimmtes Bekenntnis. In seiner philadelphischen Gemeinschaft ist jeder willkommen, der sich im oben genannten Sinn als
Bruder beweist:

Herrnhut … soll in beständiger Liebe mit allen Brüdern und
Kindern Gottes in allen Religionen stehen, kein Beurteilen,
Zanken oder etwas Ungebührliches gegen Andersgesinnte
vornehmen, wohl aber … die evangelische Lauterkeit,
Einfalt und Gnade unter sich zu bewahren versuchen.

84 Statuten stellt Zinzendorf zusammen, 84 Punkte, die ihm für den äußeren und inneren Zusammenhalt Herrnhuts wichtig erscheinen.

Am 12. Mai 1727 ruft der Graf alle Herrnhuter Einwohner zusammen und legt ihnen die Statuten vor, nachdem er ihnen in einer dreistündigen Rede erläutert hat, dass er mit diesen Statuten auch eine gewisse Geschlossenheit Herrnhuts erreichen möchte. Niemand wird genötigt, mehr von den Statuten zu unterschreiben, als er für gut hält. Und wer diese Ordnung überhaupt ablehnt, kann Herrnhut verlassen und sich in Berthelsdorf ansiedeln.

Die Herrnhuter hören dieser langen Rede mit Spannung zu, dann treten sie alle vor und geben dem Grafen ein »Handgelöbnis«[157] auf die »Herrschaftlichen Gebote und Verbote«. Für den Beitritt zum »Brüderlichen Verein« sollen sie sich mit ihrer Unterschrift verpflichten; aber dafür gibt es eine längere Bedenkzeit, bis schließlich auch dieser zweite Teil der Statuten von allen Einwohnern Herrnhuts unterschrieben ist. Denn sie begreifen, dass ihnen hier eine sehr gute und tragfähige Grundlage für ein brüderliches Zusammenleben in die Hand gegeben ist. Als solche bewähren sich die Statuten in der folgenden Zeit und werden zur Ausgangsbasis für die Entwicklung der Herrnhuter Gemeinschaft.

Die Ältesten

In den Statuten werden mehrfach die »Ältesten« als Leiter der Gemeinde erwähnt. Pfarrer Rothe hatte dieses Amt und andere Ämter bereits zwei Jahre vorher in Berthelsdorf eingeführt; nun sollen auch in Herrnhut Älteste ernannt werden. Noch am Tag der Bekanntgabe der Statuten, am 12. Mai 1727, werden zwölf Männer aus der Gemeinde als Älteste vorgeschlagen. Unbefangen nennt Zinzendorf unter anderen auch den Namen Christian Davids. Pfarrer Rothe ist entsetzt: Dieser »Heerführer der Separation«[158], der an der Verwirrung so vieler Menschen beteiligt war, der sich zeitweise von der Gemeinde abgesondert und in einer Hütte abseits im Wald gehaust hat, der ausgerechnet soll eine so verantwortungsvolle Stelle einnehmen? Aber Zinzendorf ist überzeugt, dass Christian David mit einem solchen Amt wieder fest in die Gemeinschaft eingebunden werden kann. Der Graf trägt ihm die Anwürfe vom vorigen Jahr nicht nach, sondern meint versöhnlich, die »Principia« Christian Davids seien zwar »nicht die akkuratesten, aber sein Herz« sei »dem Heiland hingegeben«.

So kommt es, dass der umstrittene Zimmermann tatsächlich unter den zwölf Ältesten ist, aus denen eine Woche später, am 20. Mai, vier »Oberälteste« ausgelost werden sollen. Und erstaunlicherweise trifft das Los als Ersten Christian David. Tief in seinem Innersten bewegt, glaubt dieser sich nun von Gott selbst in die Pflicht genommen und ist »von der Zeit an ein umgedrehter Mann«, wie Zinzendorf feststellt, voller Genugtuung, dass ihn seine Menschenkenntnis nicht getäuscht hat.

Ein anderes Los trifft Melchior Nitschmann, der allerdings erst 25 Jahre alt ist und deshalb nach allgemeiner Überzeugung zum »Oberältesten« nicht geeignet erscheint. Ohne Skrupel legt man sein Los beiseite. Merkwürdigerweise aber gerät dieses Los im weiteren Verlauf des Losvorgangs wieder unter die anderen Zettel – kein Mensch weiß wie – und wird zum zweiten Mal gezogen. Alle sind zutiefst betroffen von diesem »wunderbaren Weg Gottes«. Zinzendorf sieht sich nach Melchior Nitschmann um; der steht da »in Hemdsärmeln und Hosenträgern«[159] und nimmt seine Ernennung zum »Oberältesten« ganz selbstverständlich an.

Die »Banden«

Obwohl Zinzendorf mit den Statuten einen hervorragenden äußeren Rahmen für Herrnhut geschaffen hat, muss er doch feststellen, dass es im zwischenmenschlichen Bereich noch an der rechten Herzlichkeit und Vertrautheit untereinander fehlt. Jeder sieht nur »auf seinen Weg« und »kehrt dem andern den Rücken«. Was ist zu tun? Nach vielem Überlegen kommt Zinzendorf die zündende seelsorgerliche Idee. Er versucht, jeweils ein paar »Leute, die sich noch am besten leiden ... können, zusammenzubringen«[160]. Diese

Kleingruppen ermuntert er, sich regelmäßig zu treffen, miteinander zu reden, sich gegenseitig das Herz auszuschütten und zusammen zu beten. So entstehen in Herrnhut etwa 30 sogenannte »Banden«, die sich bei ihrem Leiter, »dem Bandenhalter«, jede Woche einmal zusammenfinden. Den etwas sonderbaren Namen »Bande« leitet Zinzendorf von dem Begriff »Musikerbande« her, sieht aber auch die Bedeutung des verbindenden Bandes darin.

Gerne treffen sich die Gruppen auch im Freien, zum Beispiel im Wald auf den neu angelegten Rasenbänken. Hier lernen die Menschen, ihre Probleme auszusprechen und zu diskutieren, zugleich werden ihnen auch die Gedanken und Schwierigkeiten der anderen deutlich; denn man ist in den Banden gewohnt, rückhaltlos sein Inneres vor der Gruppe zu öffnen.

Die »Brüdergeschichte«

Zinzendorf führt viele Gespräche mit den Mähren, auch mit den Fünfen aus dem Zauchtental, den »Kirchenmännern«, wie er sie nennt. Immer wieder erzählen sie von der alten Brüderkirche und ihren besonderen Formen. Zinzendorf möchte mehr davon wissen; deshalb entleiht er in der Zittauer Bibliothek die »Geschichte der böhmischen und mährischen Brüder« von Amos Comenius, die ein Dr. Buddeus in Jena neu herausgegeben hat. Ende Juli nimmt Zinzendorf dieses Buch mit auf eine Reise nach Schlesien, auf der ihn auch der Weber David Nitschmann, einer der »Kirchenmänner«, begleitet. Mit großem Interesse vertieft sich Zinzendorf in die Brüdergeschichte; immer wieder fragt er David Nitschmann, was er an Einzelheiten von den alten Ordnungen noch weiß. Nun kann der Graf manches, was ihm bei seinen Mähren bisher als »Extravaganz«[161] erschienen ist, viel besser verstehen, weil sie dabei mehr oder weniger unbewusst ihre alten Traditionen bewahrt haben. Nicht weniger erstaunt sind die Mähren selbst, als ihnen Zinzendorf nach seiner Rückkehr Auszüge aus dieser ihnen ebenfalls unbekannten Brüdergeschichte vorliest. Überrascht und erfreut stellen sie fest, dass sie »diese ganze Einrichtung«[162] der Brüderkirche, zum Beispiel das

Ältestenamt, hier in Herrnhut wieder erneuert haben, ohne zu wissen, dass sie damit »unter der Väter Gnadenwolke«[163] stehen. Sie sehen darin eine gnädige Fügung Gottes; zugleich wächst ihr Vertrauen zu dem »Herrn Grafen« und seinen Bemühungen um die Organisation der Gemeinde.

Der 13. August 1727

So löst sich allmählich die Starre und stumme Feindseligkeit, die über Herrnhut gelegen hat. Zinzendorf ist unermüdlich in seinen Bemühungen, möglichst alle, die sich abgesondert haben, mit in die Gemeinschaft hereinzuziehen. Von nächtlichen Gebetsversammlungen auf dem Hutberg bis zur ausgedehnten Predigtbesprechung am Sonntagnachmittag im Herrnhuter Saal sucht er immer wieder Gelegenheiten, auf die Herzen seiner Leute einzuwirken.

An einem Augustsonntag erscheint unerwartet Pfarrer Rothe im Herrnhuter Saal, der sich wegen der vielen Spannungen lange von diesen Versammlungen fern gehalten hat. Er ist so tief beeindruckt von dem neuen Geist und der offenen Atmosphäre, die er jetzt antrifft, dass er sich zu einem Dankgebet auf die Knie wirft. Bis Mitternacht bleibt die Gemeinde betend und singend zusammen. Für den kommenden Mittwoch, den 13. August, lädt Pfarrer Rothe alle Gemeindemitglieder nach Berthelsdorf zur gemeinsamen Abendmahlsfeier ein.

Dankbar wird diese Einladung angenommen; man beschließt, sich auf dieses Abendmahl ganz besonders intensiv und ernsthaft vorzubereiten. Am Vorabend macht Zinzendorf noch Besuche in allen Häusern, und am 13. August versammelt er alle Herrnhuter um sich; denn sie wollen gemeinsam nach Berthelsdorf hinuntergehen. Unterwegs sprechen viele miteinander, die vorher kaum ein Wort wechseln wollten; eine gelöste und versöhnungsbereite Stimmung erfasst die Menschen.

In der Kirche tragen sie dem Herrn ihre Nöte mit »Sektiererei und Trennung« vor und bitten ihn innig darum, er solle sie »die rechte Natur seiner Kirche lehren«. Bei der anschließenden Abendmahlsfeier werden alle Anwesenden von einer starken Bewegung ergriffen, sie spüren, dass Christus unter ihnen ist, ihre Gemeinschaft bestätigt und segnet. Zinzendorf schildert später diesen »Pfingsttag« der Gemeine:

> *Diese Gemeine kriegt den Mittwoch darauf Person für Person den Heiland auf eine so erstaunliche Weise zu erfahren, dass seitdem keine Gelegenheit vorgekommen, die diesem Abendmahle ganz gleich wäre ... Was sich bis daher nicht hat leiden können, fiel einander auf dem Gottesacker vor der Kirche in Berthelsdorf um den Hals und verband sich aufs allerinnigste; und so kam die ganze Gemeine wieder nach Herrnhut zurück, als neugeborene Kindlein quasi modo geniti.*[164]

Dieses »große und ungemein erweckte Abendmahl«, wie es im Herrnhuter Diarium, dem Gemeindetagebuch, heißt, betrachten die Herrnhuter von nun an als die geistliche Geburtsstunde ihrer »Brüdergemeine«. David Nitschmann schreibt darüber: »Von der Zeit an ist Herrnhut zu einer lebendigen Gemeine Jesu Christi geworden.«[165]

Die Bezeichnung »Gemeine« ist im 18. Jahrhundert neben »Gemeinde« durchaus geläufig; Letzteres aber ist ein kirchenrechtlicher Begriff, der die einzelnen Parochien der lutherischen Kirche bezeichnet. Mit dem Wort »Gemeine« wollen die Herrnhuter ausdrücken, dass sie innerhalb der Kirchengemeinde Berthelsdorf eine besonders enge Gemeinschaft von Brüdern und Schwestern bilden möchten.

8. Aufbau und Ausgestaltung der Gemeine

Von der Zeit nach der berühmten Abendmahlsfeier am 13. August 1727 heißt es im Tagebuch der Gemeine:

Wir brachten diesen und den folgenden Tag in einer stillen und freudigen Fassung zu und lernten lieben.[166]

Nach dem großen Pfingsterlebnis ist es kein Wunder, dass die Herrnhuter sich in einer ähnlichen Situation fühlen wie die urchristliche Gemeinde in Jerusalem und sich mit »Bruder« und »Schwester« anreden. Und wie man damals in der Urgemeinde bestimmte Ämter zur Entlastung der Apostel eingeführt hat[167], so sollen jetzt in Herrnhut die Ansätze, die mit den »Ältesten« und den »Banden« bereits gemacht wurden, weiter ausgebaut werden, wie das in den Statuten bereits angekündigt ist.

Die Ämter

Zusammen mit dem »Vorsteher« Zinzendorf haben die »Ältesten« die Leitung der Gemeine; ihnen stehen die »Helfer« zur Seite. Dann gibt es die seelsorgerlichen Ämter, worunter man die der »Lehrer«, »Aufseher« und »Ermahner« versteht.

Die beiden letztgenannten gehören eng zusammen: Die Aufseher sollen alles, was in der Gemeine geschieht, mit seelsorgerlichem Blick beobachten, sie sollen »Augen und Ohren allenthalben hin offen haben und den Mund feste zu«[168], wie Zinzendorf sagt. Die Ermahner hingegen sollen dann die »Stimme« sein und die beobachteten Missstände zur Sprache bringen. Auf diese Weise will Zinzendorf in der Gemeine »Klatscherei, Richten und dergleichen gänzlich verhüten und die Liebe gegen einander unverrückt«[169] erhalten.

Daneben werden natürlich auch die diakonischen Ämter, also die der »Diener«, »Almosen-pfleger« und »Krankenwärter« eingerichtet.

Für ein Amt werden jeweils mehrere Kandidaten aufgestellt, unter denen das Los entscheidet; alle Ämter sind gleichgeordnet, so dass es also keine »Aufstiegs- oder Abstiegsmöglichkeiten« gibt. Das alles lässt sich freilich nicht von heute auf morgen ordnen, sondern entwickelt sich in einem längeren Prozess.

Stellung der Frau in Herrnhut

Sehr bald aber werden alle diese Ämter, leitende, seelsorgerliche und diakonische, ebenso für die Frauen eingerichtet und mit Schwestern besetzt. Die »Ältestinnen«, »Helferinnen« usw. stehen gleichgeordnet neben den entsprechenden Amtsinhabern bei den Brüdern. Es bleibt also nicht bei der in der Gesellschaft geläufigen Arbeitsteilung, dass die Diakonie, also Fürsorge für Arme und Kranke, Sache der Frauen ist, die Männer hingegen sich um die Leitung des Ganzen und um die Seelsorge kümmern.

Was ist der Grund für diese im 18. Jahrhundert erstaunliche Gleichstellung der Frauen? Zum einen kommt es Zinzendorf und den Ältesten der Gemeine auf die Trennung der Geschlechter an; denn es soll »aller böse Schein zwischen Brüdern und Schwestern«[170] vermieden werden. Von außen wird das enge Zusammenleben in der Gemeine natürlich mit Argusaugen beobachtet: Ob es da nicht zwischen Brüdern und Schwestern unerlaubte sexuelle Beziehungen gibt? Vor allem bei der Seelsorge, die ja in der ganzen Kirchengeschichte bis jetzt Sache der Männer war, auch wenn es sich um rein weibliche Gemeinschaften, zum Beispiel um Frauenklöster handelte, können sehr leicht persönliche Gefühle und erotische Spannungen die Oberhand gewinnen. Deshalb ist Zinzendorf überzeugt, dass die Seelsorge an Frauen unbedingt auch Frauen übertragen werden muss, zumal – und das ist sein zweites Argument – die Schwestern ihre Geschlechtsgenossinnnen besser kennen und sich genauer in sie einfühlen können, ihre Seelsorge also effektiver und hilfreicher ist, als es die von Männern sein könnte. So sagt Zinzendorf zum Beispiel von den Helferinnen:

> Sie sollen sich mit den Ältestinnen der Seelenumstände ihrer sämtlichen Mitschwestern annehmen und ihre Lebensart dirigieren, damit sich keine Mannesperson außer Erfordern darein mengen dürfe, und man desto gewisser sein könne, dass die von den Gemeinen Christi gewöhnlichen Lästerreden bei uns ohnfehlbar nicht zutreffen, auch keinen Schein für sich haben.[171]

Dass den Frauen die Seelsorge an ihresgleichen und die verschiedenen Ämter übertragen werden, hat zur Folge, dass sie auch an allen Konferenzen, somit auch an der Leitung der Gemeine beteiligt sind. Zinzendorf hat eine hohe Meinung von den Frauen und gibt ihnen auf dem Hintergrund einer Zeit, in der sie in Politik und Gesellschaft keine Rechte haben, in Herrnhut eine sehr geachtete Stellung.

Die »Chöre«

Fast jedes Mitglied der Gemeine hat also ein solches Amt inne und ist damit in die Gemeinschaft und Mitverantwortung eingebunden. Daneben bilden sich Wohn- und Lebensgemeinschaften heraus, die sogenannten »Chöre«. Die ledigen jungen Brüder ziehen in ein Haus zusammen, später schließt auch eine Gruppe junger Schwestern einen Bund und bildet eine eigene Wohngemeinschaft. Sie sorgen für ihren Lebensunterhalt mit Nähen, Stricken, Wolle-, Flachs- und Baumwollspinnen.

Das Chorwesen wird mit der Zeit immer mehr ausgebaut; später gehört jedes Gemeinemitglied vom Alter oder von der Lebenssituation her zu einem Chor. Außer den Chören der ledigen Brüder und Schwestern gibt es Chöre der Ehefrauen und -männer, der Witwen, Witwer, Knaben, Mädchen und Kinder. »Chor« bedeutet laut Zinzendorf soviel wie »Reigen«[172], was die Harmonie einer solchen Gemeinschaft zeigen soll. Die Chöre der Erwachsenen werden sehr tatkräftige Dienstgemeinschaften für Diakonie und Mission, nicht zuletzt für verschiedene Handwerkszweige.

Graf und Bruder

Zinzendorf selbst, obwohl Reichsgraf und Standesherr, stellt sich ebenfalls in diese Ämterordnung hinein, indem er zunächst das Amt des »Vorstehers« übernimmt; später wechseln seine Titel, aber er bleibt immer die unangefochtene Autorität. Es ist ihm wichtig, dass er nicht als Herr über der Gemeinschaft steht, sondern als erster dienender Bruder dazu gehört. Von den anderen Brüdern lässt er sich ohne weiteres Kritik gefallen oder an seine Pflichten erinnern. Aber jedermann ist klar, dass er derjenige ist, der im Grunde das Ganze zusammenhält und die Zügel in der Hand hat. Das leitende Gremium der Gemeine, der Gemeinrat, dem etwa 70 Brüder und Schwestern angehören, die Bandenhalter und -halterinnen, auch die einzelnen Chöre versammeln sich im Laufe des Sonntags vor und nach dem Gottesdienst im Vorzimmer des Grafen, eine Gruppe nach der andern; er bespricht mit ihnen alles, was sich im Lauf der Woche begeben hat. Auf diese Weise behält er den Überblick über alle inneren und äußeren Geschehnisse und Entwicklungen in Herrnhut. Außerdem will er in diesen verschiedenen Konferenzen den vielen Amtsinhabern auch Anleitungen geben, wie sie ihr Amt führen sollen, vor allem, wenn es sich um seelsorgerliche Dienste handelt. Denn dazu sind die meisten ja keineswegs ausgebildet, viele von ihnen können weder lesen noch schreiben. Aber Zinzendorf traut einem vom Glauben an Christus ergriffenen Menschen sehr viel zu und er macht erstaunliche Entdeckungen, was eine solche Persönlichkeit leisten kann, wenn man ihr Verantwortung überträgt.

Unter anderen nennt er als Beispiel Anna Helena Andersin, eine ehemalige Viehmagd, die das Amt einer Helferin bekommt. Zinzendorf kann gar nicht genug den Gegensatz zwischen ihrer äußeren unansehnlichen Gestalt und ihren inneren Fähigkeiten herausstellen. Er schildert sie anschaulich:

> ... eine gemeine Dirne aus Berthelsdorf, arm, kränklich und unbehülflich, aber die erste Seele, welche in dem neugekauften Gut Christo gewonnen worden. Ein reicher Leineweber, David Nitschmann, suchte 1726 eine Gehilfin und fand sie an ihr. Der Herr teilte dieser Person solche Gaben in allen Teilen mit, vornehmlich aber eine solche Weisheit mit Seelen umzugehen, einen solchen unermüdeten Fleiß und ein so unerhörtes Glück, dass sie in kurzer Zeit mehr Seelen ihres Geschlechts für das Lamm gewann, als man von dem begabtesten öffentlichen Lehrer erwarten konnte ...[173]

Zinzendorf erkennt deutlich, welche geistliche Kraft in diesen einfachen, ungebildeten Menschen wohnt, dass sie der »seligen Einfalt Jesu Christi«[174] nahe sind, der ja auch mit Fischern und Handwerkern zusammengelebt hat. Der Graf versucht also, aus seiner aristokratischen Welt herauszutreten und Bruder unter Brüdern zu werden, wie es der Nachfolge Christi entspricht. Es gibt nur wenige Adlige, auch wenige Akademiker in Herrnhut, vor allem, nachdem Zinzendorf die Landschule für adlige Zöglinge aufgelöst und daraus ein Waisenhaus gemacht hat.

Im Grunde strebt der Graf so etwas wie eine demokratische Gesellschaft an, »eine Republik Gottes zu Herrnhut«[175], wo die Einwohner das Gemeinwesen als ihre Sache ansehen und sich dafür verantwortlich fühlen. Mit solchen revolutionären Ansichten ist Zinzendorf seiner Zeit weit voraus, und viele seiner Standesgenossen halten ihn deshalb für völlig verrückt. Aber wenn solche adligen Besucher in Herrnhut auftauchen, dann hat Zinzendorf durchaus eine standesgemäße Hofhaltung vorzuweisen. Sie umfasst Lakaien,

Kammerjungfern, Kutscher und andere Dienerschaft. Die gräfliche Familie wohnt im Herrschaftshaus, hinter dem ein Garten im französischen Stil angelegt wird. Mit dem Widerspruch, der sich hier zwischen seinen Rollen als »Graf und Bruder« ergibt, kommt Zinzendorf ohne weiteres zurecht: Nach außen hin ist er eben Standesherr, in der Gemeinschaft stellt die Liebe Christi alle auf eine Stufe.

Mit Vorliebe führt er dann seine adligen Gäste in Herrnhut herum und tritt mit ihnen in die Werkstatt des Töpfermeisters Martin Dober. Der hat früh um fünf Uhr schon eine wortgewaltige Andacht gehalten und steht jetzt barfuß an seinem Drehstuhl. Die Gäste nehmen bescheiden Platz und hören erstaunt zu, welche tiefen und geistlichen Gedanken der Meister bei der »Formung des Tons, Zernichtung der Figur und deren Erneuerung« zu entwickeln weiß. Da werden dann »sowohl von der Auferstehung der Toten als von der notwendigen und möglichen Verneuerung des Herzens sehr schöne Unterredungen«[176] geführt.

Im Herrschaftshaus

Im Übrigen geht es sehr einfach im gräflichen Haushalt zu, wo chronischer Geldmangel herrscht. Gräfin Zinzendorf hat täglich ungefähr 20 Personen zu Tisch, dazu meist noch einige Gäste; außerdem werden Arme und Kranke aus der Herrschaftsküche versorgt. Die gräfliche Haushaltskasse muss auch für das Waisenhaus aufkommen. Erdmuth und ihr treuer Helfer Watteville vollbringen wahre Kunststücke, um mit den Erträgen aus den Berthelsdorfer Gütern zurechtzukommen. Die Angestellten, die alle in die Gemeine eingebunden sind, bekommen meist nur ihren Unterhalt, keinen Lohn. Mit Nahrung und Kleidung schränkt sich die gräfliche Familie ein, so gut es geht. Zinzendorf, der alle äußeren Verwaltungsaufgaben an seine Frau abgegeben hat, um sich ganz dem Aufbau der Gemeine widmen zu können, bejaht diese Bedürfnislosigkeit aus vollem Herzen:

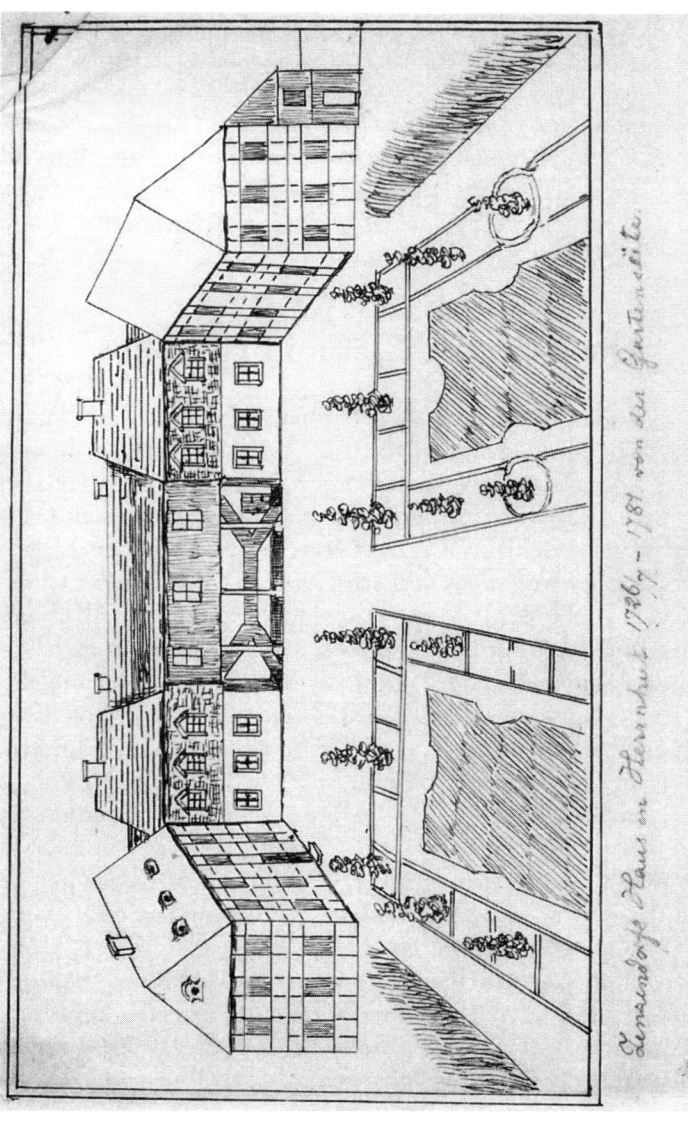

Zinzendorfs Haus in Herrnhut (altes Herrschaftshaus) von der Gartenseite

Wir lassen unsere Kleidung wenden und ausbessern, solange etwas daran ist; auch Strümpfe und Schuhe ... Wenn es Essenszeit ist, gehe ich zu Tisch; wenn ich eine warme Stube brauche, so wird sie mir geheizt; brauche ich Licht, so zündet man's an, gibt man mir Tee, so trinke ich ihn, gibt man mir keinen, so fordere ich's nicht, und bei diesen Umständen sehe ich in vielen Jahren keinen Dreier Geld ... So kann man gut durch die Welt kommen und nach Gelegenheit noch 100 Menschen dabei erhalten ...[177]

Die Rolle der Gräfin in Herrnhut

Dieses fröhliche In-den-Tag-hinein-Leben ist für Zinzendorf freilich nur deshalb möglich, weil er sich dank Erdmuths Fürsorge von allen geschäftlichen und häuslichen Sorgen entlastet fühlen darf. Die Gräfin ist ihm »mit ihrer unvergleichlichen Gabe eine zuverlässige Gehilfin«[178]. Dabei sind diese ersten Jahre in Herrnhut für die junge Mutter oft sehr schwer: 1727 wird ihr Sohn Christian Renatus geboren; die vier weiteren Kinder, die innerhalb der nächsten fünf Jahre zur Welt kommen, sterben alle schon im Säuglings- oder Kleinkindalter. Es gibt wenig Mittel gegen die heimtückischen Kinderkrankheiten, und die Kindersterblichkeit ist groß. Körperlich und seelisch muss die arme Gräfin also sehr viel verkraften.

In der Gemeine spielt sie eine wichtige Rolle. »Wie die Brüder von dem Herrn Grafen geführt werden, also werden die Schwestern von der Frau Gräfin geführt«[179], heißt es von ihr. Mit ihrer mütterlichen, verständigen und teilnehmenden Art gewinnt sie schnell das Vertrauen der Schwestern. Sie übernimmt die Leitung einer »Bande« und das Amt einer »Helferin«.

Nur in einem Punkt hat Erdmuth Probleme: Während Zinzendorf begeistert die Idee der »Einfalt« und Demut in der Nachfolge Christi verficht und sich ganz als Bruder unter Brüdern fühlen möchte, fällt es der Gräfin nicht so leicht, alle Privilegien ihrer adligen Geburt und Erziehung abzuschütteln und sich auf eine Stufe mit den Schwestern zu stellen, die oft aus einfachsten Verhältnissen stammen.

Die Fußwaschung

Das zeigt sich recht deutlich beim »Fußwaschen«. Dieser Dienst, den Jesus selbst seinen Jüngern erwiesen hat, wird in Herrnhut als »apostolische Sitte« eingeführt. Es ist wirklich eine Geste wahrer Demut und Erniedrigung, gerade für den Vorsteher und die Ältesten, vor einem Mitglied der Gemeine niederzuknien und ihm die Füße zu waschen, um zu zeigen, »dass sie bei allen ihren Ämtern doch nichts mehr sind als aller Diener«[180].

Für Zinzendorfs hingebungsvolle, impulsive Art ist das Fußwaschen »eine der angenehmsten und respektabelsten Handlungen«[181]; aber die Gräfin bringt es nicht fertig, ihren Schwestern die Füße zu waschen – ihre ganze aristokratische Natur sträubt sich innerlich dagegen. Obwohl ihr Mann sie »auf das innigste« darum bittet, bleibt sie sich selbst treu und gibt seinem Drängen lange Zeit nicht nach.

Erst einige Jahre später, im Jahre 1731, als Zinzendorf auf einer längeren Reise ist, übernimmt sie von sich aus, ohne dass man sie bedrängt, den Dienst der Fußwaschung. Sie bietet auch den Schwestern das »Du« an. Ganz Herrnhut ist glücklich, wie freundlich und herzlich die Gräfin nun mit den Schwestern umgeht. Als Zinzendorf von der inneren Wandlung seiner Frau erfährt, schreibt er ihr einen jubelnden Liebesbrief:

> *Liebe Schwester, Du wahre Hälfte meines Wesens, in Christo als mir Vermählte und nun ein Leib und Geist mit mir, Amen. Ich umfasse Dich mit heißer und reiner Liebe, in dem ewigen und alles umfassenden und durchdringenden Geist meines Heilandes. Ich küsse dich mit dem innigsten Drang meines Herzens und mit einem lebendigen Gefühl, dass Du meine wahre Ehre bist ...*[182]

Die Gräfin ist also, wie Zinzendorf es sich immer gewünscht hat, »Schwester unter Schwestern« geworden; trotzdem weiß sie stets »eine gewisse Distinction (Vornehmheit) von außen und innen zu bewahren«[183].

Das Liebesmahl und
andere Einrichtungen

Außer dem »Fußwaschen« führt Zinzendorf noch viele andere Feiern und Traditionen ein und gibt dadurch dem gemeinsamen Leben in Herrnhut ein besonderes Gepräge. Eine große Bedeutung kommt dem »Liebesmahl« zu. Es wird sorgfältig unterschieden vom Abendmahl, das nach wie vor im Gottesdienst zu Berthelsdorf mit Pfarrer Rothe gefeiert wird. Ein Liebesmahl hingegen veranstaltet die Gemeine in Herrnhut zum Beispiel an bestimmten Festtagen: Man kommt zu einem einfachen Essen und Trinken zusammen, man singt Lieder und führt Gespräche; die ganze Feier ist umrahmt von Segenssprüchen und Danksagung für Gottes Gaben. Bald veranstalten auch die einzelnen Gruppen ihre eigenen Liebesmahle, zum Beispiel die Kinder oder die verschiedenen Banden und Chöre. Diese Form der Geselligkeit, das zwanglose, heitere Beisammensein und miteinander Feiern trägt viel bei zum Zusammenhalt der kleinen Gemeinschaften und der ganzen Gemeine.

Täglich versammelt sich die Gemeine zu einem Morgensegen früh um fünf Uhr und abends nach Feierabend zur Singstunde, die der Graf sich selbst vorbehalten hat. Unzählige Lieder kennt die Gemeine inzwischen auswendig und kann sofort einstimmen, wenn Zinzendorf mit irgendeinem Vers beginnt. Er reiht Liedstrophen aneinander, die vom Thema her zusammenpassen, so dass förmliche »Liederpredigten« entstehen. Während er zwischen den Bänken umhergeht, fällt diesem Meister der Improvisation oft eine neue, aus dem Stegreif gedichtete Strophe ein, die er der Gemeine vorsagt. Die Zuhörer nehmen die Worte sogleich mit ihrem Gesang auf. Auch der »Musikmeister« Tobias Friedrich ist hervorragend darin geübt, diese wechselnden Strophen und Melodien zu erfassen und auf der Orgel zu begleiten.

Der Arbeitstag in Herrnhut wird also umrahmt von Andachtsversammlungen. Tagsüber und die ganze Nacht hindurch aber wechseln sich die »Stundenbeter« ab in der Fürbitte für die Gemeine und die ganze Christenheit, damit »Tag und Nacht kein Schweigen vor dem Herrn« sei. Dieses Stundengebet rund um die

A. Le Ministre, qui ce-
lebre la Liturgie.
B.B. Les Garçons.
C.C. Les Filles.

AGAPES
des
Enfans.

D.D. Les Diacres.

E.E. Les Diaconesses,
qui distribuent.

Liebesmahl der Kinder im alten Herrnhuter Betsaal

Uhr wird schon sehr bald nach der Gründung der Brüdergemeine im August 1727 eingeführt; etwa 70 Brüder und Schwestern melden sich freiwillig dazu.

Auch die Nachtwache, die zum Schutz der Siedlung nötig ist, übernehmen die Brüder selbst und machen daraus einen liturgischen Dienst. Die Stunden der Nacht werden durch einen »erwecklichen Vers« angekündigt. Gleich bei der ersten Nachtwache, am 21. Mai 1727, sind die Herrnhuter tief beeindruckt von der Strophe:

> *Streitet recht die wenigen Jahre,*
> *eh ihr kommt auf die Totenbahre,*
> *kurz, kurz ist unser Lebenslauf!* [184]

Die Losungen

Nach der Singstunde am 3. Mai 1728 rückt Zinzendorf mit einer neuen Idee heraus. Er gibt der Gemeine eine »Losung« für den folgenden Tag mit, wie ein Anführer im Krieg seinen Soldaten eine Erkennungsparole einprägt. Die erste Losung lautet:

> *Liebe hat ihn hergetrieben,*
> *Liebe riß ihn von dem Thron,*
> *und ich sollte ihn nicht lieben?* [185]

Damit wird eine neue, bedeutsame Tradition begründet. Mit der Losung besucht ein Bruder am nächsten Morgen alle Häuser in Herrnhut, sie steht sozusagen als Gottes Wort über dem Tag. Zugleich erfährt der Bruder von allen Nöten und Sorgen in der Gemeine, die er dann abends in der Singstunde als Bittgebet vorbringt.

Der Begriff »Losung« stammt also einerseits aus dem militärischen Bereich, ebenso wie Zinzendorfs »Streiteridee«: Die Brüder und Schwestern sollen Streiter für das Reich Gottes werden, dafür brauchen sie die tägliche Losung! Andererseits hat die Bezeichnung natürlich auch mit dem »Los« zu tun, dem Zinzendorf ebenfalls eine hohe Bedeutung beimisst. Die »ausgeloste« Losung ist das

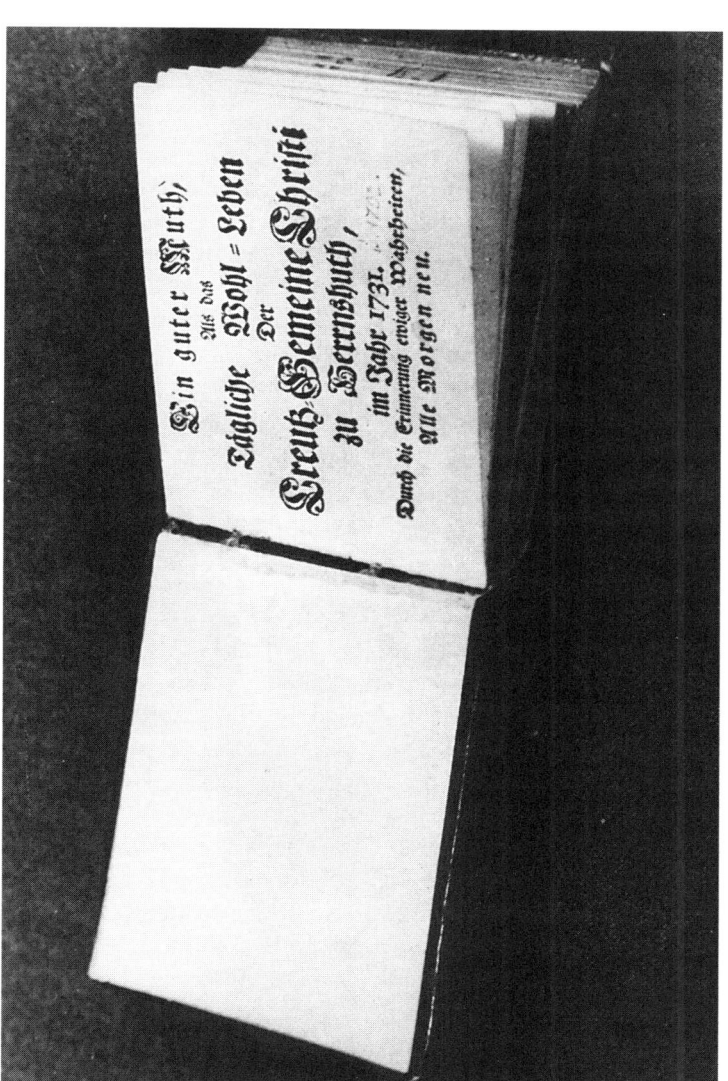

Ein guter Muth,
Als das
Tägliche Wohl = Leben
Der
Creutz-Gemeine Christi
zu Herrnhuth,
im Jahr 1731.
Durch die Erinnerung einiger Wahrheiten,
Alle Morgen neu.

Erstes gedrucktes Losungsbuch von 1731

Wort, das Gott selbst zu einem bestimmten Tag spricht. Deshalb werden schon ein Jahr später geeignete Bibelverse und Liederverse auf einzelne Zettel geschrieben und in einem Kästchen gesammelt, aus dem einer der Ältesten abends die Losung für den folgenden Tag zieht und dem für den Besuchsdienst bestimmten Bruder mitgibt.

Für das Jahr 1731 werden die Losungen im Voraus gezogen, in einem Büchlein zusammengestellt und gedruckt, damit sie auch die Brüder, die auf Reisen sind, bei sich haben können. Im Übrigen gibt es zu dieser Zeit schon viele Freunde der Brüdergemeine, die sich für das Losungsbüchlein interessieren. Die gedruckten Jahreslosungen erweisen sich in der Folgezeit als eine der genialsten Einfälle Zinzendorfs mit einer ungeheuren Breitenwirkung – sie liegen ihm aber auch besonders am Herzen: Bis zu seinem Tod wird er jeweils die Losungen für das folgende Jahr selbst zusammenstellen, wobei er keineswegs immer nach dem Losprinzip vorgeht, sondern unter Umständen auch fortlaufende Texte aus einem bestimmten Buch der Bibel auswählt.

Umgang mit dem Los

Zinzendorf hat seit seiner frühen Kindheit mit dem Heiland eine ganz enge, persönliche Verbindung oder »Konnexion«, wie er es nennt, und diese weiß er auch seiner Gemeine zu vermitteln. Jeder und jede in Herrnhut ist von der Nähe und Gegenwart Christi überzeugt. Wenn aber der Heiland so deutlich anwesend ist, warum soll man dann nicht seinen Rat und Hilfe bei wichtigen Entscheidungen einholen? Das geeignete Mittel dafür ist das Los, das auch außerhalb von Herrnhut in pietistischen Kreisen angewendet wird; im Los kann der Herr seinen Willen zum Ausdruck bringen, wenn man es »unter herzlichem Gebete ... und gläubiger Zuversicht, dass er uns seinen Willen wird treffen lassen«[186], gebraucht.

In Herrnhut werden deshalb die Ältesten und andere Amtsinhaber nicht gewählt, sondern aus geeigneten Kandidaten ausgelost. Aber auch sonst wird das Los bei schwierigen, unlösbar erscheinenden Fragen angewendet, »wenn die ordinären (gewöhnlichen) Mittel nicht langen«. Zinzendorf legt großen Wert darauf, dass eine Sache zuerst »so gut und weit wie möglich durchdacht ist«, erst dann »bleibt der letzte Ausweg des Losens«[187].

Der Graf führt drei Lose ein: eins für »Ja«, eins für »Nein« und ein leeres Los, das die Entscheidung aufschiebt. Zum Losen nimmt man zuerst Zettel; später werden, der Bedeutung der Sache entsprechend, auch kostbare Materialien verwendet, zum Beispiel eine Silberbüchse, in der drei knopfgroße Perlmuttscheiben liegen; zwei davon sind mit »Ja« und »Nein« beschriftet, die dritte trägt keine Aufschrift.

Natürlich ist das mit dem Losen eine bedenkliche Sache: Wird hier nicht ein gewisser Druck auf Gott ausgeübt? Grenzt es nicht an Überheblichkeit, wenn man auf diese Weise in seine Ratschlüsse eindringen will? Die Gemeine versteht solche Einwände, aber sie ist überzeugt, wie Christian David meint, »dass uns der Herr gnädig ist und unter uns wohnt«. Aus dieser Gewissheit heraus will sie das Los nicht aus »Vermessenheit« gebrauchen, sondern »aus Einfalt, Demut und kindlichem Vertrauen, das Beste zu erwählen«[188].

Zinzendorf, der diese kindliche Zuversicht durchaus teilt, kennt andererseits sehr wohl die Gefahren des Loses. Er hält es zwar für eine der »Wunderkräfte« der Kirche, meint aber gleichzeitig, es sei mit dem Losen »wie wenn man nahe beim Feuer ist, man kann sich verbrennen.«[189]

Man fragt das Los, ob eine Reise unternommen werden soll und welcher Bruder dazu ausersehen ist. Man fragt, wer welchen Dienst übernehmen soll, und später fragt man sogar, welcher Bruder und welche Schwester als Ehepartner zusammenleben sollen. In allen diesen Fällen ist allerdings die Losentscheidung nicht bindend; die Betroffenen können Einspruch dagegen erheben und haben selbst das letzte Wort.

Es kann nicht ausbleiben, dass diese Lospraxis den Herrnhutern massiven Spott und Anfeindung von außen einträgt. Trotzdem verteidigt Zinzendorf das Los immer mit fester Überzeugung. Er selbst geht auf seine geniale Art sehr flexibel und souverän damit um: Geht ihm ein Losentscheid gegen den Strich, erklärt er ihn kurzerhand für ungültig. Aber für weniger selbständige Geister ist das nicht so einfach. Viele werden ängstlich in ihren Entscheidungen, trauen sich selbst keine eigenen Entschlüsse mehr zu und befragen immer öfter das Los.

Arbeit und tägliches Leben in Herrnhut

An Werktagen wird in Herrnhut hart gearbeitet: 16 Stunden sind dafür vorgesehen. Die Arbeit hat für Zinzendorf einen tiefen Sinn: Menschen sollen »mit ihren Händen arbeiten, dass sie nicht allein selbst niemand beschwerlich werden, sondern auch haben mögen zu geben den Dürftigen«[190]. Deshalb kümmert er sich neben seinen geistlichen Leitungsaufgaben auch um Arbeitsmöglichkeiten für seine Leute, was gar nicht so einfach ist. Die mährischen Bauern müssen umlernen, weil nicht genug Grund und Boden für landwirtschaftliche Betriebe vorhanden ist. Sie werden Handwerker, Woll- und Flachsspinner, Töpfer oder Weber; auch Maurer und Zimmerleute sind in Herrnhut immer gefragt. Denn die Einwohnerzahl wächst in fünf Jahren fast auf das Doppelte und die Wohnraumverhältnisse sind sehr beengt. Der Graf muss also auch für den Bau neuer Häuser sorgen. Außerdem hat er ein wachsames Auge auf viele Kleinigkeiten und äußere Dinge, wie sich schon in den Statuten gezeigt hat: dass die Straßen sauber gehalten, die Stuben gelüftet werden, dass nichts aus den Fenstern auf die Straßen gegossen wird und man die Gänse und Hühner nicht auf den Gassen herumspazieren lässt. In Herrnhut werden Gärten angelegt und Bäume gepflanzt, so dass der Ort allmählich ein schmuckes und gepflegtes Aussehen erhält.

Sogar auf die Kleidung der Brüder und Schwestern achtet der Graf. Sie soll allgemein schlicht gehalten werden und keinen unnötigen Luxus zeigen. Auf Zinzendorfs Bitten hin verzichtet sogar die Gräfin in Herrnhut auf ihren gewohnten Reifrock und kleidet sich einfach, ähnlich wie die Schwestern.

Bestätigung der Brüderverfassung

In wenigen Jahren hat Zinzendorf mit allen diesen Einrichtungen, Ordnungen und Regeln eine festgefügte, in sich geschlossene Gemeinschaft geschaffen, wobei ihm aus der Mitte der Brüder und Schwestern immer mehr tüchtige, selbstverantwortliche Mitarbeiter zugewachsen sind. Alles geht seinen geordneten Gang in eingefahrenen Gleisen. Stetigkeit ist allerdings nicht gerade Zinzendorfs Tugend; seiner impulsiven und kreativen Natur widerstrebt es, im ruhigen Gleichmaß zu leben, weshalb er Ordnungen gerne hinterfragt und bei Bedarf wieder ändert. Ist in Herrnhut nicht alles schon zu sehr eingerastet und damit eingerostet?

Dazu kommt, dass wohlmeinende Freunde dem Grafen immer wieder vorhalten, mit den Laienämtern und anderen Einrichtungen habe er zu viel aus der mährischen Brüderkirche übernommen und sich zu weit von der lutherischen Kirche entfernt.

Am 7. Januar 1731 beruft Zinzendorf eine Konferenz der Ältesten und Helfer ein und macht den Vorschlag, die Ämter und alle anderen Dienste wieder aufzulösen und einfach als »normale« lutherische Gemeinde weiterzuarbeiten. Die Versammlung hört sich seine Rede an; dann aber regt sich massiver Widerstand, vor allem bei den Mähren. Unter keinen Umständen wollen sie die »Brüderverfassung« mit ihrer guten »Zucht und Ordnung« aufgeben; hier fühlen sie sich mit der Tradition ihrer Vorfahren verbunden und wollen diese auch an ihre Nachkommen weitergeben. Zinzendorf kommt mit seinen Argumenten nicht gegen sie an. Er merkt, dass er es inzwischen mit selbstbewussten und redegeübten Leuten zu tun hat, die ihre Angelegenheiten gut zu vertreten wissen.

Schließlich kommt man überein, »dem Heiland die Sache zu übergeben und sich Seinem Willen einfältig zu überlassen«. Zwei Loszettel werden mit je einem passenden Bibelspruch beschrieben: »Denen, die ohne Gesetz sind, bin ich als ohne Gesetz geworden, auf dass ich die, so ohne Gesetz sind, gewinne.«[191] Dieser Spruch soll für die Aufhebung der bisherigen Herrnhuter Ordnungen stehen. Der andere: »So stehet nun, liebe Brüder, und haltet an den Satzungen, die ihr gelehret seid«[192], soll die Beibehaltung der »Brüderverfassung«

bedeuten. Nach einem »herzinnigen« Gebet ruft Zinzendorf seinen kleinen Sohn Christian Renatus herbei, der eins der beiden Lose ziehen soll. Und siehe da, das Kind greift nach dem Los, welches das »Halten der Satzungen« befiehlt. Damit ist für alle, auch für Zinzendorf, eine klare Entscheidung zugunsten der Herrnhuter Ordnungen gefallen, und der Graf wird »mit ungewöhnlichem Nachdruck« von der Versammlung beauftragt, der ganzen Gemeine davon zu berichten. Zinzendorf ist sehr bewegt von diesem Erlebnis; er erkennt hier eine direkte »Anweisung des Heilands« und ist mehr denn je davon überzeugt, »dass Gott etwas Besonderes mit der Brüdergemeine vorhabe«[193].

9. Herrnhut und die Welt

Der große Pfingsttag vom 13. August 1727, wo aus vielen religiösen Gruppierungen und Sekten eine lebendige Gemeinschaft in Christus geworden ist, – dieser Tag wird in Herrnhut immer unvergessen sein. Aber dieses überwältigende Erlebnis hat nicht etwa die Wirkung, dass die Gemeine nun in der behaglichen Nestwärme Herrnhuts beisammen bleibt, sondern sie spürt wie die Urchristengemeinde sogleich den unwiderstehlichen Drang und entschlossenen Willen, das, was sie erlebt und erfahren hat, weiterzusagen und andere an dem Glück einer solchen Gemeinschaft teilhaben zu lassen.

Reisen der Brüder

Wie in den Zeiten der Apostel ziehen immer wieder Brüder als Sendboten aus, meist zu zweit. Noch im Jahre 1727 schickt Zinzendorf zwei Vettern aus der Familie Nitschmann mit Empfehlungsbriefen nach Dänemark zum Prinzen Carl und seiner Gemahlin, Prinzessin Hedwig. Zinzendorf kennt den Prinzen schon seit längerer Zeit und hat mit ihm Briefe gewechselt. Die beiden Herrnhuter werden sogleich bei den hohen Herrschaften vorgelassen, finden interessierte Zuhörer und werden zur Tafel geladen. Sie erzählen von ihrer Flucht aus Mähren, überreichen einen Abriss der Brüdergeschichte des Comenius und berichten von den neuen Einrichtungen in ihrer Gemeine.

Wieder zurück in Herrnhut, berichten die beiden beim ersten »Gemeintag« im Februar 1728 von ihrer Reise. Sie haben in

Dänemark von der »Nordischen Mission« gehört, die einzelne Missionare nach Grönland und Lappland geschickt hat. Sofort flammt der Missionsgedanke in der Gemeine auf, und Zinzendorf ist der Erste, der diese Begeisterung teilt; er ist sicher, dass »der Herr den Brüdern mal noch Gnade und Kraft«[194] zur Mission in solchen fernen Ländern geben wird.

Aber zunächst werden näher liegende Ziele ins Auge gefasst. 1728 machen sich zwei Brüder, Melchior Nitschmann und Georg Schmidt, auf den Weg nach Salzburg, wo die evangelischen Christen von der katholischen Kirche schwer bedrängt werden. Unterwegs kehren sie bei Freunden und Gleichgesinnten ein und halten mit ihnen heimliche Versammlungen ab. Aber als sie bis zur böhmisch-mährischen Grenze gekommen sind, werden sie bei der katholischen Obrigkeit angezeigt. Die Polizei dringt in die Versammlung ein, verhaftet die beiden Herrnhuter Brüder und bringt sie gefesselt ins Gefängnis, wo sie getrennt voneinander in Haft gehalten werden. Zinzendorf bemüht sich vergeblich um ihre Freilassung. Viele Monate verbringen sie unter unmenschlichen Bedingungen, sie hungern und ziehen sich im Winter in den eiskalten Zellen schwere Erfrierungen zu. Melchior Nitschmann, der an einer Lungenkrankheit leidet, stirbt im Februar des folgenden Jahres. Georg Schmidt verbringt noch fünf schreckliche Jahre in Gefangenschaft und Zwangsarbeit, dann rettet er sich durch einen formellen Übertritt zum Katholizismus. Daraufhin lässt man ihn frei und er kehrt nach Herrnhut zurück. Aber er kann das Leben in der neugewonnenen Freiheit nicht genießen, weil ihn schwere Gewissensbisse wegen der Verleugnung seines Glaubens plagen. Er sucht nach einer Möglichkeit, sich aufs Neue zu bewähren. 1736 wird ihm durchs Los aufgetragen oder, wie er sagt, »vom Heiland erlaubt«[195], als erster Missionar zu den Hottentotten nach Südafrika zu gehen.

Reisen des Grafen

Zinzendorf begibt sich ebenfalls oft und gern auf Reisen, auch wenn die Gräfin manchmal über die Reisekosten seufzt. Kaum ist die Brüdergemeine entstanden, drängt es den Grafen, Verbindung mit anderen erweckten Christen aufzunehmen, sich mit ihnen auszutauschen und das Herrnhuter Modell zu erläutern.

Aber da ist noch ein anderer Gedanke, der den Grafen nicht loslässt. Ob er sich nicht, wenn in der Herrnhuter Gemeine alles geordnet und eingerichtet ist, noch nach einer anderen Aufgabe, nach einem Staatsamt umsehen sollte? Dass Zinzendorf solche Pläne wälzt, scheint erstaunlich, nachdem er sich nach dem Tod seiner Großmutter so schnell wie möglich aus dem Dresdner Amt zurückgezogen hat. Natürlich will er auch jetzt nicht zurück an den Hof Augusts des Starken; was ihm vorschwebt, ist eine verantwortliche Stellung als Berater und Minister eines jungen Fürsten. Wie ein guter Christ auch ein guter Herrscher sein könnte, darüber hat Zinzendorf sich viele Gedanken gemacht, die er gerne in die Wirklichkeit umsetzen würde. Er hat also noch weiter gesteckte Ziele; Herrnhut erscheint ihm zu dieser Zeit noch als eine Art Durchgangsstation.

Bayreuth, Saalfeld

Es gibt in Deutschland viele solche kleinen Fürstentümer und Grafschaften, und es gibt junge regierende Herrscher, die einen Freund und Ratgeber brauchen können. Zinzendorf sieht sich seinen Zielen nahe, als er im Herbst 1727 eine Einladung zum Erbprinzen von Saalfeld bekommt, und macht sich unverzüglich auf die Reise. Zwar hat er Bedenken, weil ja in Herrnhut gerade der Gemeindeaufbau begonnen hat und gleichsam »das Eisen im Feuer«[196] liegt. Aber ein positiver Losbescheid bestärkt ihn in seinem Entschluss.

Am 12. November sitzt er in der Postkutsche, zusammen mit Tobias Friedrich, der für solche Reisen unentbehrlich ist, weil er sich im Gegensatz zu Zinzendorf mit den verschiedenen deutschen

Münzsorten auskennt. In jedem Fürsten- und Herzogtum, das man auf dieser Reise berührt, gibt es eine andere Währung, und der genaue Geldwechsel ist umso wichtiger, als die gräfliche Reisekasse wieder einmal sehr knapp bemessen ist. Immer wieder geht den Reisenden das Geld aus, und sie müssen sich von Freunden und Verwandten die Mittel für die Weiterfahrt borgen. Aber dieser »apostolische« Reisestil, der sich ganz auf die Führung Gottes verlässt, ist Zinzendorf gerade recht. Unterwegs lässt er keine Gelegenheit aus, Besuche zu machen und Versammlungen abzuhalten. Inzwischen ist ja sein Name in Deutschland nicht mehr unbekannt.

In Jena möchte Zinzendorf vor allem Professor Buddeus kennen lernen, den Herausgeber der »Brüdergeschichte« des Comenius, die in Herrnhut so große Bedeutung gewonnen hat. Einige Herrnhuter Brüder haben den Professor schon besucht, und nun sitzt Graf Zinzendorf selbst in seiner Vorlesung. Dieser Besuch erregt Aufsehen; denn viele Studenten haben schon von dem frommen Grafen gehört. Stürmisch bitten sie ihn um eine »Erweckungsrede«, und er ist sofort dazu bereit. Die Art, wie er über die Nachfolge Jesu spricht, begeistert die jungen Leute. »In dieser Versammlung nahm der Heiland uns allen das Herz«[197], schreibt einer der Studenten später. Es kommt zu einem »unzertrennlichen Bund« mit einigen der Studenten und ihren Lehrern.

Die Weiterreise führt Zinzendorf über Ebersdorf nach Bayreuth, wo er von seinem Vetter, dem jungen Markgrafen von Bayreuth, empfangen wird. Im Gespräch mit ihm entwickelt der Graf einen »Regierungsplan« für einen jungen pietistischen Herrscher, den er danach noch schriftlich ausarbeitet; vielleicht wäre ja auch in Bayreuth ein Ministeramt für Zinzendorf denkbar!

Schließlich trifft er bei dem Erbprinzen von Saalfeld ein, auf dessen Einladung hin die ganze Reise eigentlich unternommen wurde. Auch ihm fühlt sich Zinzendorf im gleichen Geiste verbunden, auch bei ihm würde er nur zu gerne Beraterfunktion übernehmen. Aber in Saalfeld ist die Hofgesellschaft – wie übrigens auch in Bayreuth – von vornherein diesem frommen und sittenstrengen Grafen gegenüber äußerst feindselig eingestellt. Den will man keineswegs in verantwortlicher Stellung über sich haben! Kaum ist er abgereist, wird gewaltig gegen ihn intrigiert. Weder der Markgraf von Bayreuth noch der Erbprinz von Saalfeld sind stark genug, sich gegen die geballte Missgunst ihrer Höflinge durchzusetzen, so dass sich Zinzendorfs Hoffnungen auf ein Ministeramt an einem dieser Höfe nicht erfüllen.

Jena

Aber die Reise hat doch einen wichtigen Ertrag gebracht: Die Verbindung zu der Studentengemeinde in Jena ist hergestellt und wird nicht mehr abreißen. Briefe werden gewechselt zwischen Herrnhut und Jena. Herrnhuter Brüder kommen auf ihren Wanderungen in die Universitätsstadt, wo ihnen die Akademiker mit Ehrerbietung und Respekt zuhören, wenn sie »in großer Einfalt« von ihrer Glaubensüberzeugung berichten.

Für einen Studenten, August Gottlieb Spangenberg, der sich mit schweren Glaubenszweifeln und Anfechtungen herumschlägt, wird ein solcher Herrnhuter Bruder zum »Engel Gottes«, wie Spangenberg später berichtet; denn dieser Bruder »glaubte schäfleinsdumm, was der Heiland gesagt, ohne seine Reden entweder nach dem Fleisch oder nach der Vernunft zu deuten«[198].

Im Sommer 1728 weilt Zinzendorf mit seiner ganzen Familie mehrere Wochen lang in Jena und bildet den Mittelpunkt einer Gemeinschaft von etwa 100 Studenten. Er mietet ein Gartenhaus vor der Stadt, lädt die Studenten zu sich ein, diskutiert und speist mit ihnen und hält wie in Herrnhut Versammlungen und Hausandachten ab.

Am liebsten würde er diese Studentengemeinde zu einer Bruderschaft mit Ämtern und Statuten wie in Herrnhut zusammenschweißen; aber gegen solche feste Strukturen innerhalb der Universität regen sich Widerstände bei den Studenten und vor allem bei Professor Buddeus, der den Vorsitz in der Gemeinschaft übernehmen soll. Zinzendorf sieht schnell ein, dass hier seine Organisationsfreude mit ihm durchgegangen ist, und zieht diesen Vorschlag zurück. Aber die Studenten übernehmen auch ohne Einrichtung von Ämtern viele diakonische Aufgaben: Sie kümmern sich um Arme und Kranke, vor allem um verwahrloste Kinder in den Vorstädten von Jena, denen sie kostenlos Unterricht erteilen.

Viele dieser Jenaer Studenten bleiben Zinzendorfs treue Freunde; manche, wie Spangenberg, Layritz und Clemens, werden später die wichtigsten Mitarbeiter in Herrnhut. Sie bringen das wissenschaftliche, theologische und pädagogische Element in die Laien- und Handwerkergemeinde, ohne deshalb den Respekt vor der einfältigen Glaubenskraft der weniger gebildeten Brüder und Schwestern zu verlieren.

Schwarzenau und Berleburg

Herrnhuter Brüder wandern durch ganz Deutschland bis in die Schweiz. Überall versuchen sie Verbindungen herzustellen zu Gemeinden, die unter Bedrängnis und Verfolgung zu leiden haben, wie zum Beispiel die Waldenser in der südlichen Schweiz und Norditalien oder die Protestanten in Frankreich.

Aber auch in Deutschland haben Christen, die sich von den offiziellen Kirchen absondern, bekanntlich kein leichtes Leben. So haben sich viele Separatisten unter die Obhut des toleranten Grafen Wittgenstein-Berleburg geflüchtet; aber untereinander können sie keine Einigung über den rechten Weg zum Heil finden. Das Herrnhuter Beispiel, wo nach langen Auseinandersetzungen eine einmütige Gemeinschaft entstanden ist, wie ihnen durchreisende Brüder erzählen, erregt ihr lebhaftes Interesse. Zinzendorf wird dringend in diese Gemeinden nach Schwarzenau und Berleburg eingeladen.

Im September 1730 hält er dort Versammlungen ab. Mit größter Geduld hört er sich wieder, wie seinerzeit in Herrnhut, die manchmal verschrobenen Gedankengänge einzelner Separatisten an; denn er hat es sich »zur Regel gemacht, niemanden abzuschrecken, wenn er auch noch so wunderliche Dinge vorbrächte; sondern jedermann ganz anzuhören«[199].

Johann Conrad Dippel

Die bemerkenswerteste Figur in Berleburg ist für Zinzendorf der Kanzleirat Dippel, mit dem er schon vor seinem Besuch Briefe gewechselt hat. Dippel, ein in der lutherischen Kirche berüchtigter »Freigeist«[200], hat ein Jahr vorher eine vielbeachtete theologische Schrift veröffentlicht, in der er die kirchliche Lehre vom Zorn Gottes über die Menschen und vom versöhnenden Leiden Christi verwarf. Vielmehr habe Gott aus übergroßer Liebe seinen Sohn in die Welt gesandt, und von derselben Liebe erfüllt solle der Christ ein heiliges Leben führen, um so den Weg zu Gott zu finden.

Mit solchen Selbsterlösungsideen ist Dippel begreiflicherweise in der lutherischen Kirche verpönt. Und auch Zinzendorf, der sich selbst »einen alten Diener und Anhänger des Lammes« nennt, »das uns erkaufet hat«[201], ist in diesem Punkt keineswegs auf Dippels Linie. Aber er geht ihm nicht aus dem Weg, sondern diskutiert mit ihm und ist fasziniert von den Gesprächen mit diesem geistvollen, »wunderbaren Mann«[202], weshalb er alles daran setzt, ihn für die lutherische Rechtfertigungslehre zu gewinnen. Dippel scheint sich auch zunächst von der glühenden Beredsamkeit des Grafen überzeugen zu lassen, bleibt aber doch letztlich bei seiner, wie Zinzendorf sagt, »heidnischen Theologie«[203]. Der freundschaftliche Umgang mit Dippel macht allerdings Zinzendorf in den Augen der lutherischen Geistlichkeit sehr verdächtig, die sein Tun und Treiben sowieso seit langem misstrauisch beobachtet.

Im Übrigen findet Zinzendorf in Schwarzenau und Berleburg große und begeisterte Zustimmung. Er versucht auch in diesen Gemeinden Ordnungen und Satzungen einzuführen. Aber ähnlich wie in Jena zeigt sich, dass das Herrnhuter Modell nicht ohne weiteres übertragbar ist und dass es zu einem guten Teil an die begeisternde und gewinnende Persönlichkeit Zinzendorfs gebunden ist. Nach seiner Abreise aus Berleburg bröckeln alle seine Einrichtungen und Bestimmungen dort wieder ab, während die Verbindung zu Herrnhut durch Briefe und Besuche aufrechterhalten bleibt.

Johann Friedrich Rock

Noch einer weiteren Einladung folgt Zinzendorf Ende September 1730. In der Grafschaft Büdingen in der Wetterau gibt es eine so genannte »Inspirationsgemeinde«, das heißt eine Gemeinde, die das Wirken des heiligen Geistes in der Person ihres »Propheten« Johann Friedrich Rock deutlich zu spüren glaubt. Von der offiziellen Kirche und ihren Sakramenten halten sie sich fern. Aber den Grafen Zinzendorf, den Vertrauensmann aller kirchlichen Abweichler, haben sie eingeladen, »ihren Glauben zu prüfen«[204], und er wagt sich ohne Berührungsängste auch in dieses bei allen kirchlichen Kreisen verrufene Nest.

In einer Versammlung dieser Gemeinde erlebt Zinzendorf eine »Inspiration« des Propheten Rock mit. Dieser gerät in Ekstase, wilde Zuckungen schütteln seinen Körper, er schleudert den Kopf hin und her und gibt in diesem Zustand Worte und Sätze von sich, die seine Anhänger eifrig mitschreiben und als direkte Offenbarung Gottes betrachten.

Auf den Grafen macht das ganze »erschreckliche« Schauspiel einen »wunderlichen« und »widerlichen«[205] Eindruck. Aber er wäre nicht Zinzendorf, wenn er sich mit Abscheu abwenden und die Inspirierten verurteilen würde. Vielmehr zeigt er sich offen gegenüber diesem Phänomen der Inspiration, das ihn trotz allem fasziniert hat: Ob hier nicht doch Gottes Geist irgendwie am Werk ist? Er versucht mit Rock ins Gespräch zu kommen und sein Prophetentum zu ergründen. Zu seinem Erstaunen lernt er Friedrich Rock, der seines Zeichens Sattler ist, als einen zugänglichen, nachdenklichen und bescheidenen Mann kennen und hat »im Umgang mit ihm einen großen und unvergesslichen Segen«[206]. Der Graf bietet dem Handwerker sogar das »Du« an, weil er meint, dass es sich dann gleichsam unter Brüdern leichter miteinander reden lasse. Es sieht so aus, als könnten die beiden Freunde werden, als könnten »die Inspirationsgemeinde und die Herrnhuter Gemeine nicht zwei, sondern eine einzige Gemeine sein«[207].

Es dauert allerdings nur wenige Jahre, bis Zinzendorf sich überzeugt hat, dass Rock sich auf einem Irrweg befindet. Seine

Inspirationen können nicht das »Wort des lebendigen Gottes« sein; das wird für Zinzendorf besonders deutlich, als sich Rock bei Gelegenheit einer solchen Eingebung »auf die gröbste und unverantwortlichste Weise«[208] gegen Taufe und Abendmahl erklärt. Zinzendorf schreibt an seinen Duzfreund:

> *Ich will mit Deiner Inspiration nichts zu tun haben, bete sie weg. So Du aber fortfahren wirst, Taufe und Abendmahl zu verwerfen, so bist Du ein falscher Prophet.*[209]

Es kommt zur klaren Trennung zwischen Zinzendorf und Rock, zwischen den Inspirationsgemeinden und Herrnhut. Aber dass überhaupt eine Verbindung bestanden hat und zwar über einige Jahre, diese Tatsache wird Zinzendorf in orthodox-kirchlichen Kreisen sehr verübelt.

In Dänemark

Kaum ist Zinzendorf im Herbst 1730 aus der Wetterau nach Herrnhut zurückgekehrt, da erreicht ihn die Nachricht vom Tode des Königs von Dänemark. Noch einmal flammen Zinzendorfs Hoffnungen auf ein Staatsamt empor; denn er kennt den Kronprinzen und künftigen König Christian VI. gut, ebenso seine Gemahlin, mit der er verwandt ist. Beide stehen dem Pietismus nahe und haben Herrnhut und Berthelsdorf auf der Rückreise von einer Badekur in Karlsbad schon einmal besucht. Ein Berateramt in der dänischen Regierung läge also für Zinzendorf durchaus im Bereich des Möglichen!

Briefe gehen hin und her; im Frühjahr 1731 wird Zinzendorf tatsächlich zu den Krönungsfeierlichkeiten nach Kopenhagen eingeladen. Nun auf einmal erscheint ihm die Reise und das ganze dänische Vorhaben sehr problematisch, zumal seine Frau der Sache recht bedenklich gegenübersteht. Er lässt die Gemeine über die Reise abstimmen, die sich mit großer Mehrheit dafür ausspricht, und er befragt das Los, welchen Reiseweg er nehmen soll. Am 25. April 1731 besteigt er in Begleitung von zwei Brüdern die Postkutsche. Erdmuth, die ihn gut genug kennt, beschreibt seine Abreise; sie meint, »er ging gar niedergeschlagen weg, daraus ich schloss, dass es besser gehen würde, als wenn er sehr lustig gewesen wäre«[210].

Unterwegs besucht Zinzendorf den Grafen Stolberg in Wernigerode, weil er von einer Erweckungsbewegung in dieser Grafschaft gehört hat. Er hält im großen Festsaal des Schlosses eine sehr bewegende Ansprache. Alle Anwesenden sind tief beeindruckt von dem Ernst und der Begeisterung, mit der Zinzendorf seine Sache vertritt. Graf Stolberg selbst ist innerlich so aufgewühlt, dass er seinem Gast gesteht, er habe Briefe mit abfälligen Berichten über Zinzendorf nach Dänemark geschrieben, die er nun, nach der persönlichen Bekanntschaft, tief bereue.

Was wirft er Zinzendorf vor? Graf Stolberg hat gute Verbindungen zu Halle; dort beobachtet man seit längerer Zeit schon mit Argwohn die Aktivitäten der Herrnhuter und entwickelt allmählich so etwas wie Konkurrenzneid. Außerdem nimmt man Anstoß an Zinzendorfs unbefangenem Umgang mit so zwielichtigen Gestalten wie Dippel und Rock, die den Grafen verdächtig machen, selbst ins Sektierertum abzuleiten.

Zinzendorf ist von den Bekenntnissen Stolbergs sehr betroffen und setzt seine Reise nach Dänemark mit beklommenen Gefühlen fort. Aber am Stadttor von Kopenhagen wird er zu seiner freudigen Überraschung sehr ehrenvoll empfangen und in sein Quartier, eine repräsentative Zimmerflucht, geleitet. Mit seinen vollendeten Umgangsformen, gepaart mit sittlich-religiösen Grundsätzen, macht er auf die Hofgesellschaft und das junge Königspaar den besten Eindruck. Er hat das Gefühl, von allgemeinem Wohlwollen getragen zu sein. »Es ist möglich, dass der König mich zum Großkanzler macht«[211], schreibt er hoffnungsvoll an seine Frau.

Großkanzler am dänischen Königshof! Der letzte, vor kurzem verstorbene Inhaber dieses Amtes war ein deutscher Pietist namens Holsten. Er hatte zugleich den Vorsitz im Kopenhagener Missionskollegium, das für die nordische Mission zuständig ist. Wäre das nicht der geeignete Posten für einen Mann wie Zinzendorf? Er interessiert sich glühend für die Mission in Lappland und Grönland, die sehr im Rückgang begriffen ist. Und er lernt den schwarzen Kammerdiener Anton, einen getauften ehemaligen Sklaven kennen, der von der karibischen Insel St. Thomas, einer dänischen Kolonie, kommt – vielleicht auch ein künftiges Missionsgebiet!

Zinzendorf ist wieder einmal voller Pläne und Zukunftshoffnungen; er will dem König eine Akademie einrichten zur Ausbildung von Theologen und Missionaren, »welche die ganze Welt mit Evangelio erfüllen könnte«[212]. Auch diese Idee wird zunächst vom König mit großem Interesse aufgenommen.

Dann schlägt auf einmal die Stimmung am Königshof merklich um. Der Geheime Rat des Königs kann sich mit Zinzendorfs Akademieplänen nicht befreunden. Intrigen spielen sich im Hintergrund ab, die der Graf nicht zu durchschauen vermag. Ist es die dänisch-nationale Partei, die keinen Ausländer in der Regierung haben will oder macht sich wieder der gegen Zinzendorf gerichtete Einfluss aus Halle bemerkbar, vertreten durch Graf Stolberg, dessen Zerknirschung nicht lange angehalten hat?

Zinzendorf spürt jedenfalls deutlich, dass sich die Hofgesellschaft von ihm zurückzieht. Man behandelt ihn weiterhin mit großer Achtung und Liebenswürdigkeit, aber von einem Amt ist nicht mehr die Rede. Zwar verleiht der junge König im Rahmen der Krönungsfeierlichkeiten dem Grafen Zinzendorf eine hohe Auszeichnung, den sehr schönen Danebrog-Orden; aber der Geehrte weiß, dass es sich dabei nicht um den obersten Orden handelt, wie er einem hohen Regierungsbeamten zukäme, sondern um ein »bloßes Ehrenzeichen«.

Es bleibt Zinzendorf schließlich nichts anderes übrig, als mit leeren Händen abzureisen, ohne jede Aussicht auf eine Anstellung am dänischen Hof. Kurze Zeit später wird Graf Stolberg-Wernigerode zum Ratgeber des Königs ernannt, womit deutlich wird, woher der Wind gegen Zinzendorf geweht hat.

Wie wird der Graf mit dieser Enttäuschung fertig? Seine hochfliegenden Pläne haben sich zerschlagen; er muss annehmen, dass Gott etwas anderes mit ihm vorhat. Er weiß sich unter seiner Führung und hofft, »dass Gott geheime Absichten habe bei meiner Reise, die zu ihrer Zeit zum Vorschein kommen werden«[213].

Die Heimkehr nach Herrnhut am 21. Juli 1731 gestaltet sich fast triumphal. Erdmuth erwartet ihren Gatten bereits in Bautzen. Auf der weiteren Heimfahrt kommt ihnen ein großer Teil der Gemeine entgegen. In den folgenden Tagen erzählt Zinzendorf in mehreren Versammlungen von seiner Reise, wobei im Mittelpunkt die Berichte von der Grönländer Mission und von den schwarzen Sklaven in St. Thomas stehen.

Anfänge der Mission

Wieder einmal sind es die Nebenerträge einer zu ganz anderen Zwecken unternommenen Reise, die sich als zukunftsträchtig erweisen; denn über Dänemark erschließt sich den Herrnhutern der Weg in die Mission. Ob Zinzendorf das geahnt hat, als er von »Gottes geheimen Absichten« sprach?

Schon Zinzendorfs Ausführungen haben in der Gemeine großes Interesse erregt; noch mehr aber steigt die Spannung und Aufregung, als am 29. Juli auf Zinzendorfs Einladung hin der »Kammermohr« Anton in Herrnhut eintrifft. In einer Versammlung erzählt er der atemlos lauschenden Gemeine von seiner Heimat, der westindischen Insel St. Thomas. Seine Vorfahren sind mit unzähligen anderen Schwarzen auf Sklavenschiffen dorthin verschleppt worden. Seitdem muss die schwarze Bevölkerung unter unmenschlich harten Bedingungen für die weißen dänischen Plantagenbesitzer arbeiten, die sich zwar Christen nennen, aber daraus keineswegs den Schluss ziehen, dass sie auch ihren Sklaven den Weg zum Christentum öffnen sollten. Viele von ihnen zweifeln, ob schwarze Menschen überhaupt eine Seele haben; außerdem ist es viel profitabler, sie wie Haustiere zu behandeln.

Anton ist Christ, und er ist überzeugt, dass viele seiner Landsleute sich zu Christus bekehren würden, wenn sie mehr von ihm wüssten. Da sie aber den ganzen Tag hart arbeiten müssen, könnte ein Missionar eigentlich nur dann mit ihnen Kontakt bekommen, wenn er selbst als Sklave unter ihnen leben würde.

Die Zuhörerschaft ist tief bewegt von diesen Schilderungen, ganz besonders ein junger Mann namens Leonhard Dober, der schon nach Zinzendorfs Bericht gedacht hatte: »Wenn ich dem Heiland dazu taugte, so wollte ich gern zu den armen Mohrensklaven gehen.«[214] Ihn und den Zimmermann David Nitschmann sendet die Gemeine tatsächlich ein Jahr später als erste Missionare nach St. Thomas aus.

Erste Missionare

Am 21. August 1732 brechen die beiden auf, in ihren braunen Handwerkerröcken, jeder einen Dukaten in der Tasche, den ihnen der Graf gegeben hat, und etwa sechs Taler aus ihrem eigenen Besitz. Zinzendorf fährt mit ihnen in der gräflichen Kutsche bis Bautzen, dann entlässt er sie mit seinem Segen und sie gehen zu Fuß weiter, »zwei Zeugen, ungelehrt wie die Fischer vom See Genezareth«[215]. Sie wissen kaum etwas vom Land ihrer Bestimmung, sie haben keine Sprachkenntnisse und keine Ausrüstung, aber eine eiserne Entschlusskraft und unbeirrbares Sendungsbewusstsein.

Der gute Kammerherr von Pleß in Kopenhagen, ein Freund Zinzendorfs, schlägt die Hände über dem Kopf zusammen, als die beiden Handwerker, mit einem Empfehlungsschreiben ihres Grafen ausgerüstet, nach einem Fußmarsch von 900 Kilometern vor ihm stehen und ihn bitten, sie auf einem Schiff nach Westindien unterzubringen, wo sie den Schwarzen das Evangelium verkündigen wollen. Wie sie denn dort in St. Thomas durchkommen wollen, fragt er sie ratlos. Nun, sie werden eben als Sklaven mit den Schwarzen arbeiten, ist die zuversichtliche Antwort. Außerdem ist der Zimmermann Nitschmann überzeugt, dass er sich mit seinem Handwerk überall auf der Welt durchschlagen wird.

Vor so viel Beharrlichkeit und Gottvertrauen kapituliert der Kammerherr am Ende, obwohl die ganze Hofgesellschaft sich über das unsinnige Vorhaben amüsiert. Pleß findet schließlich ein holländisches Schiff, das die beiden nach St. Thomas mitnimmt.

Als sie dort ankommen, sind fast vier Monate seit ihrer Abreise aus Herrnhut vergangen. Unterwegs auf dem Schiff haben sie von den Schiffsleuten ein wenig Holländisch gelernt, die Sprache, die viele Schwarze in St. Thomas verstehen. Zuerst besuchen sie die Geschwister des Kammerdieners Anton, denen sie einen Brief ihres Bruders mitgebracht haben. Dann versuchen sie, holländisch radebrechend, so gut es geht, den erstaunten Schwarzen von Jesus Christus und seiner Erlösungstat zu erzählen, die für alle Menschen gilt, ganz gleich, welche Hautfarbe sie haben. So beginnt die Missionsarbeit der Herrnhuter Brüder.

Grönlandmission

Schon nach einem Jahr erscheinen wieder drei Brüder aus Herrnhut in Kopenhagen, die in ihrem Herzen den Auftrag Gottes fühlen, als Missionare zu den Eskimos nach Grönland zu gehen. Es sind die beiden Vettern Matthäus und Christian Stach und in ihrer Begleitung der unentwegte Christian David, der ihnen als Zimmermann beim ersten Aufbau helfen will.

Wieder ist es Herr von Pleß, der sich der Brüder annimmt und sie sogar bei Hofe einführt. Und siehe da, die treuherzigen, glaubensstarken Handwerker machen Eindruck auf die Hofgesellschaft bis hinauf zum König. Dieser hat bis jetzt für die dänisch-lutherische Mission in Grönland nicht viel übrig gehabt, wo ein einsamer Einzelkämpfer, Pastor Egede, seit einigen Jahren arbeitet. Aber nun entsteht durch die ansteckende Begeisterung der Herrnhuter eine »große Erweckung«[216] am Königshof. Man sammelt Geld für Proviant und Bauholz, und als dann schließlich ein nach Grönland auslaufendes königliches Schiff die Brüder mit allen aufgehäuften Vorräten an Bord nimmt, hinterlassen sie in Kopenhagen einen Kreis von Freunden der Brüdergemeine.

Die Arbeit in Grönland gestaltet sich äußerst schwierig. Zwar finden die Brüder Unterstützung und Hilfe bei Pastor Egede, aber mit seiner Art der Verkündigung des Evangeliums sind sie nicht einverstanden und halten ihn für einen »unbekehrten Prediger«[217]. Sie selbst wollen möglichst das einfache Leben der Eingeborenen teilen und ihnen so allmählich näher kommen, weshalb sie zunächst kein Holzhaus, sondern eine Rasenhütte bauen. Auch in die Sprache der Eskimos versuchen sie einzudringen. Aber es gibt in dieser Sprache keine Worte für »Gott, Teufel, Sünde, Recht und Unrecht«[218]. Die Eskimos haben keinen Sinn für solche geistigen und geistlichen Begriffe und finden die Fremden eigentlich nur komisch. Ihr hartes Leben ist davon bestimmt, möglichst viele Seehunde, Fische und Rentiere zu fangen. Deshalb interessiert sie auch das Jenseits der Christen nicht, denn »da gibt es keine Seehunde«[219]. Es wird fünf Jahre dauern, bis sie den Missionaren ernsthaft und aufmerksam zuhören werden, ohne gleich wegzulaufen, und sechs Jahre, bis sich der erste Grönländer mit seiner Familie taufen lässt.

Zinzendorfs »Missionsmethode«

Woher nimmt Zinzendorf den Mut, aus seiner winzigen Gemeinde Boten des Evangeliums in die entlegensten Ecken der Erde zu senden, und woher nehmen diese Boten die Geduld, oft jahrelang auf einen Erfolg ihrer Arbeit zu warten? Und das in einer Zeit, wo die Missionsbegeisterung in der protestantischen Kirche sehr nachgelassen hat und viele glauben, dass »die Arbeit unter den Heiden weder notwendig noch nützlich«[220] sei. Die Zeit der großen Indienmissionare, wie zum Beispiel Ziegenbalg und Gründler, für die Zinzendorf in seiner Jugend in Halle geschwärmt hat, ist vorbei. Jetzt stellt sogar das königlich-dänische Missionskollegium an den Grafen die Frage, »wie man doch einer Nation, die keine Worte von göttlichen Dingen habe, das Christentum in ihrer Sprache beibringen sollte«[221].

Zinzendorf und seine Herrnhuter Brüder hingegen sind von den Anfängen ihrer Gemeindegründung an fest überzeugt, dass sie einen Missionsauftrag an die Heiden haben. Diese betrachten sie als ihre Menschenbrüder und -schwestern, die nichts von Jesus Christus wissen und denen man deshalb von ihm erzählen muss. Für Zinzendorf ist die von inniger Dankbarkeit erfüllte Liebe zu Christus die »Hauptsache«, die sein ganzes Leben bestimmt. Diese Liebe ist auch der Beweggrund für die Mission, die Verkündigung der frohen Botschaft an die Völker.

Der Graf geht davon aus, dass der natürliche Mensch, also auch »ein Ungetaufter, ein Wilder im Busch«[222] eine Ahnung von Gott, seinem Schöpfer, und eine geheime Sehnsucht nach ihm hat. Aber von Jesus Christus, dem Gottessohn, der aus Liebe zu den Menschen in die Welt gekommen ist, wissen die Heiden natürlich nichts. Deshalb muss »Christus in der Predigt an die Heiden das Allererste sein«[223]. Im Grunde genügt für die Missionspredigt an die Heiden nach Zinzendorfs Meinung ein einziges Thema:

Mit getrostem Herzen und heiterer Stirn sollen sie nichts anderes wissen als: Er ist auf Erden kommen und ein Mensch worden, um sie selig zu machen.

Die Hauptarbeit bei der Mission tut nach Zinzendorfs Überzeugung der Heiland selbst. Er »präpariert«[224] das Herz des einen oder anderen Menschen, dass es sich dem Wort seiner Boten öffnet. Beispiele dafür findet Zinzendorf in der Apostelgeschichte: den Kämmerer aus dem Mohrenland oder den Hauptmann Kornelius[225], die beide auf die eine oder andere Weise für die Botschaft von Christus bereit waren.

Solche »Korneliusseelen« unter den Heiden aufzuspüren, ist die Aufgabe der missionierenden Brüder. Dass sie Laien ohne theologische Ausbildung sind, tut nichts zur Sache; denn »es wird gar keine Qualität des Instruments erfordert«[226], wenn Christus jemanden zu seinem Werkzeug erwählt.

Von diesen Gedankengängen her ist es verständlich, dass es Zinzendorf keineswegs auf große Erfolge ankommt. Also keine flächendeckende Missionierung, keine »Nationalbekehrung«[227], – das heißt, keine Bekehrung ganzer Völker –, kein Prunken mit Zahlen von Getauften; sondern er will »in der Heidensache des Heilands Methode«[228] einhalten, der ja auch eher in der Stille gewirkt, sich an Einzelne oder kleinere Gruppen gewendet und keine Massenbewegung angeführt hat. Es muss so sein, meint Zinzendorf, »dass die Seele, die man auffordert, auch gerne mitkommt«. Eindrücklich mahnt er zu »einer vorsichtigen Art, für den Heiland Seelen zu gewinnen«[229].

Das »Erstlingsbild«: Die Erstgetauften aus den verschiedenen
Herrnhuter Missionsgebieten.
Ölgemälde von Joh. Valentin Haidt

Zinzendorf kommt es also auf die Einzelnen an, die »Erstlinge«[230] aus den Völkern, die sich zu Christus bekehren werden, wenn er sie angerührt hat. Die Zeit dafür bestimmt der Heiland selbst, und ebenso bestimmt er die Zeit, wo aus den Einzelnen viele werden. Deshalb brauchen die Brüder nicht bekümmert sein, wenn sie oft lange auf Erfolgserlebnisse warten müssen.

Für die Zeitgenossen hat das Vorgehen der Herrnhuter Missionare oft kein System und erscheint recht improvisiert: An viele entlegene Orte der Welt fühlen sich die Brüder gerufen, gerade an solche, wo andere eine Missionierung für aussichtslos halten. Sie gehen zu den Eskimos nach Grönland, zu den Hottentotten nach Afrika, zu den Samojeden nach Russland und zu den Indianern nach Nordamerika. Mancher Missionsversuch wird auch wieder abgebrochen, wenn man zu spüren glaubt, dass die Zeit für diese Menschen noch nicht reif ist.

Denn die Heilszeiten sind nach Zinzendorf Sache des Herrn; für sein eigenes Zeitalter glaubt er, dass sich die Mission mit kleinen Zahlen begnügen soll, »dass die vermutliche Zeit der Heiden, der ganzen Nationen, noch nicht ist«. Aber dann fügt er prophetisch hinzu:

> *Vielleicht, wenn alle die Lande, darinnen die Christen jetzt wohnen, ganz wieder zu Heidentum geworden sind, alsdann wird die Stunde von Afrika, Asia und Amerika kommen ...*[231]

10. Der Weg ins geistliche Amt

Im Februar 1733 sitzt Zinzendorf als Gast im Schloss seines Schwagers zu Ebersdorf und schreibt an seine Frau nach Herrnhut.

»Allerteuerstes Herz«, kritzelt die Feder; dann schweifen seine Blicke hinaus auf die kahlen Bäume des Schlossparks und seine sorgenvollen Gedanken gehen zurück zu den Ereignissen der letzten Monate.

Die erste Ausweisung

Er ist wieder einmal auf Reisen, aber diesmal nicht freiwillig, sondern weil er aus Sachsen ausgewiesen wurde. August der Starke hat am 16. Oktober 1732 seinem Geheimen Rat den unwirschen Befehl gegeben:

Nachdem Nicol Ludwig Grafens von Zinzendorfs bisherige unanständige und bedenkliche Aufführung uns zu vielem Missfallen gereicht, so begehren wir gnädigst, ihr wolltet ... selbigem andeuten, dass er in der Zeit von drei Monaten seine liegenden Güter und Grundstücke veräußere und aus unserem Kurfürstentum und Landen sich wegbegebe.[232]

Was Zinzendorf lange befürchtet hatte, war zu Anfang des Jahres 1732 eingetreten: Die habsburgische Regierung hatte Protest eingelegt gegen die jahrelange heimliche Abwanderung von Glaubensflüchtlingen. Nun war Zinzendorf zwar keineswegs der einzige adlige Herr in Sachsen, der Flüchtlinge aus habsburgischen Landen aufgenommen hatte, aber gegen ihn richtete sich der geballte Zorn des Kaisers in Wien wegen der »Auslockung«[233] seiner Untertanen. Er forderte, dass die sächsische Regierung sofort Zinzendorfs Treiben unterbinden solle.

Kurfürst August, schwer krank und nicht gewillt, lange zu fackeln, befahl sogleich, gegen diese Flüchtlingsbewegung einzuschreiten. Die Geheimen Räte reagierten etwas gelassener: Zwar wurde Zinzendorf strikt verboten, weitere Flüchtlinge aufzunehmen, aber die bereits in Herrnhut angesiedelten Böhmen und Mähren, tüchtige und fleißige Leute, wollte man doch gerne in Sachsen behalten. So schlug man dem Kurfürsten vor, erst einmal eine Kommission nach Herrnhut zu schicken, um die Sachlage zu untersuchen. Grollend erklärte sich der Kurfürst einverstanden. Aber noch ehe die Kommission ihre Arbeit beendet hatte, gab er die oben zitierte harsche Anweisung, Zinzendorf solle seine Güter verkaufen und das Land verlassen.

Es gab für Zinzendorf keine Möglichkeit, sich diesen Anordnungen seines Landesherrn zu widersetzen. Was die Güter betraf, so verfiel er auf einen einfachen Ausweg: Er »verkaufte« Berthelsdorf und damit die Herrschaftsrechte in Herrnhut an seine Frau, die ja schon vorher die Verwaltung und Wirtschaft in der Hand gehabt hatte. Ein offizieller Kaufbrief wurde ausgestellt und die Einwohner beider Ortschaften huldigten der Gräfin am 19. Dezember 1732 im Herrnhuter Saal. Damit war der Befehl des Kurfürsten erfüllt und die Behörden mussten den Eigentümerwechsel bestätigen.

Dann kam für Zinzendorf Ende Januar der Termin der Verbannung aus Sachsen. Am Tag vor seiner Abreise versammelte sich die ganze Gemeine zu einer Feierstunde, um von ihm Abschied zu nehmen und ihm ihr volles Vertrauen auszusprechen. Dies geschah in Form einer neuen »Bestallungsurkunde« zum Vorsteher der Gemeine. Zinzendorf hatte das Vorsteheramt 1730 aus verschiedenen Gründen niedergelegt und wurde jetzt, wo er Herrnhut verlassen musste, von den Ältesten und Helfern »einmütig« und »demütig« gebeten, es wieder anzunehmen, weil sie »mit großer Überzeugung« erkannt hatten, *dass Gott Ihre Person ganz besonders dazu auserkoren, und vom Himmel dazu berufen und tüchtig gemacht habe, dass Sie dieser unserer Gemeine treuer Vorsteher und Aufseher sein sollen und können.*[234]

So wusste Zinzendorf wenigstens die ganze Gemeine als Rückhalt hinter sich, als er Herrnhut am 27. Januar 1733 verließ. Als erster und nächster Zufluchtsort bot sich Ebersdorf an.

Von hier aus also versucht er in seinem Brief Erdmuth zu trösten und aufzurichten, die er in einer sehr schwierigen Situation und mit großer Verantwortung zurückgelassen hat. Aber seine eigene Lage erscheint ihm noch viel unglücklicher. Als Graf ohne Land und ohne Amt kommt er sich überflüssig und nutzlos vor wie noch nie in seinem Leben: »Der Heiland führet mich in eine solche Klemme«, so schreibt er, »dass ich allenthalben keinen Trost finde als in der Gelassenheit.«[235]

Innerkirchliche Anfeindungen

Es sind ja außer den Verfolgungen von staatlicher Seite noch andere Dinge, die den Grafen bedrücken. Auch im kirchlichen Raum haben die Anfeindungen gegen Zinzendorf und Herrnhut immer mehr zugenommen.

Schon 1729 war eine Streitschrift gegen die »neue Sekte« der »Zinzendorfianer« veröffentlicht worden, in der behauptet wurde, dass die Lehren der Brüdergemeine nicht dem Augsburgischen Bekenntnis, also der Glaubensgrundlage der evangelischen Kirche entsprächen. Zinzendorf und die Herrnhuter Brüdergemeine hatten damals in einer gerichtlich beglaubigten Erklärung, dem so genannten »Notariatsinstrument«, versichert, dass sie zwar an der Tradition der böhmisch-mährischen Brüderkirche und an der von den »Vätern ererbten Kirchenzucht« festhalten wollten, damit aber keineswegs im Gegensatz zur lutherischen Kirche Augsburgischen Bekenntnisses stünden. Zinzendorf will auf jeden Fall mit seiner »Ecclesiola« innerhalb der evangelischen Kirche bleiben.

Aber trotz dieser Erklärung hören die Angriffe, vor allem auch aus dem lutherisch-orthodoxen Lager, gegen die Brüdergemeine nicht auf. Zinzendorf klagt später im Rückblick auf diese Zeit:

> *Der Hass brach endlich allenthalben auf eine solche Art aus, die aufs Zertreten und Ausrotten angesehen war. Man suchte der Gemeine auf alle Weise also beizukommen, dass man sie, es koste, was es wolle, sowohl um ihr Kleinod der Mährischen Kircheneinrichtung und Zucht, dabei ihre Väter Leib und Leben aufgeopfert, als um das Leben, das aus Gott ist, zu bringen ...*[236]

Reise nach Tübingen

Was für Möglichkeiten gibt es für Zinzendorf, allen diesen Gegnern entgegenzutreten und sie von der »Rechtgläubigkeit« der Herrnhuter zu überzeugen? Nach langem Überlegen ist der Graf zu dem Entschluss gelangt, die Professoren einer theologischen Fakultät um ein Gutachten über seine Gemeinde zu bitten. Seine Wahl ist auf Tübingen gefallen; denn zu den schwäbischen Pietisten hatten sich in den letzten Jahren gute Beziehungen angebahnt. Junge württembergische Theologen wie Oetinger und Steinhofer hatten Herrnhut besucht; im Gegenzug war Christian David in Tübingen aufgetaucht und hatte im Tübinger Stift, dem berühmten Zentrum der theologischen Wissenschaft, ohne Scheu mit den gelehrten Magistern diskutiert. So ist Zinzendorf an der Tübinger Universität kein Unbekannter mehr und er darf auf Verständnis für sein Anliegen rechnen. Deshalb will er die erzwungene Abwesenheit von Herrnhut zu einer Reise nach Tübingen nützen.

Noch in Ebersdorf erreicht ihn die Nachricht vom Tod des Kurfürsten, der die Ausweisung verfügt hatte. Da es aber sehr unsicher ist, ob sein Nachfolger, Friedrich August II., diesen Bescheid so schnell wieder aufheben wird, bleibt Zinzendorf bei seinem ursprünglichen Plan und reist nach Tübingen weiter.

Oetinger hat dort alles für Zinzendorfs Aufenthalt vorbereitet. Der respektvolle und interessierte Empfang durch die Theologieprofessoren tut dem Grafen nach der rüden Ausweisung aus der Heimat unglaublich wohl. »Der teuerste Graf«, so berichtet Oetinger tiefbefriedigt nach Herrnhut, »hat, wie es nicht anders sein kann, die allergrößte Hochachtung allhier und im ganzen Lande.«[237]

Schon bald nach seiner Ankunft rückt Zinzendorf bei den Professoren mit seinem Anliegen heraus. Er legt ihnen eine »Verfassung der Herrnhutischen Mährischen Brüdergemeine« vor und bittet sie um ein Gutachten zu der Frage, ob die Mährische Brüdergemeine ihre 300 Jahre alten Einrichtungen und Kirchenzucht behalten und dennoch in Verbindung mit der Evangelischen Kirche bleiben könne und solle.

Johann Albrecht Bengel

Bis die Professoren mit ihren Überlegungen und Beratungen fertig sind, macht Zinzendorf Besuche in Stuttgart und auch sonst in württembergischen Gemeinden, wo er überall begeistert empfangen wird. Der junge Oetinger ist sehr erpicht darauf, den verehrten Zinzendorf bei allen bekannten Persönlichkeiten des schwäbischen Pietismus herumzureichen und ihn vor allem mit dem berühmten Johann Albrecht Bengel, dem großen Theologen und Bibelgelehrten, bekannt zu machen, den die beiden am Gründonnerstag 1733 in Denkendorf besuchen.

Es kommt zu einem angeregten Gespräch, in dem Bengel seine Auffassung von der »göttlichen Ökonomie«[238] darlegt, die seiner Meinung nach in der Bibel zu finden ist: Der genaue Heilsplan Gottes ist für ihn deutlich in der Offenbarung des Johannes zu finden, weshalb er komplizierte Berechnungen mit den Zahlen dieses Buches angestellt und den Tag der Wiederkunft Christi für das Jahr 1836 ausgetüftelt hat. Zinzendorf hört interessiert zu, wenn er auch mit den erstaunlichen Zahlenspekulationen nicht allzu viel anfangen kann.

Wichtiger ist für ihn Bengels intensive wissenschaftliche Arbeit am griechischen Urtext des Neuen Testamentes. Bereits ein

Jahr später wird die für alle spätere Textarbeit grundlegende Ausgabe des griechischen Neuen Testamentes von Johann Albrecht Bengel im Druck erscheinen. Zinzendorf wird sie als unentbehrliche Begleiterin und Fundament für sein Bibelstudium und seine eigenen Übersetzungsversuche benutzen.

Das »Tübinger Bedenken«

Zurück in Tübingen erhält er aus den Händen der Theologieprofessoren das ersehnte Gutachten, das sogenannte »Tübinger Bedenken«. Die Herren sind nach eingehender Prüfung zu der Überzeugung gekommen, dass die Verfassung der Herrnhuter Brüdergemeine einerseits mit dem Bekenntnis der alten böhmisch-mährischen Brüderkirche im Wesentlichen übereinstimme, andererseits aber durchaus im Rahmen der evangelisch-lutherischen Kirche bleibe. Damit ist die Brüdergemeine zu Zinzendorfs großer Befriedigung als »Kirchlein in der Kirche« von berufener Seite anerkannt. Die Professoren wissen, dass sie wegen dieses Gutachtens von den zahlreichen Gegnern Zinzendorfs Prügel beziehen werden, aber sie wollen der Wahrheit die Ehre geben und »auch einmal etwas für die Sache Gottes wagen«[239].

Etwa gleichzeitig mit dem so günstig ausgefallenen Gutachten erhält der Graf die Nachricht, dass seine Ausweisung aufgehoben ist und er nach Herrnhut zurückkehren darf. Dankbar und hoffnungsfroh macht er sich auf den Heimweg.

Auseinandersetzungen mit Halle

Wenn Zinzendorf allerdings geglaubt hat, dass mit dem Tübinger Bedenken seinen Feinden der Mund gestopft sei, dann hat er sich bitter getäuscht. Vor allem hat er ja auch innerhalb der pietistischen Kreise viele Gegner, besonders in Halle. Und hier geht es weniger um die Rechtgläubigkeit der Herrnhuter, als um die Art ihrer Frömmigkeit.

Die Auseinandersetzungen hatten schon bald nach dem Tod August Hermann Franckes begonnen. Er war im Jahr 1727 gestorben und sein Sohn Gotthilf August Francke hatte die Direktion der Franckeschen Stiftungen übernommen. Im gleichen Jahr wurde die Herrnhuter Brüdergemeine gegründet; ihre Einrichtungen empfand man in Halle einerseits als Abklatsch der eigenen Institutionen, andererseits betrachtete man mit Argwohn und Rivalitätsgefühlen die Reise- und Evangelisationstätigkeit der Herrnhuter Brüder, vor allem aber ihre Mission.

Auf die Seite der Hallenser stellten sich viele der pietistischen Adels- und Grafenhäuser in Thüringen – an ihrer Spitze der schon erwähnte Graf Stolberg-Wernigerode –, für die Zinzendorf und seine umherreisenden Brüder verdächtige Unruhestifter waren; es entstand so etwas wie eine Partei der »Antizinzendorfianer«.

Zinzendorf hatte sich immer wieder um Aussprache und Versöhnung mit Halle bemüht. 1732 hatte er es sogar fertig gebracht, dass sein Freund August Gottlieb Spangenberg aus der Jenaer Studentengemeinde eine Anstellung an der Universität Halle und zugleich als Lehrer im Waisenhaus erhielt. Er sollte als Vermittler zwischen Halle und Herrnhut wirken. Leider erreichte Zinzendorf mit dieser guten Absicht das Gegenteil: Spangenberg erschien den Hallensern als typischer Herrnhuter, weil er eine kleine Gemeinde von Erweckten um sich sammelte und mit ihnen ein separates Abendmahl feiern wollte. Hier sahen der jüngere Francke und seine Kollegen Zinzendorfs unheilvollen Einfluss am Werk. Die Antipathie gegen Spangenberg wurde so stark, dass die Theologen der Universität schließlich beim preußischen König seine Entlassung betrieben. Von den Studenten hingegen hielten viele zu dem beliebten Universitätslehrer und gaben ihm das Geleit zum Stadttor hinaus, als er Halle verlassen musste und sich nach Herrnhut begab.

Der »Bußkampf«

Die Angriffe aus Halle und aus den mit Halle verbundenen Adelskreisen richten sich also vor allem gegen Zinzendorf persönlich. Zum Beispiel hatte 1729 ein gewisser Pfarrer Mischke öffentlich auf einer Konferenz die Vermutung geäußert, Zinzendorf habe überhaupt noch keine Bekehrung erlebt, was ihm ein ernsthaftes Christentum und damit die Berechtigung zur Leitung seiner Gemeine absprechen sollte.

Zinzendorf ist tief betroffen, als ihm diese Behauptung hinterbracht wird. Er, der sich seit seiner Kindheit dem Heiland ganz und gar zugehörig fühlt, für den Christus immer die »Hauptsache« ist, er soll nicht »bekehrt« sein? Was ist das überhaupt, diese »Bekehrung«?

Die Pietisten in Halle können das sehr genau sagen, seit August Hermann Francke sein Bekehrungserlebnis geschildert hat. Von starken Zweifeln an der Existenz Gottes gequält hatte er nach angstvollem Ringen und Flehen endlich den »Durchbruch« erfahren. Gott erhörte ihn »plötzlich«, wie Francke dankbar berichtete: »Denn wie man eine Hand umdreht, so waren alle meine Zweifel hinweg.«[240] Er erfuhr die Gewissheit der Nähe Gottes und schöpfte daraus die Kraft, sein Leben nach Gottes Willen zu führen.

Bald nach Franckes Tod war diese Methode der Bekehrung für einen Christen hallensischer Prägung mehr oder weniger verbindlich geworden: Der Bekehrung musste ein tiefes Sündenbewusstsein, ein harter Bußkampf vorausgehen. Der Bekehrte konnte dann, wenn er einen Durchbruch erlebt hatte, dafür den genauen Zeitpunkt angeben.

Nun hatte Zinzendorf eine solche Art der Bekehrung oft bei anderen gesehen, sie war in Herrnhut in den ersten Jahren sozusagen »an der Tagesordnung«[241]. Aber er selbst muss zugeben, dass er weder einen Bußkampf noch einen bestimmten Moment der Bekehrung vorzuweisen hat. Er durchforscht sein bisheriges Leben und erinnert sich an viele Augenblicke, wo er »solche innigen Begnadigungen«[242] gefühlt, wo er »Durchbrüche« erlebt hat. Er bemüht sich auch um einen Bußkampf, aber so ganz nach hallensischem Muster will das nicht gelingen.

Schließlich kommt er zu der Erkenntnis, dass der Heiland beim Vorgang der Bekehrung an keine bestimmte Methode gebunden ist, wie sich schon bei dem Apostel Paulus gezeigt hat, der »den Kampf überhüpfte«[243]. Die wahre Bekehrung, meint Zinzendorf, zeigt sich darin,

> *ob ich mich so gefühlt und gefunden, dass ich notwendig, wie ich wäre, verdammt sein müsste, wenn nicht der Sohn Gottes Mensch geworden und für meine Sünde insbesondere mit seiner Person bezahlet hätte.*[244]

Die Wendung zu Luther

So hat Zinzendorf das Schema der pietistischen Bekehrung durchbrochen; das Versöhnungsopfer Jesu tritt immer deutlicher in den Mittelpunkt seines theologischen Denkens. Bestärkt hat ihn in dieser Entwicklung die Begegnung mit Dippel im Jahre 1730. Dippel hatte ja dieses Opfer vom Standpunkt der Vernunft aus in Frage gestellt und behauptet, der Mensch könne durch die Liebe zu Gott von sich aus die Sünde überwinden und die Erlösung finden. Aber die Sünde, so hat Zinzendorf erkannt, ist nicht eine Anhäufung von einzelnen Verfehlungen, die der Mensch aus eigener Kraft vermeiden kann, sondern sie ist die Trennung von Gott, die absolute Gottferne; diese kann nur von Gott selbst durch seine Gnade aufgehoben werden, die sich im Leiden und Sterben Jesu Christi zeigt. Er hat sich für die Sünder geopfert und damit die Entfernung von Gott zunichte gemacht.

»Allein aus Gnade« – diese für Luther entscheidenden Worte kann Zinzendorf jetzt erst richtig verstehen, obwohl er sie schon lange gekannt hat. Jetzt erst begreift er, »dass in der Notwendigkeit des Todes Jesu und in dem Worte Lytron (Lösegeld) ein besonderes Geheimnis und große Tiefe stecke«[245], die Vernunft und Philosophie niemals erklären können, die nur der von Gott geschenkte Glaube erfasst.

Der Losungszettel

Lange Zeit beschäftigt sich Zinzendorf mit solchen Gedanken und trägt sie, wie alles, was ihn bewegt, seiner Gemeine vor. So auch an einem Abend zu Anfang des Jahres 1734, wo ein Kreis von Brüdern und Schwestern im Zimmer des Grafen versammelt ist. Während des Gesprächs lässt der Graf einen Packen beschriebener Blätter, die er nicht mehr braucht, in den Ofen werfen. Als kurze Zeit später jemand nach dem Feuer sieht, zeigt sich, dass alle Papiere verbrannt sind bis auf einen kleinen Zettel, der unversehrt zwischen den Kohlen liegt. Darauf steht die Losung vom 14. Februar und die Verszeilen:

Lass uns in deiner Nägel Mal
erblicken unsre Gnadenwahl! [246]

Alle Anwesenden sehen darin sogleich eine besondere Botschaft; denn diese Worte aus einem Lied, das sie alle kennen, aber jetzt wie zum ersten Mal hören, treffen genau den springenden Punkt, das Thema, über das sie so lange gesprochen haben. Christus bringt die göttliche Gnade, man kann und braucht sie nicht durch eigene Verdienste erwerben – diese Erkenntnis, die schon Luther die innere Freiheit gebracht hat, steht auf einmal im Raum und erfüllt sie alle mit einer überströmenden Freude. Zinzendorf dichtet aus dem Erlebnis dieser Stunde heraus das Lied:

Du unser auserwähltes Haupt,
an welchen unsre Seele glaubt,
»lass uns in deiner Nägel Mal
erblicken unsre Gnadenwahl ...«

Das ist das wundervolle Ding,
erst dünkt's für Kinder zu gering:
Und doch zerglaubt ein Mann sich dran,
und stirbt wohl, eh er's glauben kann. [247]

Zinzendorf und die Brüdergemeine werden später im Rückblick dieses Lied als den Beginn einer neuen »Theologie und Moral«, als »neue Motive zur guten Sittlichkeit«[248] bezeichnen. Christus und seine Erlösungstat stehen viel stärker als vorher im Zentrum des Gemeindelebens. Hat man sich bisher »gesetzlich und ängstlich«[249] um die Heiligung des Lebens bemüht, so weiß man nun, dass ein vom Glauben an Christus ergriffener Mensch ganz von selbst versuchen wird, seinem Herrn ähnlich zu werden, in seinem Sinn zu leben.

Das geistliche Amt

In dieser Zeit der inneren Wandlung und Entfaltung seines theologischen Denkens kommt in Zinzendorf immer stärker ein Wunsch auf, der ihn seit seiner Kindheit begleitet hat: Er will Christus öffentlich verkündigen, auf der Kanzel stehen, predigen dürfen! Seine Familie hatte ihm ja einst das heiß ersehnte Theologiestudium verboten, weil sich der Pfarrerberuf nicht für einen Grafen schicke, und hatte ein Staatsamt für ihn gewünscht. Je deutlicher aber alle seine Versuche in Richtung auf eine solche Laufbahn fehlgeschlagen sind, desto klarer zeigt sich dem Grafen, was seine eigentliche Aufgabe und Begabung ist, nämlich das Evangelium zu predigen; das will er endlich mit der Vollmacht und dem Rückhalt des geistlichen Amtes tun. Um Standesvorurteile glaubt er sich nicht mehr kümmern zu müssen.

Zinzendorf bespricht die Sache mit seiner Frau. Die kluge Erdmuth sieht größte Schwierigkeiten voraus: Er wird mit diesem Schritt aus der Welt der Aristokratie heraustreten und im Pfarrerstand nicht Fuß fassen können. Sie »weissagt«[250] ihm alle Probleme, die sich für ihn daraus ergeben werden. Auch in der Gemeine, die natürlich in den Entscheidungsprozess mit hineingezogen wird, gibt es große Bedenken. Aber alle Einwände wischt Zinzendorf beiseite mit dem Argument, er habe den Ruf und Auftrag Gottes vernommen, das Evangelium zu verkündigen, und diesem Ruf wolle und müsse er Folge leisten. Schließlich stimmt die Gemeine zu, und auch das Los bestätigt den Entschluss.

Das Examen in Stralsund

Der ordnungsgemäße Weg zum Beruf des Geistlichen ist ein Theologiestudium mit Abschlussexamen, danach die Ordination durch eine lutherische Landeskirche. Nun ist Zinzendorfs theologische Bildung so umfassend, dass sich ein Studium erübrigt – aber welche theologische Fakultät wird dem berüchtigten Grafen Zinzendorf ein theologisches Examen abnehmen? Die Großmut der Tübinger Professoren kann er nicht noch einmal strapazieren.

Während Zinzendorf sich über dieses Problem noch Gedanken macht, erhält er einen Brief aus Stralsund: Ein reicher Kaufmann dort sucht für seine Kinder einen Hauslehrer. Er hat von Herrnhut gehört und fragt an, ob man ihm nicht einen jungen Mann schicken könnte, der seine Kinder im Geist Christi und brüderlicher Gemeinschaft erziehen würde.

Zinzendorf erkennt sofort seine Chance: Er könnte doch als einfacher Hauslehrer und Kandidat der Theologie nach Stralsund gehen, dort sein Examen ablegen und erst danach seine wahre Identität offenbaren! Die Idee reizt seine Unternehmungslust, und als das Los sie bestätigt, wird sie sofort in die Tat umgesetzt.

So reist also im März 1734 ein von Herrnhut empfohlener junger Adliger namens Ludwig von Freydeck mit der Postkutsche nach Stralsund, um dort die Hauslehrerstelle bei Kaufmann Richter anzutreten, der ihn freundlich aufnimmt.

Schon am nächsten Tag stellt sich der Hauslehrer beim Stadtsuperintendenten Langemack als Kandidat der Theologie vor. Langemack ist seit längerer Zeit bettlägerig und auf Vertretungen angewiesen. Erfreut überträgt er dem höchst willkommenen Theologen gleich die Predigt für den übernächsten Sonntag. Und nachdem er über die Predigt nur gute Urteile gehört hat, ist er gerne bereit, die Bitte des jungen Theologen um ein theologisches Abschlussexamen zu erfüllen.

Wenn Zinzendorf später von dieser Prüfung erzählt, schildert er sie sehr dramatisch. Die beiden Examinatoren, der Superintendent und ein zweiter Stralsunder Pastor, fragen den Prüfling zuerst sehr kritisch, wie er zu der verrufenen Herrnhuter Brüdergemeine stehe, zu der er ja offensichtlich gute Beziehungen habe. Darauf weiß der Kandidat außerordentlich flüssig und ausführlich zu antworten und spricht so warm und positiv von der Gemeine, dass der Superintendent schließlich einwirft:

»Ich frage Sie vor dem Angesicht Gottes, sind Sie der Graf selbst?«

»Ja, ich bin es selber«[251], antwortet der Prüfling und zeigt den Prüfern zum Beweis den Orden, den er unter dem einfachen Rock auf der Weste trägt.

Nach dem ersten Schrecken der Prüfer wird das Examen weitergeführt, bekommt aber einen anderen Anstrich. Der Graf wird zwar in mehreren Sitzungen sehr genau geprüft, aber es geht von nun an weniger um sein theologisches Wissen, das die Prüfer ja voraussetzen können, als um seine Stellung zur orthodox-lutherischen Lehre; und hier wird ihm keine kritische Frage erspart. Auch das »Tübinger Bedenken« wird genau geprüft. Zum Schluss aber können die beiden Geistlichen Zinzendorf das Zeugnis ausstellen, dass er

in allen Hauptpunkten der wahren Lehre mit uns einstimmig und als ein rechtschaffenes Glied unserer evangelischen Kirche billig könne und solle gehalten werden.[252]

Nach dem Examen überreicht Zinzendorf feierlich dem Superintendenten seinen Degen, das kriegerische Zeichen seines adligen Standes, und verspricht, als Diener des Wortes nie wieder einen Degen zu tragen.

Völlig vor den Kopf gestoßen und einer Ohnmacht nahe ist der arme Kaufmann Richter, als ihm sein Hauslehrer eröffnet, er sei der berühmte Graf Zinzendorf persönlich, der nach erfolgtem Examen um seine Entlassung aus dem Hauslehrerdienst bitte. Zinzendorf braucht einige Zeit, um seinen Brotgeber zu beruhigen; er hat ihm aber inzwischen so viel von der Brüdergemeine erzählt, dass der Kaufmann beschließt, sein Geschäft in Stralsund aufzulösen und mit seiner Familie nach Herrnhut zu ziehen.

Die Frage der Ordination

Ein zweites Problem nach der Prüfung ist der offizielle Übertritt ins geistliche Amt; denn für die Ordination müsste Zinzendorf eine Pfarrstelle haben, aber – aus Standesrücksichten! – eine hervorgehobene, höhere Stellung. Nun sucht Zinzendorf doch wieder seine Zuflucht in Württemberg: Er hat von dem ehemaligen, jetzt leerstehenden Kloster St. Georgen in Württemberg gehört und möchte dort auf eigene Kosten ein Seminar zur Ausbildung für Theologen und Missionare einrichten. Als Leiter einer solchen Anstalt hätte er ein geistliches Amt in der württembergischen Landeskirche und könnte von ihr ordiniert werden.

Aber die Württemberger zögern: Bei allem Wohlwollen für den Grafen wissen sie doch sehr genau Bescheid über seine ständigen Konflikte mit dem sächsischen Hof in Dresden und dem kaiserlichen Hof in Wien. Es könnte Ungelegenheiten geben, wenn man den Grafen allzu offensichtlich unterstützte! Zinzendorf merkt schnell, woher der Wind weht, und zieht seine Bewerbung zurück.

Aber im Dezember 1734 erscheint er unvermutet persönlich in Tübingen. In einer feierlichen Erklärung eröffnet er den Professoren der theologischen Fakultät, er habe sich selbst »zum Dienst der Heiligen«[253] verordnet, wobei er sich auf Paulus beruft. Er bittet um die Zustimmung der Fakultät.

Nach kurzer Beratung kommen die Professoren zu der Entscheidung, dass zwar für ein Kirchenamt die Ordination erforderlich sei, dass aber nicht einzusehen sei, »warum tüchtige und richtige Männer« mit Genehmigung der Kirche »hier und da nicht auch öffentlich predigen sollten«.[254]

Damit hat Zinzendorf die Predigterlaubnis; es gibt großes Aufsehen in der Stadt, als der Graf am 4. Adventssonntag die Kanzel der Tübinger Stiftskirche besteigt. Man rühmt seine Predigt, die »aus der Fülle des Herzens«[255] kommt, man stellt aber auch fest, dass der Prediger seinen Orden unter dem Mantel trägt und dass ein Lakai ihn aus der Kirche begleitet. Zinzendorf hat also sein ersehntes Ziel, das geistliche Amt, erreicht, ohne auf seine reichsgräflichen Rechte und Titel zu verzichten.

Er selbst sorgt dafür, dass sein Eintritt in den geistlichen Stand bei Freunden und Feinden bekannt wird. Prompt setzen die erwarteten massiven Angriffe von adliger Seite ein, auch von der Verwandtschaft. Besonders ablehnend zeigt sich der dänische Königshof, obwohl Zinzendorf noch einmal persönlich 1735 nach Kopenhagen reist, wo er aber vom König nicht empfangen wird. Ein Jahr später schreibt Zinzendorf an den König und bittet ihn um die ausdrückliche Einwilligung in seinen geistlichen Stand oder um die Erlaubnis, den Danebrogorden zurückzusenden. Darauf erfolgt die Antwort, der König billige seinen geistlichen Stand nicht, »er möchte also den Orden nur an den Oberzeremonienmeister zurückschicken.«²⁵⁶

Ein Zimmermann wird Bischof

Noch auf einem anderen Gebiet wird die Frage der Ordination in dieser Zeit für die Brüdergemeine wichtig. Aus den Missionsgebieten kommen einerseits erfreuliche Nachrichten, dass nämlich viele Heiden durch die Missionsarbeit der Herrnhuter Brüder zum christlichen Glauben finden. Andererseits wird immer wieder die dringliche Frage aufgeworfen, wie die Bekehrten die Taufe empfangen sollen. Denn die Brüder sind Laien, das heißt, sie arbeiten zwar als Missionare, dürfen aber die Sakramente, also Taufe und Abendmahl, nicht austeilen.

. In dieser Schwierigkeit bietet Daniel Ernst Jablonsky, Oberhofprediger am preußischen Königshof in Berlin, seine Hilfe an. Er ist reformierter Geistlicher und zugleich Bischof des Zweigs der alten Brüderkirche, der sich in Polen noch am Leben erhalten hat. Zinzendorf hat schon vor einigen Jahren mit ihm Verbindung aufgenommen. Jablonsky, ein Enkel des berühmten Brüderbischofs Amos Comenius, ist sehr glücklich über die Tatsache, dass in Herrnhut Mitglieder der böhmisch-mährischen Brüderkirche wieder eine geistliche Heimat gefunden haben.

Das Bischofsamt hat Jablonsky in der so genannten »apostolischen Sukzession« (Nachfolge) empfangen, das heißt, es wurde seit der Zeit der Apostel von einem zum anderen mit Handauflegung durch die Jahrhunderte und Generationen tradiert. Ebenso hat Jablonsky als Bischof das Recht, dieses Amt weiterzugeben. Als er nun von den Ordinationsproblemen in der Brüdermission hört, bietet Jablonsky dem Grafen an, einen der Brüder zum Bischof zu weihen, damit dieser dann andere in den Missionsgebieten ordinieren könne.

Zinzendorf nimmt das Angebot dankbar an, erklärt aber der Gemeine deutlich den Zweck dieses Amtes:

> ... damit solche Brüder in den Kolonien lehren und geistliche Handlungen verrichten könnten, welches aber sonst in der Gemeine keinen Vorzug oder Ansehen geben sollte.[257]

Als Kandidaten für das Bischofsamt schlägt die Gemeine den Zimmermann David Nitschmann vor, der am 13. März 1735 in Berlin von Jablonsky unter Gebet und Handauflegung zum Bischof geweiht wird. Sein Amt, so wird immer wieder betont, soll sich auf die auswärtigen Gemeinden erstrecken, ihm keine Vorrangstellung einräumen, sondern nur ein »Weihbistum« sein, das heißt, die Vollmacht zur Ordination geben.

Wenige Monate später reist der neue Bischof in aller Stille nach Georgien in Nordamerika. Zinzendorf will möglichst wenig Aufhebens von der ganzen Bischofsangelegenheit machen, um seinen Gegnern keine neuen Angriffsflächen zu bieten. Außerdem will er ausdrücklich festgehalten wissen, dass Herrnhut nach wie vor zur lutherischen Kirche und zur Pfarrgemeinde Berthelsdorf gehört.

Trotzdem tut Zinzendorf mit diesem »mährischen Episkopat« (Bischofsamt) einen entscheidenden Schritt auf die mährische Brüderkirche zu, auch wenn er es zunächst nicht wahrhaben will. Es gibt nämlich noch einen zweiten Grund für dieses Bischofsamt. Die sächsische Regierung hat zwar Zinzendorfs Ausweisung 1733 wieder aufgehoben, und auch die Untersuchung der Regierungskommission ist günstig für Herrnhut verlaufen. Die Mähren werden in Herrnhut weiterhin »geduldet«, nur die schlesischen Schwenckfelder bekamen den Ausweisungsbefehl, mussten das Land verlassen und emigrierten nach Amerika. Aber wenn Zinzendorf im Jahr 1735 die Lage realistisch einschätzt, muss er sich klarmachen, dass es nur eine Frage der Zeit ist, bis neue Beschwerden eine neue Ausweisungswelle einleiten können. Deshalb teilt er vorsorglich die Einwohner Herrnhuts in zwei Teile, die mährische und die »neue« Gemeine, die aus Einheimischen besteht. Er will damit erreichen, dass die Mähren, wenn sie eines Tages ausgewiesen würden, emigrieren könnten und in Herrnhut nicht nur versprengte Reste, sondern eine in sich geschlossene und funktionierende Gemeinde zurückbliebe.

Für den Fall einer Vertreibung muss Zinzendorf sich nach neuen Zufluchtsorten umsehen. Er sucht Plätze für »Kolonien« zugleich in Europa – zum Beispiel an der Ostsee –, in der Karibik und in Amerika. Der Episkopat aber soll für alle künftigen Niederlassungen den Zusammenhalt und das Dach bilden, damit die Leute nicht »Schwärmer ohne Kopf« werden und »jeder Haufe eine Sekte für sich«[258] bildet. Allerdings steht damit die Möglichkeit am Horizont, dass die Herrnhuter eine selbstständige kirchliche Organisation bilden und der Zusammenhang mit der lutherischen Kirche verloren geht.

11. Die Pilgergemeine

Das Jahr 1735 neigt sich schon dem Ende zu, als Zinzendorf, aus einer spontanen Eingebung heraus, wieder einmal zu einer
Reise aufbricht. Diesmal will er ohne Begleitung, zu Fuß, wie ein einfacher Herrnhuter Bruder in die Schweiz wandern. Die Gräfin ist
von dieser romantischen Idee keineswegs begeistert. Sie steht kurz
vor der Entbindung ihres neunten Kindes, und in Herrnhut gibt es
unendlich viel zu tun. Außerdem macht sie sich Sorgen um die
Gesundheit ihres Mannes, der eine so beschwerliche Fußreise nicht
gewohnt ist. Aber wenn Zinzendorf sich einen solchen Plan in den
Kopf gesetzt hat, ist nichts zu machen: »Ich habe Befehl vom Herrn,
darauf gehe ich«[259], pflegt er in einem solchen Fall zu sagen und
darauf hinzuweisen, dass das Los sein Vorhaben gebilligt hat. So
bleibt Erdmuth nichts übrig, als ihn schweren Herzens ziehen zu
lassen; sie drängt ihm wenigstens einen Begleiter auf, den er aber nach
wenigen Tagen wieder zurückschickt.

Reise in die Schweiz

Zinzendorf pilgert also durch Deutschland und redet
unterwegs oft laut vor sich hin; das heißt, er führt Gespräche mit dem
Heiland, unbefangen wie in seiner Kindheit.

Fast ohne Reisegeld ist er losgezogen, um wirklich das
bedürfnislose Wanderleben seiner Brüder zu teilen. Aber diese sind
geschickte Handwerker und können sich unterwegs durch ihrer
Hände Arbeit ernähren, während der Graf in Gegenden, wo man

ihn nicht kennt und unterstützt, oft in schwierige Situationen gerät. Der Heiland lässt ihn, so schreibt er später, sehr deutlich auf dieser Reise empfinden,

> *was arm sein, was hungern, was Kleider versetzen, was gar nichts haben und unter stockfremden Leuten sein heißt, die einen auf solche Pfänder, die man vom Leibe hergibt, nichts borgen wollen, ja um der Armut willen übel behandeln, und ... gar nichts zu essen und zu trinken geben.*[260]

Auch das Zu-Fuß-Gehen ist nicht so einfach, wie er sich das vorgestellt hat. Er bekommt Blasen und Wunden an den ungeübten Füßen. Da er sehr kurzsichtig ist, sieht er oft die Hindernisse auf den unebenen, steinigen Wegen nicht und verstaucht sich den Fuß, so dass er doch wieder für ein paar Tage auf die Postkutsche angewiesen ist. Alle Reiseerlebnisse berichtet er getreulich seiner Frau in vielen Briefen. Die Gräfin, inzwischen Mutter einer Tochter Maria Agnes geworden, schreibt besorgt zurück, da sie alle ihre Befürchtungen bestätigt sieht. Bei allem Verständnis für die Bedeutung dieser Pilgerschaft mahnt sie ihn doch eindringlich, besser auf seine Gesundheit zu achten. Dann aber setzt sie demütig hinzu: »Hast Du aber ein Los für Dich, so schweige ich still und überlasse alles dem, der Dich führt.«[261]

Was will Zinzendorf eigentlich in der Schweiz? Durch seine wandernden Boten und rege Korrespondenz hat er Verbindung zu erweckten Christen in diesem Land bekommen. Auch dort haben sich, ähnlich wie in Deutschland, viele überzeugte Pietisten enttäuscht von der offiziellen reformierten Kirche abgewendet. Zinzendorfs Name hat bei ihnen einen guten Klang und sie möchten ihn gern persönlich kennen lernen. Der Graf seinerseits sieht seine besondere Aufgabe und Berufung immer wieder darin, unter den erweckten Christen eine philadelphische Gemeinschaft zu stiften. Er möchte aber diese Menschen dazu anhalten, dass sie sich nicht von ihrer angestammten Landeskirche trennen, sondern in ihr bleiben und wirken.

Am 30. November kommt Zinzendorf abgerissen und erschöpft in Zürich an, hinkend, weil sein Fuß verletzt ist, und ohne einen Heller in der Tasche. Er klopft an die Tür des Züricher Separatisten Hans Heinrich Schulthess, mit dem er schon viele Briefe gewechselt hat. Zunächst gibt er sich als armer mährischer Bruder aus, der um Unterkunft bittet. Erst nach vier Tagen eröffnet er seinem überraschten Gastgeber, dass er Graf Zinzendorf sei.

Viele Gespräche werden in Zürich geführt, dann macht sich der Graf wieder auf die beschwerliche Rückreise. Krank und völlig erschöpft kehrt er am letzten Tag des Jahres 1735 nach Herrnhut zurück.

Reise nach Holland

Kaum aber hat sich Zinzendorf ein wenig erholt, da schmiedet er neue Reisepläne. Es liegen Einladungen in die Niederlande von verschiedenen wichtigen Persönlichkeiten vor, sogar die Fürstin von Oranien hat dem Grafen geschrieben, die er 1719 auf der Kavaliersreise kennen gelernt hat.

Aber sollte er nicht lieber einige Zeit zu Hause bleiben, wo Herrnhut offensichtlich wieder einmal bedroht ist? Der Oberamtshauptmann von Bautzen, Vertreter der staatlichen Behörde in der Oberlausitz, hat den Grafen unter der Hand wissen lassen, dass sich ein neues Gewitter über der Brüdergemeine zusammenbraut. Es liegt eine Anzeige gegen Zinzendorf und seine Gemeine in Dresden vor: Die Herrnhuter werden beschuldigt, in der Oberlausitz mit ihren Hausversammlungen, die sie in einzelnen Orten abhalten, Unruhe zu stiften und »Religionszerrüttung«[262] zu betreiben. Hinter der Anzeige steht neben anderen Adligen ein Baron, der außer der »Religionszerrüttung« auch wirtschaftliche Einbußen seiner Brauerei fürchtet, da unter dem sänftigenden Einfluss der Herrnhuter der Bierausschank beträchtlich zurückgeht.

Niemand weiß, wie die kurfürstliche Regierung in Dresden auf diese Anzeige reagieren wird, zumal sich auch einige Geistliche in der Oberlausitz, deren Gottesdienste nicht mehr so gut besucht werden, über die »Herrnhuterei«[263] beschwert haben. Trotzdem schiebt Zinzendorf alle Bedenken beiseite und drängt ungeduldig auf die Abreise nach Holland. Dieses Mal will er mit großem Gefolge von Brüdern und Schwestern reisen, auch die Gräfin und die älteste Tochter Benigna sollen ihn begleiten.

Die winterliche Reise durch tiefen Schnee dauert über zwei Wochen, bis die Reisegesellschaft am 4. März 1736 in Amsterdam ankommt, wo Zinzendorf ein ganzes Haus für sich und die Seinen mietet und eine standesgemäße Haushaltung führt.

In Holland ist die Herrnhuter Brüdergemeine bestens bekannt; 1735 ist sogar ein Buch über sie erschienen mit dem Titel: »Gottes Wunder mit seiner Kirche« von einem holländischen Gelehrten, Isaak Le Long. So stößt Zinzendorfs Besuch auf großes Interesse. Zu den Versammlungen, die er in seinem Haus hält, zu den Andachten und Singstunden kommen zahlreiche Besucher. Bald gehören auch einflussreiche und begüterte Kaufleute zu seinen Freunden und Anhängern. Einer von ihnen, Matthäus Beuning, bietet dem Grafen an, seine Finanzgeschäfte für ihn in Holland abzuwickeln, wo die Zinsen günstiger sind als in Deutschland. Das bedeutet für die Brüdergemeine eine große Hilfe, zumal ihr damit auch Zugang zu großzügigen Krediten von Seiten des holländischen Bürgertums verschafft wird.

Beuning begleitet den Grafen als Finanzberater gleich nach Ysselstein, wo die Fürstin von Oranien Grund und Boden für die Brüdergemeine angeboten hat. Hier entsteht später die kleine Brüderkolonie Heerendijk, ein »Posthaus und Rasthaus«, wo die Brüder und Schwestern auf dem Weg in die Missionen und bei der Rückkehr von dort »ein Plätzchen zum Ausruhen«[264] haben sollen.

Mit Frau und Tochter ist Zinzendorf noch einige Tage zu Gast auf dem Schloss der Fürstin von Oranien, dann macht er sich tief befriedigt über den Erfolg seines Hollandaufenthaltes am 16. April auf die Rückreise, während in Amsterdam eine kleine Gemeine zurückbleibt, die sich zu Herrnhut halten wird.

Die zweite Ausweisung

In Kassel macht die Reisegesellschaft Station; denn dorthin, so ist es ausgemacht, soll die in Herrnhut eingegangene Post nachgeschickt werden. Dabei findet sich ein erschreckendes Schriftstück, nämlich die Abschrift eines erneuten sofortigen Ausweisungsbefehls für Zinzendorf aus Kursachsen. Die Ausweisung ist vom Kurfürsten angeordnet.

Ein schweres Verhängnis für Zinzendorf und die Brüdergemeine! Um sich ein wenig zu fassen, schickt der Graf seine Frau und die anderen mit der Kutsche voraus in das 20 km entfernte Quartier und geht die Strecke zu Fuß. Er will die Sache allein durchdenken und mit dem Heiland darüber reden. Offensichtlich haben seine Feinde sich in Dresden durchsetzen können. Bedeutet dies das Ende der Brüdergemeine? Was ist der Wille Gottes bei diesem harten Rückschlag für die Herrnhuter?

Erstaunlicherweise ist der Graf schon am nächsten Tag von einer ungeahnten, freudigen Zuversicht erfüllt und glaubt die göttliche Fügung in dieser Verbannung zu erkennen: Für die nächsten zehn Jahre hat er ohnehin so viele Reiseprojekte, dass er sich nie längere Zeit in Herrnhut würde aufhalten können. Das Exil bekräftigt den Auftrag zum Hinausgehen in die Welt, um ihr das Evangelium zu verkünden; es gibt ihm sozusagen das »Pilgerrecht«, die Freiheit zu wandern, ohne an einen festen Wohnsitz gebunden zu sein.

Nun heißt es, die »Pilgergemeine« zu sammeln, die mit ihm zieht und mit ihm diesen Auftrag erfüllt. Sie wird ihre Heimat dort haben, wo sich Zinzendorf aufhält; dort wird künftig der Mittelpunkt der Gemeine sein, der Ort der Versammlungen, Ansprachen und der gottesdienstlichen Gemeinschaft, aber auch der Ausgangspunkt für die Brüder und Schwestern, die zu den Missionsstationen reisen. Ob Zinzendorf ahnt, dass diese von seinen Gegnern als Vernichtungsschlag geplante Ausweisung genau das Gegenteil bewirken wird, nämlich ein Aufblühen der Brüdergemeine, ihre Ausdehnung weit über das kleine Dorf Herrnhut hinaus?

David Nitschmann jedenfalls, der den Reisenden entgegenkommt, um ihnen genauere Berichte über die Ausweisung und andere Maßnahmen gegen Herrnhut zu geben, ist erstaunt über die Gelassenheit und »Freudigkeit«, mit der Zinzendorf alle die schlechten Nachrichten aufnimmt. Die Schriften des Grafen und andere Herrnhuter Veröffentlichungen sind verboten worden. Eine neue Untersuchungskommission hat sich in Herrnhut angekündigt, die offensichtlich die Gemeine und ihre Einrichtungen auflösen soll. Deshalb hat man vorher den Grafen »mit gutem Bedacht«[265] entfernt.

Die Untersuchungskommission

Ebersdorf ist wieder einmal die Zuflucht des verbannten Grafen; hier, an der Grenze zu Sachsen, will er das Ergebnis der Untersuchungskommission abwarten. Die Gräfin aber eilt, so schnell sie kann, nach Herrnhut weiter. Sie ist ja dort die »Ortsherrschaft« und muss, zusammen mit Zinzendorfs Stellvertreter Friedrich von Watteville, die Kommission gebührend empfangen. Der Graf gibt ihr die Bitte an die Gemeine mit, nichts vor der Kommission zu verheimlichen, sondern ihr den gewöhnlichen Gang des Gemeinelebens vor Augen zu führen.

Die Kommission, unter deren Mitgliedern sich auch ein alter Bekannter Zinzendorfs, der Dresdner Superintendent Valentin Löscher, befindet, trifft am 9. Mai 1736 in Herrnhut ein und visitiert elf Tage lang die Versammlungen, Singstunden und Ämterzusammenkünfte, ebenso das Waisenhaus und auch den Gottesdienst Pfarrer Rothes in Berthelsdorf. Danach werden intensive Einzelgespräche mit ausgewählten Gemeinemitgliedern geführt. Anstoß nimmt die Kommission zum Beispiel an den »Banden«, an der mangelhaften Ausbildung der Lehrer im Waisenhaus, an der Verwendung des Zinzendorfischen statt des Lutherischen Katechismus und an der besonderen Kirchenzucht, die nach der Sitte der mährischen Brüderkirche in Herrnhut geübt wird; das bedeutet zum Beispiel, dass Gemeinemitglieder wegen bestimmter Verfehlungen vom Besuch des Abendmahls ausgeschlossen werden können.

Auch die hervorragende Rolle der Laien in der Gemeine ist den Herren ein Dorn im Auge. Die Andachten in Herrnhut zum Beispiel werden von Brüdern und Schwestern geleitet; aber nach der Kirchenordnung dürfen Laien keine öffentlichen, sondern nur private Andachten halten. Wann aber ist eine Andacht privat? Die Kommission empfiehlt, dabei Türen und Fenster zu schließen; damit sei der private Charakter gewährleistet. Darauf bringen die Herrnhuter den gewichtigen Einwand, dass man ihnen dann wieder den Vorwurf unzüchtigen Treibens in abgeschlossenen Räumen anhängen werde!

Über solche Spitzfindigkeiten also zerbrechen sich die Herren die Köpfe. Insgesamt aber geht die Kommission bei ihrer Untersuchung in einer fairen und gerechten Weise vor; ebenso zeigt sich die Gemeine willig und kooperativ, so dass ihr zum Schluss bescheinigt wird: »Ihr habt euch als ehrliche Leute aufgeführt und seid gerade herausgegangen!«[266]

Die Herren kommen zu dem Ergebnis, dass die Brüdergemeine im Großen und Ganzen auf dem Boden der Augsburgischen Konfession stehe; Löscher nennt sie sogar »nach Lehre und Praxis eine gottesfürchtige, christliche Gemeine«, die aber »den guten Grund des Luthertums im Auge behalten«[267] solle. Deshalb möchte die Kommission der sächsischen Regierung die weitere Duldung der Brüdergemeine empfehlen, wenn sie in den beanstandeten Punkten ihre Ordnungen ändere.

Als aber die Herren Abschied von Herrnhut nehmen, um ihren abschließenden Bericht für den Kurfürsten abzufassen, geben die Ältesten der Gemeine mit Würde und Festigkeit folgende Erklärung ab: Falls der Kurfürst sie vor die Wahl stellen sollte, ihre Verfassung aufzugeben oder das Land zu räumen, würden sie ohne Zögern wieder auswandern mit herzlichem Dank für den Schutz, den sie in den vergangenen Jahren in Sachsen genossen hätten.

Eine Abwanderung der Herrnhuter – der Ort hat im Jahre 1736 etwa 700 Einwohner – liegt aber keineswegs im Interesse der Landesregierung; schon aus wirtschaftlichen Gründen möchte man die tüchtigen Handwerker gern im Land behalten – und welches Aufsehen würde ein solcher Abzug verursachen! Deshalb bleibt der Bericht der Kommission erst einmal auf der Behörde liegen; man will

Zeit gewinnen und hofft, dass die Brüdergemeine ohne ihren Vorsteher und Vordenker, den Grafen Zinzendorf, bald ihre Ordnungen von selbst lockern und sich stillschweigend in die lutherische Landeskirche eingliedern werde, womit man sich allerdings gründlich getäuscht hat. Ein Jahr später wird dann vom Kurfürsten die weitere Duldung der Brüdergemeine verfügt, ohne dass sich die von der Regierung erhofften Auflösungserscheinungen eingestellt haben.

Schloss Marienborn

Zinzendorf wartet inzwischen in Ebersdorf ungeduldig auf das Ergebnis der Untersuchungskommission. Häufig bekommt er Besuch von Brüdern und Schwestern aus Herrnhut und man bespricht die Zukunft der Pilgergemeine. Soll sie sich nach Amerika wenden, wo Spangenberg in Pennsylvanien eine neue Kolonie gegründet hat, oder soll man nach Holland ziehen? Auch in Deutschland hat Zinzendorf Freunde: Seine Verbannung hat sich schnell herumgesprochen und es fehlt nicht an Einladungen und Vorschlägen. Zum Beispiel hat man ihm in der Wetterau in der Nähe von Frankfurt das Schloss Marienborn mit weitläufigen Ländereien zur Pacht angeboten. Eine verlockende Aussicht – vor allem, weil die Entfernung zu Herrnhut nicht gar so weit ist! Zinzendorf beschließt also, sich Marienborn anzusehen.

Zunächst hält er sich in der alten Reichsstadt Frankfurt mehrere Tage auf. Dorthin kommen aus Herrnhut einige Brüder und Schwestern, der Grundstock seiner Pilgergemeine; auch zwei Kinder des Grafen, Benigna und Christian Renatus, treffen mit ihnen ein.

Der Besuch des berühmten Grafen erregt Aufsehen in der Stadt. Es gibt Versammlungen, Besuche, Einladungen. Dann aber eilt er mit seinem Gefolge nach Marienborn, das ihm ausnehmend gut gefällt. Das ansehnliche Schloss würde der gräflichen Familie einen standesgemäßen Wohnsitz und viel Platz für die Pilgergemeine und Besucher bieten.

Aber Zinzendorf will erst noch den Willen des Heilands erkunden und befragt das Los, ob er Marienborn pachten soll. Leider

Marienborn

Marienborn, Schloss und Wirtschaftshof. Kupferstich, 1755

sagt das Los ein deutliches »Nein«. In einem solchen Fall zögert Zinzendorf nicht, einen zweiten Versuch zu unternehmen. Er bittet eine Schwester aus seiner Begleitung, die junge Anna Nitschmann, ihrerseits dem Los dieselbe Frage zu stellen. Auch sie bekommt eine abschlägige Antwort. Bestürzt darüber, dass er eine so günstige Gelegenheit nicht ergreifen soll, lost Zinzendorf selbst ein drittes Mal: Das Los beharrt auf seinem »Nein«[268].

Damit ist für den Grafen klar, dass er das Schloss nicht pachten darf. Aber er weiß mit dem Los umzugehen und stellt ihm eine neue Frage: ob ein anderer für ihn Marienborn pachten solle? Und siehe da, das Los lässt ihm gnädig diesen Ausweg offen.

Zinzendorf hat auch schon eine klare Vorstellung, an wen er sich mit diesem Anliegen wenden muss: Er denkt an seine holländischen Freunde, die die geforderte Pachtsumme leicht flüssig machen können. Aber die Verhandlungen werden einige Zeit dauern; inzwischen muss die Pilgergemeine anderswo unterkommen.

Die Ronneburg

Gerne nimmt Zinzendorf für einige Tage die Einladung des Grafen Carl Ernst von Schrautenbach an, der ganz in der Nähe von Marienborn in Lindheim wohnt. Dann kommt ein neues Angebot: Der Graf könnte für einige Monate die nahe gelegene Ronneburg mieten.

Zinzendorf schickt den bewährten Christian David zur Ortsbesichtigung auf die Burg. Der kommt ganz entsetzt zurück. In diesem halb verfallenen, verdreckten Raubritternest hausen Diebe und Zigeuner; daneben wohnen viele jüdische Familien dicht gedrängt in den Gebäuden des Vorhofs: »Da könne kein Mensch leben und bleiben.«

Der Graf fragt erstaunt und amüsiert: »Christian! Bist du nicht in Grönland gewesen?«

»Ja, wenn's wie in Grönland wäre!«[269], ist die Antwort; dann folgt die erneute Beteuerung, auf dieser Burg könne man unmöglich wohnen.

Die Ronneburg in der Wetterau. Ölgemälde von E. Klingelhöfer

Die übrigen Brüder und Schwestern stimmen Christian David bei, erschreckt durch seine Schauergeschichten. Aber für den Grafen hat die Ronneburg gerade dadurch an Reiz gewonnen: Gibt es dort nicht eine Aufgabe für die Pilgergemeine, muss man sich nicht gerade um diese armen, ausgestoßenen Menschen kümmern? In aller Stille wandert Zinzendorf an einem der nächsten Tage selbst auf die Burg, findet alles halb so schlimm und kommt abends mit dem festen Entschluss nach Lindheim zurück, gleich am nächsten Morgen in den inneren Teil der Burg einzuziehen.

Allen flehentlichen Bitten gegenüber bleibt er taub. Den Brüdern und Schwestern bleibt also nichts übrig, als ihm in diese »Wohnung der Eulen und Fledermäuse«, wie Anna Nitschmann sich ausdrückt, zu folgen. Am nächsten Sonntag bereits predigt der Graf auf der Ronneburg; von allen Dörfern der Umgebung kommen Menschen herbei, um ihn zu hören.

Aber er nimmt sich auch um die verrufenen Bewohner der Ronneburg an, vor allem um die verwahrlosten Kinder, die von ihren Eltern zum Betteln ausgeschickt werden. Durch kleine Geldgeschenke weiß er sie auf der Burg zu halten und teilt sich mit anderen Brüdern und Schwestern in die Aufgabe, ihnen Unterricht zu erteilen. Auch Benigna und Christian Renatus suchen das Vertrauen dieser Kinder zu gewinnen, indem sie sie zum Essen einladen.

Besonders bemüht sich Zinzendorf um die nähere Bekanntschaft mit den zahlreichen Juden, die auf der Burg und in der ganzen Wetterau verstreut wohnen, und sie fassen allmählich Zutrauen zu ihm. Von nun an wird es ihm immer ein Anliegen sein, Kontakt mit jüdischen Gemeinden zu halten und sich für ein gutes Zusammenleben von Christen und Juden einzusetzen.

Lange hält es den unruhigen Grafen allerdings nicht auf der abgelegenen Ronneburg. Als die Gräfin auf seine Bitte hin mit den jüngeren Kindern aus Herrnhut nachgekommen ist, da übergibt er ihr nach kurzer Zeit das Regiment auf der Burg und bereitet seine Abreise ins Baltikum vor. Er nimmt nur einen jungen Bruder als Begleitung mit. Die übrige Pilgergemeine soll nach Möglichkeit seine Rückkehr auf der Ronneburg abwarten und von dort nur wegziehen, wenn das Los es gestattet.

Reise ins Baltikum

Der Graf reist über Berlin, wo er einige Tage im Haus seiner Mutter und seines Stiefvaters, des Generals von Natzmer, verbringt. Dann geht die Reise weiter nach Riga und Reval, die Hauptstädte der baltischen Provinzen Livland und Estland, wohin man den Grafen dringend und herzlich eingeladen hat.

Auch in diesen Provinzen, die seit dem Ende des Nordischen Krieges 1710 unter russischer Herrschaft stehen, haben die Herrnhuter Brüder schon gute Vorarbeit geleistet. Christian David und andere waren bereits 1729 nach Livland gewandert, hatten die lettische Sprache erlernt und missionarisch unter der einheimischen Bevölkerung gearbeitet. Diese lettischen und estnischen Bauern standen als Leibeigene unter der harten Herrschaft einer deutschen adligen Oberschicht, hatten nur widerwillig den christlichen Glauben ihrer Herren angenommen und pflegten insgeheim an versteckten Plätzen im Wald ihren alten heidnischen Opferkult mit Zauberei und magischen Ritualen. Die lutherischen Pfarrer waren diesen Zuständen gegenüber mehr oder weniger machtlos, weil sie zur deutschen Herrenschicht gehörten und den entscheidenden Zugang zu der Gedankenwelt dieser einfachen Menschen nicht fanden.

Den Herrnhuter Brüdern jedoch, die wie überall in ihren Missionen das tägliche entbehrungsreiche Leben der Einheimischen teilten und sich so ihr Vertrauen erwarben, war es in jahrelanger Arbeit gelungen, mit ihrer Verkündigung vom Opfertod Jesu die heidnischen Opfervorstellungen und -bräuche zu überwinden. Es gab an einigen Orten deutliche Erweckungsbewegungen zur Verwunderung und Freude der lutherischen Pfarrerschaft.

Es ist also kein Wunder, dass Zinzendorf als Vorsteher der Brüdergemeine in den baltischen Provinzen mit offenen Armen aufgenommen wird. Er ist Gast der Generalin von Hallart in Wolmersdorf, die dringend um seinen Besuch gebeten hat. Sie hat früher in Dresden gelebt und dort den berühmten Bibelkreis gegründet, dessen Leitung Zinzendorf als junger Justizrat 1722 übernommen hat.

In Riga und Reval wird der Graf von den Vertretern der lutherischen Kirche mit Ehrerbietung und größter Zuvorkommenheit empfangen. Immer wieder bittet man ihn zu predigen und jedes Mal sind die Kirchen bis auf den letzten Platz gefüllt. In Besprechungen mit Vertretern des deutschen Adels und der Geistlichkeit setzt sich Zinzendorf für die unterdrückten Letten und Esten ein. Er plädiert für eine Bibelübersetzung in die lettische und estnische Sprache. Außerdem entwickelt er seinen so genannten »livländischen Plan«. Danach sollen Herrnhuter Brüder als Helfer der lutherischen Pfarrer in ihren großen Pfarrbezirken arbeiten, indem sie Gruppen und Bibelkreise aufbauen und auch die Ausbildung geeigneter Leute aus der einheimischen Bevölkerung übernehmen. Der Plan stößt auf große Resonanz und legt den Grund für die ausgedehnte seelsorgerliche Arbeit der Brüder in diesen Regionen. Bereits ein Jahr später entsteht auf dem Gut der Frau von Hallart ein Seminar für die Ausbildung von Letten zu Volksschullehrern. Die Brüdergemeine wird in hohem Maße dazu beitragen, dass der christliche Glaube in der Bevölkerung verankert wird und dass sich die soziale Situation der leibeigenen Bauern allmählich bessert.

Audienz beim preußischen König

Mitte Oktober 1736 ist Zinzendorf wieder auf der Rückreise. Von Königsberg aus schreibt er an den preußischen König, Friedrich Wilhelm I., den »Soldatenkönig«, zu dem er schon lange in Verbindung treten möchte. Anlass seines Briefes sind die Glaubensflüchtlinge aus Salzburg, die der König in Ostpreußen angesiedelt hat. Für sie schlägt Zinzendorf dem König die Gründung eines Waisenhauses vor.

Die Sache scheint das Interesse des Königs zu finden; denn als Zinzendorf in Berlin eintrifft, liegt in seinem Elternhaus bereits eine Einladung des Königs in sein Jagdschloss Wusterhausen vor. General Natzmer bereitet seinen Stiefsohn allerdings warnend darauf vor, dass man dem König, der ein wunderlicher und unberechenbarer Charakter sei, viel Ungünstiges über Zinzendorf erzählt habe.

Wie recht der General mit seiner Einschätzung des Königs hat, wird dem Grafen sehr schnell bewusst, als er im Vorzimmer des

Jagdschlosses wartet und einer der »Lustigen Räte« des Königs ihn zur Audienz bitten will. Der König liebt solche skurrilen Spaßmacher und hat sie gerne in seiner Umgebung. Aber Zinzendorf, jetzt ganz Reichsgraf, fühlt sich durch diesen Empfang gekränkt. Er sei kein Narr, lässt er dem König bedeuten, dieser solle einen Pagen schicken, um ihn zur Tafel zu holen.

Ob dieses mutige Verhalten dem König imponiert hat? Bei der Audienz versucht er jedenfalls mit allen Mitteln, den Grafen einzuschüchtern. Wenn Zinzendorf später von diesem »erschrecklichen Empfang«, den er »keinem Menschen beschreiben kann«, berichtet, ist er immer noch ganz erschüttert. Dann aber fährt er fort:

Sein Absehen war, mich aus der Fassung zu bringen ... Aber das misslang, und nachdem die Ideen weg waren, die er von mir hatte, so kam eine andere, nämlich Grund von mir zu haben, und da er den hatte, so war die dritte Idee da, nämlich die größte Liebe und Hochachtung. Sein Land stünde mir und meiner Gemeine offen. Ich: Solange bis mich jemand in Ungnade brächte. Er: Das kann kein Mensch. Ich: Das wäre kein großer Herr imstande zu gewähren. Er: Ich kann's. Und das hat er gehalten.[270]

Drei Tage hintereinander führt der König ausführliche Gespräche mit Zinzendorf. Dann erklärt er vor seinem ganzen Hofstaat, dass man ihn hinsichtlich des Grafen »belogen und betrogen« habe und er sich persönlich von dessen Treue und Redlichkeit überzeugt habe. Zinzendorf hat von nun an in dem König einen Freund und Gönner, der seine schützende Hand über ihn und die Gemeine hält.

In Frankfurt

Zum Geburtstag seiner Frau am 7. November möchte Zinzendorf wieder bei ihr auf der Ronneburg sein. Er schafft die Strecke von Berlin aus gerade noch zu diesem Datum, aber als er spät abends zu nachtschlafender Zeit vor der Burg ankommt, ist das Tor bereits verschlossen. Da lässt der Graf das Posthorn blasen, um den Wächter zu wecken. Auf der Burg findet er aber nur Christian David und einige andere Brüder vor; die Gräfin ist mit den Kindern und dem Großteil der Pilgergemeine schon am 11. Oktober nach Frankfurt abgereist.

Erdmuth hatte eine sehr schlimme Zeit auf der unwirtlichen Ronneburg verbracht. Im August war ihr kleiner vierjähriger Sohn Christian Ludwig an der Ruhr gestorben, »ein hoffnungsvolles, von jedermann als ein Augapfel geliebtes Kind«[271], wie die arme Mutter an ihren Bruder schrieb. Zwei Monate später war ihr jüngstes Kind Maria Agnes sterbenskrank. Außer diesem Kummer und Sorgen gab es viele Schwierigkeiten mit den Einwohnern der Burg und mit dem Verwalter des alten Gemäuers, weil Zinzendorf die Miete nur für drei Monate bezahlt hatte und die Gräfin nicht wusste, ob sie weiter mieten sollte.

Eines Tages erschien Friedrich von Watteville auf der Ronneburg mit der dringenden Bitte, die Gräfin solle nach Herrnhut zurückkommen, sie werde dort schmerzlich vermisst. Was sollte sie tun? Der Graf hatte für den Zweifelsfall das Los empfohlen, aber dafür fehlte der Gräfin offensichtlich die Begabung. Sie verfügte nicht über die geniale Fragetechnik ihres Mannes. Vierzehnmal loste sie mit den anderen Mitgliedern der Pilgergemeine, ohne klare Ergebnisse zu bekommen. Das Los gab die widersprüchlichen Anweisungen, den Mietvertrag zu kündigen, aber doch auf der Burg zu bleiben. Als der Verwalter wegen des Mietzinses ungeduldig wurde, erlaubte das Los die Abreise, ließ die Gräfin aber nicht nach Herrnhut zurückkehren, sondern empfahl ihr, in der Gegend zu bleiben. Sie fuhr also mit zwei großen Packwagen nach Frankfurt, wo sie mit Familie und Begleitung unterkam, allerdings sehr »pilgermäßig«[272].

Das alles erzählt man dem zurückgekehrten Grafen. Er bleibt nur eine Nacht auf der Ronneburg, dann folgt er der Gräfin nach Frankfurt, wo er sich bis Mitte Dezember dieses ereignisreichen Jahres 1736 aufhält.

In der Stadt Frankfurt bildet die kleine Pilgergemeine bald einen Mittelpunkt, der nach Herrnhuter Ordnungen lebt und viele Anhänger findet. Aber bereits ein Jahr später wird der misstrauische Magistrat die Herrnhuter Versammlungen verbieten, weil man fürchtet, es könnte sich daraus eine eigene Kirchengemeinschaft entwickeln. Ein kleiner Kreis von herrnhutisch Gesinnten wird sich allerdings in Frankfurt halten; zu ihm stoßen fast 20 Jahre später Frau Rat Goethe und ihre Freundin Susanne von Klettenberg, die auf den jungen Johann Wolfgang Goethe großen Einfluss bekommt.

1. Synode von Marienborn

Zurück ins Jahr 1736. Die Verhandlungen um Schloss Marienborn sind soweit gediehen, dass der Graf dort eine Konferenz seiner wichtigsten Mitarbeiter abhalten kann, die erste von vielen Synoden, für die Zinzendorf eine große Vorliebe entwickelt.

Die Synode dauert drei Tage, vom 6.–8. Dezember 1736. Neun Personen nehmen daran teil: Außer Graf und Gräfin und den Vertretern der Pilgergemeine sind auch aus Herrnhut Brüder und Schwestern gekommen. Bischof David Nitschmann vertritt die Missionsgemeinden. Es geht um die Zukunft der Brüdergemeine, um Grundsatzfragen, Finanzen, um viele alte und neue Probleme. 100 Tagungsordnungspunkte hat sich die Synode vorgenommen! An erster Stelle aber steht bezeichnenderweise eine allgemeine Aussprache. Die Teilnehmer »räumen gründlich miteinander auf«, sie sagen mit »sünderhafter Offenherzigkeit«[273], was sie aneinander auszusetzen haben. Nichts soll zwischen ihnen stehen, wenn der weitere Fortgang der Gemeine besprochen werden soll. Auch der Graf muss sich unangenehme Wahrheiten sagen lassen und scharfe Kritik hinnehmen, was ihm nicht leicht fällt; er wehrt sich »wie ein Wolf«[274].

Trotzdem spricht er später im Hinblick auf diese erste Synode von »drei glücklichen Tagen«, die »unvergessen bleiben werden«[275].

Reise nach England

Auf der Synode wird auch eine Englandreise des Grafen beschlossen; denn die Arbeitsgebiete der Brüdermissionare in Amerika liegen in der englischen Kolonie Georgia, weshalb die Anerkennung durch die englische Kirche für diese Mission unverzichtbar ist.

Noch im Dezember 1736 reist Zinzendorf über Holland nach London. Er mietet für sich und sein Gefolge ein großzügiges Quartier, Lindsey House in Chelsea; denn in England gilt es standesgemäß aufzutreten. Zunächst bemüht sich der Graf darum, General Oglethorpe, den Statthalter der Kolonie Georgien, kennen zu lernen, der sich gerade in England aufhält. Es gelingt ihm, dessen Achtung und Freundschaft zu gewinnen, womit er der Brüdermission in Georgien einen großen Dienst erweist.

Sein zweites Anliegen ist das Verhältnis zur anglikanischen Kirche. Darüber hat er eine ausführliche Unterredung mit dem Erzbischof von Canterbury, Johann Potter. Aus gutem Grund hat er den Bischof David Nitschmann nach England mitgenommen: Er kann darauf verweisen, dass dessen Bischofsamt in der apostolischen Sukzession steht, die auch die englische Kirche für ihre Bischöfe in Anspruch nimmt. Tatsächlich erkennt der Erzbischof von Canterbury die mährische Bischofs-Sukzession in einer feierlichen Erklärung an, ebenso die Verfassung der Brüderkirche, die dem Bekenntnis der anglikanischen Kirche nach Überzeugung Potters nicht widerspricht.

Damit hat Zinzendorf sehr viel für die Missionsarbeit seiner Brüder in den ständig wachsenden englischen Kolonien erreicht. Aber auch für ihn persönlich ist die uneingeschränkte Zustimmung der anglikanischen Kirche zur mährischen Brüderkirche von Bedeutung.

Die Bischofsweihe

Die Frage der Ordination steht ja für Zinzendorf immer noch im Raum. Bis jetzt hat er von der Tübinger theologischen Fakultät eigentlich nur die Predigterlaubnis. Der preußische König hatte ihn deshalb bei der ersten Begegnung dringend ermahnt, sich endlich ordinieren zu lassen, und zwar in Preußen; damit hätte er doch alle Befugnisse eines Geistlichen für sein Anliegen, Seelen zu gewinnen.

Diesem Rat des Königs will Zinzendorf folgen und findet sich nach der Rückkehr aus England wieder in Berlin ein, wo ihn der König schon ungeduldig erwartet. Er hat zwei lutherische Pröpste beauftragt, den Grafen noch einmal auf seine Rechtgläubigkeit zu prüfen. Dieses Examen findet am 26. April 1737 statt; die beiden Geistlichen können dem König bestätigen, dass sein Schützling voll und ganz zur Lehre der evangelischen Kirche steht.

Aufgrund dieser Prüfung könnte Zinzendorf ohne weiteres zum lutherischen Geistlichen ordiniert werden. Aber nach den Erfahrungen mit der anglikanischen Kirche und ihrer Betonung des Episkopats will Zinzendorf lieber einen anderen Weg gehen: Im Hinblick auf die Arbeit der Brüder in den englischen Kolonien möchte er, wie David Nitschmann, von Jablonsky zum Bischof der mährischen Brüderkirche ordiniert werden. In einem Brief bittet er den König um sein Einverständnis. Dieser lässt sich überzeugen und gibt seine Zustimmung. So wird Graf Zinzendorf als lutherischer Geistlicher am 20. Mai 1737 von Daniel Jablonsky und David Nitschmann zum Bischof geweiht, sozusagen zum »lutherischen Bischof der mährischen Brüder«[276]. Denn nach wie vor versucht Zinzendorf sorgfältig den Anschein zu vermeiden, als beabsichtige er eine Trennung von seiner angestammten lutherischen Kirche.

Der Erzbischof von Canterbury gratuliert dem neuen Bischof in einem freundlichen Schreiben, ebenso der Bischof der Unität der böhmischen Brüder in Polen, Sitkovius, dessen Zustimmung zur Bischofsweihe man vorher eingeholt hat. Dem König von Preußen drückt Zinzendorf seinen tiefempfundenen Dank aus:

Ich werde lebenslang daran denken, was ich in dieser wichtigen Sache, darinnen mich so wenige gefasst und niemand unterstützt, von dem Könige von Preußen erlangt habe.[277]

Zwischenspiel in Herrnhut

Am sächsischen Hof ist man genau darüber unterrichtet, in welch hohen Ehren der verbannte Graf Zinzendorf beim preußischen König steht. Diese Tatsache verfehlt natürlich ihren Eindruck nicht. Als nun der Generalfeldmarschall Natzmer sich in einem persönlichen Schreiben beim sächsischen Kurfürsten für seinen Stiefsohn einsetzt, erhält dieser die gnädige Erlaubnis, wieder nach Sachsen zurückzukehren.

Mit größter Freude und Dankbarkeit wird der Graf Ende Juni 1737 in Herrnhut empfangen. Zinzendorf nimmt mit Begeisterung wieder die Zügel in die Hand. Alle Einrichtungen und Ämter der Gemeine werden in zahlreichen Konferenzen überprüft und zum Teil neu geordnet und besetzt.

Leider stellt sich nach kurzer Zeit heraus, dass die gnädige »Exilsaufhebung« der kurfürstlichen Behörde einen Pferdefuß hat: Zinzendorf soll eine Erklärung unterschreiben, in der er sich schuldig bekennt, die Rechte des Landesherrn mit seinen religiösen Umtrieben verletzt zu haben, weshalb er zu Recht ausgewiesen worden sei. Zinzendorf ist sich keiner solchen Schuld bewusst und schlägt der Behörde eine andere Formulierung vor, die seine Ausweisung als Folge von Verleumdungen seiner Gegner erscheinen lässt. Das wird ihm sehr übel genommen; er erhält den strikten Befehl, die ursprüngliche Erklärung zu unterzeichnen. Aber dazu kann der Graf sich immer noch nicht entschließen und versucht erneut, eine Änderung zu erreichen. Als aber deutlich wird, dass die Stimmung in Dresden gegen ihn immer gereizter und bedrohlicher wird, fühlt er sich in Sachsen nicht mehr sicher. Im Dezember 1737 verlässt er Herrnhut wieder und reist mit der ganzen Familie ab.

Die »Berliner Reden«

Über die Wetterau und Frankfurt geht die Reise wieder nach Berlin, wo Zinzendorf sich für einen längeren Aufenthalt einrichtet. Im April 1738 erreicht ihn hier der eisige Bescheid aus Dresden, dass er ein für allemal aus Sachsen verbannt sei.

Wieder ist der Graf an die Pilgergemeine gewiesen, die sich in dem großen Haus formiert, das er in Berlin gemietet hat. Mit etwa 70 Brüdern und Schwestern wohnt er hier fast vier Monate. In dieser Zeit hält er seine berühmten »Berliner Reden«, die später gedruckt, immer wieder aufgelegt und in mehrere Sprachen übersetzt werden und die über Preußen und Deutschland hinaus weite Verbreitung finden. Sie verschaffen dem umstrittenen Grafen in vielen Kreisen Achtung und Anerkennung, die ihn bis jetzt noch abgelehnt haben. Zinzendorf selbst sagt über diese 54 Reden: »Die Berlinischen Reden sind vor der ganzen Welt gehalten. Berlin war nur die Kanzel.«[278]

Mittelpunkt und Inhalt dieser Reden sind der zweite Glaubensartikel, also die »Predigt vom gekreuzigten Christus«, und das »Vaterunser«. Zinzendorf ist ein faszinierender Redner; er spricht aus dem Herzen heraus, frei und ohne Konzept. Ein Student aus Jena, Johannes Langguth, ein glühender Anhänger Zinzendorfs, macht es sich zur Aufgabe, die Reden in gekürzter Form mitzuschreiben. Die Nachschriften finden Zinzendorfs Billigung und bilden später die Grundlage für den Druck der Berliner Reden. Dieser autorisierte Text wird wichtig, weil bald noch einige andere Reden unter dem Namen des Grafen kursieren, die er nie gehalten hat.

Gründung von Herrnhaag

Ende April 1738 wird der Haushalt in Berlin aufgelöst; die Pilgergemeine zieht nun endgültig in die Wetterau. Schloss Marienborn ist inzwischen von den holländischen Freunden für die gräfliche Familie gepachtet worden. Außerdem wurde in der Nähe von dem Grafen von Büdingen das Gut Vonhausen mit viel Grund und Boden erworben.

An seinem Geburtstag, dem 26. Mai 1738, steht der Graf in aller Morgenfrühe auf einer Anhöhe über diesem Gut und spricht ein Gebet über das vor ihm liegende Land: Hier soll eine neue Gemeine entstehen, Herrnhaag soll sie heißen.

Mit dieser Gemeine hat Zinzendorf seine besonderen Pläne. Da die Einwohner der Wetterau der reformierten Konfession angehören, soll Herrnhaag zu einer »Ecclesiola« in der reformierten Kirche werden – wie Herrnhut in der lutherischen – und vor allem für die Gemeinemitglieder eine Heimat sein, die sich der reformierten Denkweise näher fühlen. Zinzendorf denkt da vor allem an die erweckten Freunde in der Schweiz, von denen sich auch viele später in Herrnhaag ansiedeln.

Obwohl Zinzendorf sich selbst als Lutheraner fühlt, bleibt doch sein Grundsatz, dass er niemanden aus seiner angestammten Konfession abziehen will. Er möchte eine überkonfessionelle »philadelphische Gemeine« aus den überzeugten und wahren Christen schaffen, die sich verstreut in den verschiedenen Kirchen finden.

12. Die Amerikareisen

Eine Reise über den Ozean ist im 18. Jahrhundert eine gefährliche Angelegenheit, besonders im Winter, wo viele Schiffe in der stürmischen See untergehen. Trotzdem entschließt sich Zinzendorf Ende 1738, zwei Herrnhuter Missionsehepaare zu begleiten, die auf die Insel St. Thomas in der Karibik ausreisen wollen. Diese erste Visitationsreise des neuen Brüderbischofs Zinzendorf hat eine betrübliche Vorgeschichte.

St. Croix

Südlich von der dänischen Kolonie St. Thomas, wo die Brüdermission ihren Anfang genommen hat, liegt die Insel St. Croix im Karibischen Meer. Diese war zuerst in französischem Besitz, wurde dann aber im Jahre 1733 von Dänemark käuflich erworben. Die Westindische Companie in Kopenhagen wollte dort wie in St. Thomas Zuckerplantagen anlegen, beziehungsweise die von den Franzosen verlassenen Felder wieder nutzen. Auch der Kammerherr Pleß, der die ersten Herrnhuter Missionare in Kopenhagen betreut hatte und große Stücke auf die Brüdergemeine hielt, hatte in St. Croix Ländereien erworben, auf denen Plantagen angelegt werden sollten. Er kam auf die Idee, als Verwalter dieser Besitzungen Herrnhuter Brüder einzusetzen, weil sie seiner Meinung nach die schwarzen Arbeiter sehr viel besser behandeln würden als andere weiße Aufseher und zugleich als Missionare tätig sein könnten. In diesem Sinne schrieb er an Zinzendorf und bat ihn darum, ihm zwölf bis fünfzehn Brüder als Aufseher für seine Plantagen zu schicken.

Der Vorschlag traf damals, im Mai 1733, auf größtes Interesse, ja Begeisterung im Herrnhuter Gemeinrat; denn er kam in einer Zeit, wo Zinzendorf nach der ersten Ausweisung aus Sachsen zwar wieder nach Herrnhut hatte zurückkehren dürfen, wo aber der Gemeine bewusst wurde, wie bedroht ihre Existenz in diesem Land war. Und nun diese Möglichkeit auszuwandern, eine Kolonie zu gründen und ein neues Missionsgebiet zu gewinnen! Zinzendorf war der Einzige, der Bedenken anmeldete: Ob nicht der Missionsgedanke unter den Verwaltungsaufgaben, unter den Sorgen für das tägliche Brot leiden würde? Aber seine Vorbehalte wurden von dem allgemeinen Enthusiasmus weggespült: Die Brüder drängten sich geradezu zur Ausreise. Schließlich wurden vier junge Ehepaare und zehn ledige Brüder ausgewählt, die im August 1733 über Kopenhagen nach St. Thomas und dann nach St. Croix reisen sollten.

Ungeahnt schwierig und langwierig gestaltete sich ihre Reise. Wegen widriger Stürme waren sie gezwungen, in Norwegen zu überwintern und kamen erst im Juni 1734 in St. Thomas an, wo sie der Missionar Leonhard Dober empfing. Ihre Vorfreude auf die Arbeit in St. Croix konnte er nicht ganz teilen; denn er kannte das mörderische Klima dort besser als die unerfahrenen Kolonisten. Diese ließen sich aber nicht beirren, nahmen eine Gruppe von schwarzen Arbeitern mit nach St. Croix und gingen dort mit großem Eifer daran, die verwilderten Plantagen wieder herzurichten.

Leider waren Leonhard Dobers Befürchtungen nur allzu berechtigt. Die harte Arbeit in dem heißen, sumpfigen Klima setzte den Europäern so zu, dass von den achtzehn hoffnungsfrohen Siedlern gleich in den ersten Monaten zehn krank wurden und starben. Die Überlebenden verließen die Insel kurze Zeit später.

Als in Herrnhut Anfang Juni 1735 die erschütternde Nachricht vom Sterben in St. Croix eintraf, war die Gemeine zuerst von Entsetzen wie gelähmt. Es waren ihre Söhne und Töchter, die in dem fernen heißen Land vom tödlichen Fieber dahingerafft worden waren! Bald aber erhoben sich verzweifelte, anklagende Stimmen: War es nicht leichtsinnig und gedankenlos gewesen, die jungen Leute

dorthin zu schicken, ohne sich genau nach den klimatischen Gege-
benheiten und Lebensumständen zu erkundigen? Der Graf und die
Ältesten gerieten schwer unter Beschuss, obwohl Zinzendorf als Einziger dem Unternehmen St. Croix gegenüber skeptisch gewesen war.
Aber er war selbst viel zu erschüttert über die Todesnachricht, als
dass er den Schmerz, Trauer und Zorn der Hinterbliebenen nicht
verstanden hätte. Sich und die anderen versuchte er zu trösten,
indem er ein Gedicht über das Psalmwort verfasste: »Mohrenland
wird seine Hände ausstrecken zu Gott«[279]. Am Schluss des Gedich-
tes heißt es:

> *Es werden zehn dahin gesät,*
> *Als wären sie verloren;*
> *Auf ihren Beeten aber steht:*
> *Das ist die Saat der Mohren.*[280]

Zinzendorf ist durch das schreckliche Ereignis nicht am
Missionsgedanken irre geworden, sondern er hat den festen Glau-
ben, dass die Toten von St. Croix gleichsam als Samenkörner in die
Erde gesenkt worden sind. Einmal wird daraus eine Gemeinde von
Christen unter der schwarzen Bevölkerung entstehen.

Reise nach St. Thomas

Aber der Vorwurf, der damals gegen Zinzendorf erhoben
wurde, dass »er unbarmherzig mit den Brüdern und Schwestern
handle und sie nur so in den Tod schicke«[281], hat ihn nicht mehr
losgelassen. Drei Jahre später, also 1738, ergreift er die erste sich bie-
tende Gelegenheit, mit anderen Missionaren in die Karibik aus-
zureisen und unter Beweis zu stellen, dass er auch selbst die Gefahren
einer solchen Reise und den Aufenthalt in dem ungesunden Klima
auf sich nehmen will. Von seiner Frau nimmt er schweren Abschied,
nicht anders, »als wenn er in die Ewigkeit ginge, und sie wusste
auch nicht, ob sie ihn wieder sehen würde«[282]. Für die Gemeine verfasst er ein »Eventualtestament«, um ihr, wenn er nicht mehr zurück-

kehren sollte, seine Gedanken über ihre Aufgabe und Sendung zu hinterlassen.

Am 21. Dezember 1738 lichtet das Schiff in Amsterdam die Anker. Bei starken und günstigen Winden kommt es unglaublich schnell voran, so dass schon einen Monat später, am 29. Januar 1739, die Insel St. Thomas am Horizont erscheint.

Mit den zwei Herrnhuter Brüdern steht Zinzendorf auf dem Deck des Schiffes und blickt aufgeregt hinüber. Was werden sie vorfinden? Eine blühende Missionsarbeit oder nur ein Gräberfeld wie in St. Croix? Sorgenvoll fragt der Graf seine Begleiter:

»Wie aber, wenn unsere Brüder nicht mehr am Leben und niemand mehr vorhanden ist?«

»Das kann der Heiland nicht getan haben«, sagt der eine, und der andere fügt hinzu:

»Nun, dann sind wir da!«

Und Zinzendorf kann nur lachend und verwundert den Kopf schütteln: »Gens aeterna (ein unverwüstliches Geschlecht), diese Mähren!«[283]

Am Hafen von St. Thomas ist weit und breit keiner von den Brüdern der Mission zu sehen, niemand steht zum Empfang bereit. Zu ihrem Entsetzen erfahren die Ankömmlinge auf ihre Nachfrage hin, die Brüder seien alle im Gefängnis, schon seit drei Monaten. Ein dänischer Pflanzer, ein Freund der Brüdergemeine, nimmt schließlich den Grafen und seine Begleiter in sein Haus auf und berichtet ihnen, was vorgefallen ist.

Verhaftung der Brüdermissionare

Die Mehrzahl der weißen Kolonialherren war der Missionsarbeit der Herrnhuter Brüder von Anfang an ablehnend gegenüber gestanden. Denn nach Ansicht dieser Herrenschicht war es absolut unnötig, ja gefährlich, die schwarzen Sklaven zum christlichen Glauben zu bekehren und sie damit »klüger« zu machen. Dadurch würden sie nämlich Einsicht in ihre verzweifelte Situation bekommen, vielleicht auch begreifen, dass sie zahlenmäßig den

Weißen weit überlegen waren. Es würde zu Aufständen kommen, die es schon ab und zu gegeben hatte und die mit äußerster Grausamkeit niedergeschlagen worden waren.

Besonders heikel war die Sache mit den schwarzen Frauen, Sklavinnen, die der sexuellen Gier ihrer weißen Herren hilflos ausgeliefert waren. Deshalb gab es zahlreiche Mischlingskinder auf der Insel, die weder zum weißen noch zum schwarzen Bevölkerungsteil gehörten und von beiden verachtet wurden. Wenn aber die Frauen zu den Versammlungen der Brüder gingen und Christinnen wurden, waren sie für die weißen Pflanzer nicht mehr zu haben.

Kein Wunder also, dass ein Großteil der Plantagenbesitzer die Brüder von der Insel vertreiben wollte und immer neue Anschuldigungen gegen sie erfand. Aber die Zahl der Schwarzen, die sich zur Herrnhuter Missionsgemeinde hielten, war inzwischen auf 800 angewachsen, die auf den einzelnen, oft weit auseinander liegenden Plantagen eigene Gruppen bildeten – sogar Ämter und Chöre gab es schon wie in Herrnhut!

Die Brüdermissionare hatten das Vertrauen der schwarzen Sklaven gewonnen, weil sie nicht wie die anderen Weißen hochmütig auf sie herabsahen, sondern sie auf den Plantagen besuchten und sie wie gleichwertige Mitmenschen und Mitchristen behandelten. Einer der Brüder heiratete sogar eine Eingeborene, die Mulattin Rebecca, die sich als eine der Ersten der Gemeine in St. Thomas angeschlossen hatte. Die Trauung der beiden vollzog Bruder Friedrich Martin, der als Einziger der Brüdermissionare auf St. Thomas ordiniert war.

Diese Heirat eines Weißen mit einer Farbigen war in den Augen der Plantagenherren eine so unerhörte Ehrverletzung der weißen Schicht, dass man mit den Brüdern endgültig abrechnen wollte. Schnell war ein Vorwand gefunden: Man stellte fest, dass auf Bruder Martins Ordinationsurkunde die Unterschrift des dänischen Königs fehlte. Somit sei die Ordination und damit die Trauung ungültig, behaupteten die Ankläger. Die beiden seien nicht verheiratet, sondern lebten in wilder Ehe; darauf stand nach dänischem Gesetz lebenslängliche Zwangsarbeit. Grund genug, die Brüder samt Rebecca erst einmal ins Gefängnis zu werfen, wo man sie nun schon drei Monate festhielt. Vor dem Gefängnis drängten sich immer wieder die Schwarzen und Bruder Martin predigte ihnen durch die vergitterten Fenster.

Handkuss für Rebecca

Zinzendorf ist aufs Äußerste empört, als er diese traurige Geschichte erfährt. Jetzt ist es an der Zeit, bei diesen arroganten Kolonialherren den hochadligen Reichsgrafen herauszukehren! In einem formellen Schreiben ersucht er den Gouverneur der Insel, die Gefangenen unverzüglich freizulassen. Dieser geht vor den eindrucksvollen Titeln Zinzendorfs sofort in die Kniee. Mit seinen ergebenen Empfehlungen schickt er ihm die Gefangenen in Begleitung eines Offiziers ins Haus.

Den Empfang weiß Zinzendorf feierlich zu gestalten: Im Beisein des Offiziers geht er auf die Freigelassenen zu, verneigt sich vor ihnen und küsst ihnen die Hand, auch der Mulattin Rebecca, um zu zeigen, »wie teuer und wert ihm diese Leute wären, die man als Übeltäter ins Gefängnis gesetzt hatte«.

Den Brüdern erscheint Zinzendorf wie ein Engel vom Himmel. Sie hatten keine Ahnung gehabt, dass er nach St. Thomas unterwegs war, aber sie hatten, wie sie freudig berichten, »den Heiland einfältig gebeten, ob er den Grafen nicht wollte nach Westindien zu ihnen schicken«[284].

Gleich am nächsten Morgen erscheint der Gouverneur persönlich bei dem vornehmen Gast, um sich wegen der Verhaftung der Brüder zu entschuldigen. Zinzendorf schmiedet das Eisen, solange es heiß ist, und lässt sich schriftlich zusichern, dass die Brüder ungehindert weiterarbeiten dürfen.

Die nächsten Wochen verbringt er mit Besuchen auf den Plantagen und fährt auch hinüber nach St. Croix, um die Gräber dort zu besuchen. In St. Thomas hält er Versammlungen für die schwarze Gemeinde, von deren »Treue unter den harten Leiden«[285] er tief beeindruckt ist. Er erwirbt eine kleine Plantage für die Mission, um ihr einen Ort für ungestörte Versammlungen und Gottesdienste zu verschaffen, und hält dort selbst die Einweihungsrede. Aber gleich nach der Feier werden die schwarzen Gemeindemitglieder auf dem Heimweg von betrunkenen weißen Rowdies überfallen und verprügelt. Es ist abzusehen, dass diese Versammlungen künftig wieder an versteckten Orten im Busch werden stattfinden müssen.

Heimreise

Unter diesem katastrophalen Eindruck von der weißen Kolonialherrschaft steht Zinzendorf, als er am 28. Februar 1739 die Heimreise antritt. Im Gepäck hat er ein dringendes Bittgesuch, das im Namen von etwa 900 schwarzen Frauen und Männern an den König und die Königin von Dänemark gerichtet ist; sie schildern ihre schlimme Lage und bitten in bewegenden Worten, man möge ihnen erlauben, »den Herrn kennen zu lernen und bei der Brüderkirche zu bleiben«[286]. Zinzendorf will dafür sorgen, dass dieses Schreiben nach Kopenhagen gelangt, und sich auch persönlich in dieser Sache an den dänischen König wenden.

Die Rückreise zieht sich wegen ungünstiger Winde in die Länge und dauert mit einem Umweg über England drei Monate. Zinzendorf hat einige Schützlinge mit aufs Schiff gebracht: einen jungen Schwarzen, den er freigekauft hat, einen mittellosen Dänen, dem er die Überfahrt bezahlt, und einen portugiesischen Juden mit seiner Frau, die ihn unter Tränen angefleht hatten, sie mit nach Amsterdam zu nehmen. Der Kapitän hat dem vornehmen Passagier ein eigenes »Kabinett« eingeräumt, das der Graf aber großmütig dem jüdischen Ehepaar überlässt und mit den anderen in der Mannschaftskajüte schläft. Hier verbringt er allerdings sehr unruhige Nächte, wie er in einem Brief klagt:

> »... dagegen habe ich des Nachts wegen der Ungezogenheit der jüngern, die mir immer ihre Füße auf den Kopf legen, des Besuchs der Katze und des vielen Ungeziefers halber keinen Schlaf, sondern ich bringe die ganze Nacht mit Wachen und Umgang mit dem Heiland zu ...«[287]

Tagsüber ist Zinzendorf auf dem Schiff mit theologischen Arbeiten beschäftigt. Er stellt die Losungen für 1740 zusammen und versucht eine eigene Übersetzung des Neuen Testaments aus dem griechischen Urtext anzufertigen. Viele Stunden diskutiert er mit dem jüdischen Mitreisenden Da Costa, einem klugen und gebildeten Mann, über Glaubensfragen. Zinzendorf hat eine »ungemeine Hochachtung für die Juden« und ihre Treue dem Gesetz Gottes gegenüber. Außerdem war Jesus Jude; »um deswillen soll man alle Juden lieb haben«[288].

Zinzendorf möchte sehr gerne auch unter den Juden »Erstlinge« für den christlichen Glauben gewinnen. Im Falle dieses jüdischen Freundes gelingt ihm das zwar nicht, aber die langen nächtlichen Gespräche der beiden auf dem Schiff handeln von der Notwendigkeit eines guten Zusammenlebens von Christen und Juden, und sie handeln natürlich auch von der Brüdergemeine. Nach der Ankunft in Holland ist das jüdische Ehepaar entschlossen, Zinzendorf in die Wetterau zu begleiten, um die Gemeine kennen zu lernen.

Es wird Juni, bis Zinzendorf endlich in Marienborn eintrifft. Gleich am nächsten Tag versammelt er die Pilgergemeine und berichtet in mitreißender Leidenschaft von dieser an Eindrücken überreichen Reise: »St. Thomas ist ein größeres Wunder als Herrnhut!«[289]

Seine Zuhörer folgen ihm gespannt und aufmerksam; aber sie sind erschüttert über das Aussehen des Grafen, der von Malariaanfällen gezeichnet und am ganzen Körper mit Geschwüren bedeckt ist.

Trotzdem kümmert er sich um seine jüdischen Gäste. Wie wichtig ihm das Gespräch mit den Juden geworden ist, zeigt sich, als er noch im Juni einen Bruder, Samuel Lieberkühn, nach Amsterdam zur Arbeit unter den Juden sendet. Am 12. Oktober feiert er mit der Gemeine und dem jüdischen Ehepaar in Marienborn das israelitische Versöhnungsfest. Von nun an soll dieses Fest auch in der Brüdergemeine begangen werden.

Zwischen den großen Reisen

Zinzendorfs Gesundheit hat schwer gelitten; im Herbst 1739 und im darauf folgenden Jahr liegt er monatelang krank in Marienborn. Zeitweise glaubt er, mit dem Leben abschließen zu müssen, dann fasst er wieder neue Hoffnung. Er hat einen Blick in die große weite Welt über dem Meer getan und ist erfüllt von den gewaltigen Aufgaben, die in den Kontinenten der Erde auf die Brüdergemeine warten. Er sendet Missionare nach Nordamerika zu den Indianern, nach Surinam und Berbice in Südamerika. Und er schickt einen Boten zu dem Patriarchen von Konstantinopel, der die Möglichkeiten zur Mission in Asien erkunden soll.

Zinzendorfs persönliches Fernziel ist Pennsylvanien in Nordamerika. Aber er braucht zwei Jahre, bis er sich wieder eine Schiffsreise zutrauen kann.

In Genf

Dazwischen werden andere Reisen geplant und ausgeführt, zum Beispiel nach Genf am Anfang des Jahres 1741; diese Unternehmung gestaltet sich zu einem großen Aufbruch der Pilgergemeine. Die Gräfin ist mit ihrem Sohn Christian Renatus, ihrer Tochter Salome und einigen Geschwistern schon im Januar vorausgefahren. Über 40 Brüder und Schwestern folgen in mehreren Gruppen und der Graf selbst trifft im März ein. Zinzendorf möchte in Genf, der Stadt des großen Reformators Calvin, sich und seine Gemeine vorstellen – deshalb das große Gefolge – und die Anerkennung durch die reformierte Kirche erreichen. Denn bis jetzt sind die hier und da in der Schweiz entstandenen Herrnhuter Sozietäten von der dortigen Geistlichkeit nicht gern gesehen. Deshalb besucht der Graf an den Sonntagen die reformierten Gottesdienste, um zu zeigen, dass er sich nicht von der dort heimischen Kirche absondern will.

Er bemüht sich auch um Gespräche mit den maßgebenden Theologen und Geistlichen der Stadt. In einem feierlichen Akt überreicht er einen umfangreichen »Brief«, in dem er die Geschichte und Ordnung der Brüder dargestellt hat. Man dankt dem Grafen höflich, verhält sich aber zurückhaltend. Denn das Christentum in Genf ist von Vernunft und Moral geprägt, ganz im Sinne der Philosophie der Aufklärung. Das kindlich-fröhliche Vertrauen der Herrnhuter auf die Gnade des Heilands, des »Gotteslammes«, bleibt den geistlichen Herrn fremd und unverständlich. Umso mehr fühlen sich viele Genfer Bürger von der Pilgergemeine und ihren Hausandachten angezogen. Während der Anwesenheit des Grafen wächst der Genfer Freundeskreis um das Dreifache.

Allerdings gibt es auch Leute in der Stadt, die sich den Herrnhutern gegenüber feindselig zeigen. Als die gräfliche Familie und ihre Begleitung am 16. Mai 1741 Abschied von Genf nimmt und aus dem Stadttor fährt, gibt es einen Tumult, und die Kutschen werden mit Steinen beworfen. Ein unschöner Vorfall, über den sich der Graf sofort beschwert, worauf man ihm von offizieller Seite eine Entschuldigung zukommen lässt.

Die Gesundheit des Grafen hat sich in dem milden Klima am Genfer See entscheidend gebessert. Er kann sogar auf eine abenteuerliche Bergtour zurückblicken, wo ihm auf dem schmalen und abschüssigen Fußweg an einem steilen Abhang schwindlig wurde. Zum Glück lenkten ihn die begleitenden Brüder durch eifriges Reden ab und brachten ihn gut über die gefährliche Stelle.

Die Synoden

Nach Marienborn zurückgekehrt, trifft der Graf mit frischen Kräften die Vorbereitungen für die Reise nach Nordamerika. Zu den Vorarbeiten gehören zwei Synoden in Marienborn im Juni und in London im September 1741.

Insgesamt hat Zinzendorf in den zwei Jahren zwischen seinen Überseereisen fünf Synoden abgehalten. Es geht dabei um religiöse Grundsatzfragen, aber auch um die weitere Entwicklung der Gemeine, die inzwischen zahlreiche Stützpunkte in Europa hat. Sie haben alle möglichen Organisationsformen, vom »freien

Häuflein«[290] bis zur Gemeine nach dem Herrnhuter Modell. Auch die Bezeichnung »Herrnhuter« nach dem Namen des kleinen Dörfchens in der Oberlausitz wird hinterfragt. Soll man sich nicht lieber »Mährische Brüder« nennen oder schlicht »Brüderkirche«? Immer wieder bricht bei diesen Diskussionen eine grundsätzliche Meinungsverschiedenheit auf: Viele der tüchtigen und weitblickenden Mitarbeiter Zinzendorfs streben die Entwicklung der Gemeine zu einer selbständigen Kirche an, während der Graf nach wie vor in der Brüdergemeine nur eine Erneuerungsbewegung innerhalb der bestehenden Konfessionen sehen will.

»Londoner Verlasskonferenz«

Besonders wichtig wird die Londoner »Verlass«- oder Abschiedskonferenz vom 11.–23. September 1741. Zinzendorf ist eigentlich schon auf dem Weg nach Amerika, will aber vorher noch mit seinen engsten Mitarbeitern, zu denen auch seine Frau gehört, alle Regelungen für die Zeit seiner Abwesenheit treffen.

Da erhebt sich gleich ein großes Problem: Leonhard Dober, einer der ersten Missionare und seit 1735 »Generalältester« der Gemeine, leidet unter der ungeheuren Last dieses Amtes und bittet um Ablösung. Wer aber soll seine Aufgabe übernehmen – in einem so kritischen Augenblick, wo Zinzendorf gerade auf dem Absprung nach Amerika ist? Das Amt des Generalältesten hat sich allmählich zum obersten Leitungsamt in der Gemeine entwickelt, geprägt durch seelsorgerlich begabte Persönlichkeiten, so dass der Amtsinhaber auch geistliche Vollmachten hat und für den inneren Zustand und Zusammenhalt der vielen Gemeinen in der »Diaspora« verantwortlich ist. Eigentlich ein »übermenschliches« Amt – so erscheint es jedenfalls dem Amtsinhaber Leonhard Dober, und die Konferenzteilnehmer können ihn gut verstehen. Soll man also das Amt überhaupt nicht mehr besetzen?

Eine große Ratlosigkeit erfasst die Konferenz: »Wir drucksten und drucksten und das waren lauter vergebliche Gedanken«[291], heißt es später in einem Rückblick. Ob das Losungsbuch des kommenden Jahres helfen kann, das gerade vor ihnen auf dem Tisch liegt? Man schlägt es irgendwo auf – es ist das Datum des 24. und 25. März – und findet die Stelle: »Unsre Tür werde Christo aufgetan« und daneben: »So spricht der Herr . . .: Weiset meine Kinder und das Werk meiner Hände zu mir«[292]. Die Konferenzteilnehmer sehen sich an: Ist das nicht eine klare Anweisung, den Heiland selbst zum Ältesten zu ernennen, zugleich seine Zusage, dass er das Amt annehmen will? Sofort steht der Entschluss fest: Kein anderer als der Heiland soll Generalältester der Gemeine sein. Er wird von nun an, wie Zinzendorf sagt, »unsere Konferenzen in die Hand nehmen, unser unsichtbarer Chef«[293] sein. Bei allen künftigen Synoden wird am Konferenztisch ein leerer Sessel für den »unsichtbaren Chef« stehen.

So einleuchtend und beglückend diese Lösung der Ältestenfrage den Konferenzteilnehmern zunächst erscheint, birgt sie doch für die Zukunft gewisse Probleme. Denn Zinzendorf versteht das Ältestenamt des Heilands anders als seine Mitarbeiter. Für ihn ist Christus der Herr der Kirche und damit selbstverständlich auch das Haupt der »philadelphischen« Gemeine, die als Gruppe wahrer Christen in allen Konfessionen zu finden ist. Die Mitglieder der Brüdergemeine aber, unter denen sich die frohe Kunde vom Ältestenamt des Heilands wie ein Lauffeuer verbreitet, gelangen verständlicherweise zu einer anderen Auffassung, dass nämlich der Heiland »einen Spezialbund mit seinem armen Brüdervolk geschlossen«[294] habe. Damit wird einerseits gegen den Willen Zinzendorfs die Vorstellung von einer »Sonderkirche« gefördert; andererseits wird den Gegnern der Brüdergemeine willkommener Stoff für neue gehässige Angriffe geliefert: Glauben die Herrnhuter wirklich, besonders auserwählt zu sein und den Heiland für sich gepachtet zu haben?

Abreise

Da Zinzendorf sich längere Zeit in Amerika aufhalten will, werden seine zahlreichen Befugnisse auf die zurückbleibenden Mitarbeiter in Form von zwölf »Generalämtern« aufgeteilt. Zusammen bilden sie die »Generalkonferenz«, die in Zinzendorfs Abwesenheit unter dem Heiland als Generalältesten die Pilgergemeine leiten soll. Am 28. September 1741 ist der Tag der Abreise des Grafen gekommen. Seine älteste 17-jährige Tochter Benigna darf ihren Vater auf der Reise in die »Neue Welt« begleiten. Zwei Monate dauert die Überfahrt. Am 29. November landet das Schiff in New York.

Pennsylvanien

Zinzendorfs Reiseziel ist die englische Kolonie Pennsylvanien. In den riesigen Waldgebieten südwestlich von New York hatte der englische Quäker William Penn vor etwa sechzig Jahren Ländereien für seine Glaubensgenossen gekauft, wo sie ungestört nach ihren religiösen Grundsätzen leben konnten. Er gründete die Stadt Philadelphia und gab dem nach ihm benannten »Pennsylvanien« (»Penns Waldland«) eine Verfassung, die allen Ansiedlern religiöse Freiheit und Toleranz garantierte. Unzählige verfolgte Sekten und Glaubensgemeinschaften zogen daraufhin in dieses »gelobte Land«. Auch die Schwenckfelder waren hierher gekommen, als sie 1734 aus Herrnhut ausgewiesen worden waren.

Viele dieser Gruppen, die aus Gründen ihrer religiösen Überzeugung nach Pennsylvanien gekommen sind, haben eine eigene Siedlung angelegt und leben von den anderen durch große unwegsame Wälder getrennt. Es gibt auch schon eine Herrnhuter Niederlassung in Pennsylvanien, eine Gruppe von Brüdern und Schwestern, die ihre erste Kolonie in Georgien wegen Kriegswirren verlassen und sich ein Stück Land am Delaware-Fluss erworben haben.

»Bruder Ludwig«

Die größte Bevölkerungsgruppe in Pennsylvanien bilden die englischen Quäker, eine Glaubensgemeinschaft, die Zinzendorf in England kennen und schätzen gelernt hat. In Philadelphia angekommen, stellt er sich zunächst beim Gouverneur vor und bittet um die Erlaubnis, Predigtversammlungen abhalten zu dürfen. Da er das Zutrauen der einfachen Quäker gewinnen will, wobei sein adliger Stand hinderlich sein könnte, legt er öffentlich im Haus des Gouverneurs den Grafentitel ab und lässt sich nach Quäkersitte »Freund Ludwig« oder »Bruder Ludwig« nennen. Auch den Titel eines Bischofs der mährischen Brüderkirche hat er zu Hause gelassen; hier in der »Neuen Welt« will er ohne diesen Ballast als »freier Diener des Heilands«[295] auftreten.

Allerdings klappt es mit dem Predigen unter den Quäkern nicht so recht; Zinzendorf hat noch zu große Schwierigkeiten mit der englischen Sprache, so dass er sich mit seiner Botschaft nicht verständlich machen kann. Immer wieder erzählt man ihm begeistert von George Whitefield, dem großen Methodistenprediger, der ein Jahr vorher mit seinen eindrücklichen Predigten unter der englischsprechenden Bevölkerung eine tief greifende Erweckungsbewegung ausgelöst hat.

Zinzendorf sieht schnell ein, dass dieses Feld besser von anderen bestellt werden kann. Er beschließt, seine Tätigkeit auf die in Pennsylvanien eingewanderten Deutschen zu beschränken, unter denen es mehr als genug zu tun gibt. Vor allem die Angehörigen der beiden großen evangelischen Konfessionen, der reformierten und lutherischen Kirche, haben Probleme. Man schickt ihnen keine Prediger aus den Heimatkirchen, weil sie diesen kein Gehalt zahlen können. Außerdem sind die Reformierten und Lutheraner ja nicht aus Glaubensgründen nach Amerika gekommen, sondern um dort Land zu erwerben, reich zu werden oder aus anderen Ursachen. Um ihr Seelenheil sind sie also viel weniger besorgt als die Sektenanhänger. Immer größere religiöse Gleichgültigkeit breitet sich unter ihnen aus, die man schon die »pennsylvanische Religion«[296] nennt.

Weihnachten im Urwald

Auf einer Reise durchs Land informiert sich Zinzendorf über den jämmerlichen Zustand der lutherischen Gemeinden in den verstreuten deutschen Niederlassungen und sieht, dass sie dringend Hilfe brauchen. Zuerst aber will er die Herrnhuter Siedlung am Delaware-Fluss besuchen und trifft dort genau am Weihnachtsabend 1741 mit seiner Tochter und anderer Begleitung ein. Mit freudiger und gerührter Überraschung werden sie empfangen; sie können hier auch Anna Nitschmann und ihren alten Vater begrüßen, ebenso den Bischof David Nitschmann. Alle drei sind schon vor einem Jahr nach Pennsylvanien gereist. Zur Weihnachtsfeier der Herrnhuter sind auch viele andere Menschen von weither auf unwegsamen Pfaden gekommen. Zinzendorf unterhält sich mit allen und ist voller Freude, hier in der abgelegenen Wildnis eine erwartungsvolle Weihnachtsgemeinde vorzufinden.

Die Christnachtfeier in einer Blockhütte mitten im Urwald wird für alle Beteiligten ein wunderbares, unvergessliches Erlebnis. Dieses Weihnachtsfest und die Tatsache, dass die Blockhütte später als Stall verwendet wird, gibt der neuen Siedlung ihren Namen: »Bethlehem«.

Pfarrer in Philadelphia

Als Zinzendorf am Anfang des Jahres 1742 nach Philadelphia zurückkehrt, weiß er, dass es seine Aufgabe ist, sich um die unversorgten lutherischen Gemeinden hier und im ganzen Land anzunehmen. Er macht das Angebot, die Stelle eines Pfarrers und Inspektors ohne Bezahlung zu übernehmen. Nur zu gerne geht man auf diesen Vorschlag ein.

Ab Januar 1742 predigt also Zinzendorf regelmäßig in einer Scheune, die den Lutheranern und Reformierten gemeinsam als Kirchenraum dient; an Ostern hält er die erste Abendmahlsfeier. Die im Land verstreuten deutsch-lutherischen Gemeinden betreut er von Philadelphia aus. Für sie entwirft er eine Kirchenordnung und

Das erste Haus in Bethlehem, Pa., USA

stellt einen lutherischen Katechismus zusammen. Er richtet Schulen für die Kinder ein und plant bereits Internate für die Knaben- und Mädchenbildung. Sein Organisationstalent hat ein breites Betätigungsfeld gefunden.

Die Synoden in Pennsylvanien

Nicht nur Zinzendorf sieht mit Besorgnis, dass die vielen Sekten und religiösen Sondergruppen unter den Einwanderern sich wie im alten Europa streng voneinander absondern, sich gegenseitig bekämpfen und verdammen. Schon vor der Ankunft des Grafen in Philadelphia hat es Bestrebungen gegeben, eine »Konferenz der verschiedenen Religionsparteien deutscher Nation«[297] einzuberufen, um zu einer Einheit aller Christen in der Neuen Welt zu kommen. Dieses Unternehmen findet sofort die volle Unterstützung des Grafen, der ja Erfahrung darin hat, die auseinander strebenden christlichen Richtungen miteinander zu versöhnen. Das ist sozusagen die »Hauptabsicht seines Lebens«[298] und einer der Gründe, warum er nach Amerika gekommen ist.

Ob er ahnt, worauf er sich da einlässt? Die erste Versammlung findet in Germantown vom 1.–3. Januar 1742 statt. Zinzendorf wird sogleich zum Syndikus oder Sprecher gewählt. Er hat seine liebe Not, die Vertreter der vielen, oft recht seltsamen und eigensinnigen Gruppierungen zusammenzuhalten; mehrmals droht die Versammlung zu platzen. Schließlich gelingt es Zinzendorf, gewisse für ihn charakteristische »Geschäftsordnungen« einzuführen: Christus selbst wird zum »Chairman«, das heißt Vorsitzenden der Versammlung ernannt. Wer sich zu Wort meldet, muss erst ein Los ziehen, das bestimmt, ob er sprechen darf oder lieber schweigen soll.

Mit Beharrlichkeit und Verhandlungsgeschick bringt Zinzendorf es fertig, dass die Synode nach der ersten Sitzungsperiode sich wieder zusammenfindet und dann noch öfter, insgesamt siebenmal in einem halben Jahr.

Als einigendes Band möchte Zinzendorf ein Bekenntnis zu Christus erreichen »als eigentlichem Schöpfer, Erhalter, Erlöser und Heiligmacher der ganzen Welt«[299]. Alle anderen Schwerpunkte und Sonderlehren der einzelnen Gruppen sollen dahinter zurückstehen. Diesem Bekenntnis stimmen auch alle Delegierten in der dritten Sitzung mit großer Bewegung zu. Zu Hause aber werden manche von ihren Gesinnungsgenossen beschimpft, weil sie zu viele Zugeständnisse gemacht hätten, so dass sie zu den weiteren Versammlungen nicht mehr erscheinen. Es ist nur noch ein kleines Häuflein, das sich auf der siebenten und letzten Sitzung als »Gemeine Gottes im Geist«[300] zusammenfindet, ohne sich für die Zukunft an irgendwelche Formen oder Ordnungen binden zu wollen. Zinzendorfs sehnlicher Wunsch, dass sich diese Synode auch nach seiner Abreise aus Amerika weiterhin treffen wird, bleibt unerfüllt. Ohne seine Initiative werden sich die Einigungsbestrebungen sehr schnell im Sande verlaufen. Zwar wird es auch später noch »Pennsylvanische Religionskonferenzen« geben, zu denen aber hauptsächlich Mitglieder der wachsenden Brüderkirche kommen werden.

Ablösung aus Halle

Inzwischen ist die Kunde von Zinzendorfs pfarramtlicher Tätigkeit in Philadelphia bis nach Halle gedrungen und hat dort helle Aufregung verursacht. Denn die Hallenser Pietisten betrachten Pennsylvanien als ihre Domäne; haben sie doch die lutherischen Einwanderergemeinden dort seit Jahren mit Bibeln und Gesangbüchern versorgt, ihnen Briefe geschrieben – nur eben keinen Pfarrer geschickt! Aber jetzt, wo zu befürchten steht, dass Zinzendorf dort zu großen Einfluss gewinnt, werden sofort Pastoren nach Pennsylvanien abgeordnet. Pastor Mühlenberg, der sich bereits in Georgien aufhält, eilt, so schnell er kann, nach Pennsylvanien und beginnt seine Arbeit unter den lutherischen Gemeinden. Sogleich entstehen unter diesen zwei Parteien, eine, die zu Zinzendorf hält, und eine, die sich dem Pastor aus Halle zuwendet. Dazu kommt, dass in unglaublicher Schnelligkeit üble Klatschgeschichten und Schmähschriften gegen Zinzendorf den Weg um die halbe Welt gefunden haben. Der Graf begegnet ihnen in den entlegensten Blockhütten. Neue Gerüchte kommen dazu; zum Beispiel wird gemunkelt, dass Benigna nicht seine Tochter, sondern seine heimliche junge Geliebte sei, weil sie sich dem innig verehrten Vater gegenüber so zärtlich und liebevoll zeigt, wie es im rauen Pennsylvanien zwischen Vater und Tochter nicht üblich ist. Zinzendorf muss also seine »Benignel«[301] um Zurückhaltung in der Öffentlichkeit bitten.

Dies alles bewegt ihn zu dem vernünftigen Entschluss, den Pastoren aus Halle das Arbeitsfeld in Pennsylvanien zu überlassen, da er ja doch nicht allzu lange in Amerika bleiben kann. Er tröstet sich damit, dass die Gemeinden versorgt sind und »Christus verkündigt wird«[302].

Die Indianer

Zinzendorf hat ja noch anderes in Amerika zu tun; einen wichtigen Zweck seiner Reise, die Möglichkeiten der Missionsarbeit unter der indianischen Urbevölkerung zu erkunden, hat er noch nicht verfolgen können. Stützpunkte dafür sollen die brüderischen Siedlungen Bethlehem und das in der Nähe dazu erworbene Nazareth sein. Von hier aus unternimmt der Graf in der zweiten Hälfte des Jahres 1742 drei Reisen in die Gebiete der Delawaren, Mohikaner und Irokesen, wobei ihn Benigna zweimal auf den abenteuerlichen Ritten durch den Urwald begleitet.

Als Helfer und Dolmetscher steht ihm ein deutscher Einwanderer, der Friedensrichter Konrad Weißer, zur Seite, der unter Indianern aufgewachsen ist und ihr Vertrauen genießt. Auf einer Häuptlingsversammlung in Tulpehoken stellt Konrad Weißer den Grafen als den Mann vor, »den Gott über das große Wasser an die Weißen und Braunen gesandt habe, ihnen seinen Willen kund zu tun« und der deshalb bei den Indianern anfragt, ob er unter ihnen zusammen mit seinen Brüdern das »große Wort von ihrer Erlösung bekannt machen«[303] dürfe.

Danach überreicht Konrad Weißer feierlich ein Geschenk des Grafen. Die Indianer ziehen sich zur Beratung zurück. Als sie wieder erscheinen, richten sie folgende Rede an den Grafen:

Bruder, du bist diesen fernen Weg übers Meer zu uns kommen, den weißen Leuten und den Indianern zu predigen; du hast nicht gewusst, dass wir hier sind und wir haben von dir nichts gewusst. Das ist von einer hohen Hand droben kommen. Komm zu uns, du und deine Brüder, du sollst uns willkommen sein.[304]

Dann bekommt auch Zinzendorf ein Geschenk, eine Kette aus Seemuscheln, als Zeichen des Bundes mit ihm und seinen Brüdern.

Zinzendorf ist begeistert und bewegt von dieser und vielen anderen Begegnungen mit Indianern. In Chekomeko hinter den so genannten »blauen Bergen« gibt es bereits eine kleine Station der Brüdermission, wo man Zinzendorf bei seinem Besuch in eine Hütte aus Baumrinde führt, die eigens für ihn gebaut wurde; er nennt sie in einem Brief »das lieblichste Haus, in dem ich je gewohnt habe«, und empfindet »alle Tage neue Freude über unsere liebsten Indianer«[305].

Schon hat der Graf vor seinem inneren Auge eine große Vision von einer »Civitas Indiana-Germana«, einer indianisch-deutschen Gemeinde, wo in einer Art Reservat Indianer und Deutsche friedlich miteinander leben und die Sprache des jeweils anderen Volkes schon von Kindheit an lernen sollen. Brüdermissionare würden die Glaubensunterweisung und den Unterricht der Kinder übernehmen. Dieser schöne Plan lässt sich freilich nicht realisieren. In der weiteren Geschichte von der Unterdrückung, Vertreibung und Ausrottung der Indianer und ihren wütenden Rachefeldzügen wird kein Raum für eine solche friedliche Idylle sein.

Auch Zinzendorf selbst lernt die Indianer noch von einer anderen Seite kennen. Auf seiner dritten und letzten Reise in den Urwald muss der Friedensrichter Konrad Weißer ihn mit wenigen Gefährten drei Wochen lang im Gebiet der Shawanoes zurücklassen, weil er dringend an einem anderen Ort gebraucht wird. Zinzendorf wohnt in einem Zelt und verbringt viel Zeit mit Gebet und Nachdenken. Wenn er ungestört sein will, verschließt er den Eingang des Zeltes mit einer Stecknadel. Er versucht zwar, sich mit den Indianern, unter denen er lebt, zu verständigen, aber wegen der Sprach-

Zinzendorf und Konrad Weißer treffen mit den Häuptlingen der Indianer zusammen.
Ölgemälde von A. Arndt

schwierigkeiten ist seinen Bemühungen kein rechter Erfolg beschieden. Außerdem sind die Shawanoes voller Misstrauen gegen alle Europäer, weil sie mit ihnen schlechte Erfahrungen gemacht haben. Ihre Haltung den verdächtigen Weißen gegenüber wird immer drohender, schließlich fassen sie den Plan, die Fremden umzubringen. In der höchsten Gefahr erscheint Konrad Weißer als Retter, der von einer unerklärlichen Unruhe und Sorge getrieben früher als geplant zurückgekehrt ist und die Indianer von ihrem finsteren Vorhaben abbringen kann.

Bethlehem

Vor der Rückreise nach Europa feiert Zinzendorf im Dezember 1742 noch ein zweites Mal Weihnachten in Bethlehem. Diese kleine Urwaldsiedlung wird mit dem benachbarten Nazareth zusammen die Keimzelle der mährischen Brüderkirche, der »Moravian Church«, in Amerika.

Zinzendorf sieht bereits 1742 die gewaltigen Aufgaben und Möglichkeiten für die Brüdergemeine in diesem Land und wird Ende 1744 seinen besten Organisator nach Bethlehem schicken, August Gottlieb Spangenberg, der mit seiner Frau zusammen das Amt der Hauseltern in der Kolonie übernehmen wird. Spangenberg baut Bethlehem zum »Lager«[306] aus, zum Ausgangspunkt für die »Streiter« und Boten, die im Dienst des Heilands als Reiseprediger losziehen oder in die Indianermission gehen.

Ein Drittel der erwachsenen Einwohner Bethlehems ist also ständig unterwegs, die Zurückbleibenden müssen mit dem Ertrag ihrer Arbeit diese Reisen finanzieren und für ihren eigenen Lebensunterhalt sorgen; denn aus dem Mutterland ist keine Unterstützung zu erwarten. Um diese Aufgabe erfüllen zu können, ist harte, unermüdliche Arbeit und Disziplin nötig. Bethlehem wird für etwa 20 Jahre zu einer »kommunistischen Herrnhuter Kolonie«[307]: Aller Besitz, alle Einrichtungen sind gemeinschaftlich, auch die Mahlzeiten werden gemeinsam eingenommen. Sogar die Familien trennen sich, weil man nicht genug Wohnungen für sie bauen kann. Männer,

Frauen und Kinder wohnen jeweils in besonderen Häusern ziemlich eng zusammen. Alles wird dem hohen Ziel der Ausbreitung des Evangeliums untergeordnet; dafür ist kein Opfer zu groß.

Unter Spangenbergs umsichtiger und zielstrebiger Leitung entsteht in Bethlehem ein blühendes Gemeinwesen, wo Ackerbau und Viehzucht betrieben wird, wo Manufakturen, aber auch Schulen, Chorhäuser und Kinderanstalten gebaut werden. Mit der Zeit erlangt die Kommune eine gewisse Berühmtheit; viele neugierige Besucher kommen und sind erstaunt über die fröhliche Atmosphäre in dieser Siedlung, wo besonders viel gesungen und musiziert wird.

Erst nach 1760, als die »Pionierzeit« zu Ende ist, kommt aus der europäischen Heimat die Bitte und Aufforderung, diese gemeinschaftlichen Organisationen wieder aufzulösen, private Haushaltungen einzurichten und Bethlehem allmählich in eine »normale« brüderische Siedlung umzuwandeln.

Stürmische Heimfahrt

Das alles liegt noch in weiter Ferne, als Zinzendorf mit seiner Reisegesellschaft am 9. Januar 1743 in New York ein Schiff nach England besteigt. Er erlebt bei dieser Überfahrt zum ersten Mal einen furchtbaren Sturm, bei dem das Schiff in Seenot gerät. Dass der Graf und seine Begleiter in dieser Gefahr so ruhig und zuversichtlich bleiben, macht auf den amerikanischen Kapitän Garrison einen tiefen Eindruck. Er hält nach der glücklichen Ankunft in England die Verbindung mit Zinzendorf, schließt sich der Brüdergemeine an und wird später das erste Missionsschiff der Brüdergemeine namens »Irene« übernehmen.

Zwei Monate dauert die gefährliche Überfahrt. Zinzendorf verbringt noch einige Zeit in England und kehrt im April 1743 nach Marienborn zurück.

13. Herrnhaag und die Sichtungszeit

Mehr als eineinhalb Jahre ist Zinzendorf im Ausland gewesen und in seiner Abwesenheit haben sich in der heimatlichen Brüdergemeine erstaunliche Entwicklungen angebahnt. Zinzendorfs Vertreter, die Mitglieder der »Generalkonferenz«, haben seine Aufträge gut ausgeführt, wie sie glauben, und darüber hinaus noch stolze Erfolge vorzuweisen.

Aktivitäten der Generalkonferenz

Vor allem in Schlesien hat die Brüdergemeine neue Stützpunkte gewonnen. Dieses Gebiet wurde 1742 von dem neuen preußischen König Friedrich II. erobert, der 1740 nach dem Tod seines Vaters – Zinzendorfs großem Gönner – die Herrschaft übernommen hatte. Als aufgeklärter Fürst proklamierte Friedrich II. in seinen Ländern religiöse Toleranz. Einige schlesische Adlige, die mit den Herrnhutern Verbindung hatten, vor allem ein Graf von Promnitz, baten die »Generalkonferenz« um die Gründung neuer Brüdergemeinen in Schlesien. Ohne große Schwierigkeiten bekamen die Brüder auf ihren Antrag hin eine »königlich-preußische Generalkonzession«, also eine Erlaubnis, sich in Schlesien zu »etablieren«. Dabei wurde ihnen Gewissensfreiheit garantiert und die Möglichkeit gegeben, »ihre Kirche in der bei ihnen hergebrachten Zucht und Ordnung zu halten.«[308]

Voller Freude über diese »Generalkonzession« für »ihre Kirche« gingen Zinzendorfs Vertreter ans Werk: In Schlesien entstanden die Gemeinen Gnadenberg, Gnadeck und Gnadenfrei. Auch sonst gab es Neugründungen, zum Beispiel in Niesky. Im Herzogtum Gotha wurde die Siedlung Neudietendorf geplant.

Zinzendorfs Protest

Wenn freilich die Mitglieder der Generalkonferenz bei ihren erfolgreichen Aktivitäten auf den Dank und die Anerkennung Zinzendorfs gerechnet haben, so werden sie bitter enttäuscht. Schon aus Amerika hat »Bruder Ludwig« auf die freudigen Nachrichten von den Neugründungen hin zornig protestiert, und nach seiner Rückkehr lässt er die treuen Mitarbeiter seine Unzufriedenheit in vollem Umfang spüren. Wo liegen die Gründe für seine ablehnende Haltung?

Einerseits hat er Vorbehalte gegenüber dem Grafen Promnitz, der sich nach Zinzendorfs Meinung zu sehr in den Vordergrund drängt. Andrerseits sieht er mit großer Besorgnis, wie lieb den Brüdern inzwischen der Gedanke an eine eigene Kirche geworden ist, so dass ihnen sozusagen »der mährische Kirchenhimmel voller Geigen«[309] hängt.

Auf der Synode in Hirschberg im Sommer 1743 konfrontiert er die »Generalkonferenz« mit Fragen und Vorwürfen: Haben die Brüder nicht beachtet, dass sie durch die »Generalkonzession« zu einer eigenständigen Kirche gemacht werden, dass sie damit seine Grundidee von der »Ecclesiola« innerhalb der Landeskirchen über Bord werfen? Haben sie nicht an die vielen Gegner der Brüdergemeine gedacht, die schon seit langem lautstark den Verdacht äußern, die Herrnhuter wollten eine neue, vierte Konfession gründen? Ein solcher Verdacht kann gefährlich werden; denn seit dem Westfälischen Frieden von 1648 werden nur drei Konfessionen, die katholische, lutherische und reformierte in Deutschland geduldet. Alle anderen werden als Sekten angesehen, die ohne weiteres verboten werden können. Innerhalb, nicht außerhalb der Landeskirchen, soll die Gemeine als Erneuerungsbewegung tätig werden, das hat Zinzendorf immer wieder gepredigt; nun hat man in seiner Abwesenheit alles getan, um sich in eine Außenseiterposition drängen zu lassen, wo man keine Möglichkeit mehr hat, in die Landeskirchen hineinzuwirken.

Es kommt auf der Synode zu einer sehr offenen Aussprache; freundlich, aber bestimmt setzt sich Zinzendorf auf der ganzen Linie durch. Die »Generalkonferenz« wird aufgelöst, da sie ja nur für die Zeit von Zinzendorfs Abwesenheit eingesetzt war. Die meisten ihrer Mitglieder übernehmen Aufgaben außerhalb von Deutschland, wie zum Beispiel Spangenberg, der zum Aufbau der Kolonie Bethlehem nach Pennsylvanien abgeordnet wird.

Die »Tropenidee«

In den folgenden Jahren versucht Zinzendorf von seinem »Generalplan«, den ihm, wie er sagt, »der Heiland insgeheim vertraut hat«[310] und den er unbeirrbar verfolgt, zu retten, was noch zu retten ist, also der Brüdergemeine einen Platz innerhalb der bestehenden Konfessionen zu erhalten.

Denn Zinzendorf sieht in den verschiedenen Konfessionen nicht eine fatale Zertrennung der einen Kirche, sondern eine große Erziehungsweisheit Gottes, der die verschiedenen Menschen durch verschiedene Lehrweisen – dafür gebraucht er den Begriff »Tropus« – zum Heil führen will. Innerhalb der Brüdergemeine unterscheidet Zinzendorf einen lutherischen, reformierten und mährischen »Tropus«. Das heißt, die Brüdergemeine bildet keine eigene Konfession, sondern hat Angehörige aus allen drei genannten Konfessionen bei sich aufgenommen, die gemeinsam das Augsburger Bekenntnis anerkennen, die aber in einer besonderen Weise wie Brüder und Schwestern zusammenleben wollen. Den einzelnen »Tropen« will Zinzendorf jeweils einen eigenen Bischof geben, um deutlich zu machen, dass er die konfessionellen Unterschiede nicht verwischen will, aber trotzdem eine Einheit der wahren Christen unter dem Brudernamen für möglich hält. »Brüderkirche« soll die Gemeinschaft heißen, so schlägt Zinzendorf auf einer Synode 1745 vor, ohne den Zusatz »mährisch«[311]. Der »Brudercharakter« soll das

Gemeinsame und Verbindende sein. Zinzendorf wird damit zum Vorläufer einer ökumenischen Bewegung, die eine Versöhnung der Konfessionen bei Beachtung ihrer jeweiligen Eigenart zum Ziel hat.

Christian Renatus

Noch einmal zurück ins Jahr 1743, wo Zinzendorf im April aus Amerika zurückkehrt. Bis Amsterdam kommt ihm sein Sohn Christian Renatus entgegen, inzwischen 15 Jahre alt. Zinzendorf stellt erfreut fest, dass sich »Christel«, wie er liebevoll genannt wird, zu seinem Vorteil verändert hat. Dankbar und gerührt denkt der Vater daran, wie er vor wenigen Monaten im indianischen Urwald intensiv an diesen Sohn gedacht und für ihn gebetet hat. Auf Grund eines Losentscheids hat er damals die Überzeugung gewonnen: »Christel ist Josua!«[312] Wie Josua die Nachfolge Moses im Volk Israel angetreten und das Volk ins Gelobte Land geführt hat, so wird Christian Renatus einst die Führung der Gemeine von Zinzendorf übernehmen! Er hat sich in der Abwesenheit des Vaters ganz in dessen Sinn entwickelt; während er vorher gerne den »Grafen und Herrn« herausgekehrt hat, ist er jetzt »völlig umgegossen« und hat zu einer tiefen Heilandsfrömmigkeit gefunden. Zinzendorf ist entschlossen, den Sohn in der nächsten Zeit möglichst in seiner Nähe zu haben und ihn zu seinem Nachfolger heranzubilden.

Gemeinsam kehren die beiden nach Schloss Marienborn zurück, wo einen Monat später auch Gräfin Erdmuth eintrifft, so dass die Familie nach langer Zeit wieder vereint ist. Seiner Frau hatte Zinzendorf für die Zeit seiner Abwesenheit einige anstrengende »Dienstreisen« aufgetragen. Sie war zuerst in Dänemark, dann in Livland, um die dortigen Gemeinen zu besuchen. Dann reiste sie weiter bis Petersburg, wo sie sich vergeblich um eine Audienz bei der russischen Kaiserin bemühte. Auf der Rückreise wäre sie beinahe als »Sektenstifterin«[213] verhaftet worden; sie ist froh, wieder glücklich zu Hause zu sein.

Das Seminar

In Marienborn ist neben der gräflichen Familie auch das
»Seminar« untergebracht. Es besteht aus einer Gruppe von Studenten, die sich einige Jahre vorher in Jena um den jungen Grafen Christian Renatus zu einer Wohngemeinschaft zusammengefunden hatten, der so genannten »Christelsökonomie«. Sie hatten ihren Kreis
nach herrnhutischem Vorbild mit Ämtern, Banden und Stundengebeten eingerichtet. Von der misstrauischen Universitätsleitung
wurden sie daraufhin der »Herrnhuterei« beschuldigt und aus Jena
ausgewiesen. Die ganze Gruppe unter der Leitung von Johann
Nitschmann zog nach Marienborn, wo schon eine Lateinschule
für Knaben bestand.

Im Seminar sollen die künftigen Führungskräfte der Gemeine ausgebildet werden. Deshalb brauchen sie theologische
Grundkenntnisse, müssen aber auch Sprachen lernen, sich in Medizin, Geographie und Rechtslehre auskennen, um als Botschafter in
die Welt hinausgehen zu können.

Die junge Generation

Hier findet Zinzendorf eine Gruppe engagierter, begeisterungsfähiger junger Leute vor, ebenso drüben in Herrnhaag, etwa
eine Stunde von Marienborn entfernt, wo bereits ein Chorhaus für
die jungen unverheirateten Brüder und eines für die ledigen Schwestern entstanden ist. Sie alle kommen dem glühend verehrten Grafen
mit unverhülltem Enthusiasmus und freudiger Erwartung entgegen.
Zinzendorf spürt, dass sie sich in einen gewissen Gegensatz zur älteren Generation gebracht haben, so dass es zwei Parteien in der
Gemeine gibt. Der Unterschied zeigt sich vor allem in der gefühlsbetonten religiösen Sprache, die unter den jungen Leuten üblich
geworden ist. Sie sprechen von Christus nur als dem »Lamm« oder
»Lämmlein« und finden »Seligkeit allein in dem Blute, das unser
teures Lämmlein für uns vergossen hat«[314]. Die »Gelehrsamkeit«

meinen sie vernachlässigen zu können, da ja das Heil nur in den »fünf Wunden des Lammes«[315] liegt.

Mit diesen Gedankengängen glauben sie sich auf Zinzendorf berufen zu können, der schon vor seiner großen Amerikareise das Bild des Lammes deutlich in den Mittelpunkt der Gemeinefrömmigkeit gestellt hat. Es ist ein Bild, das mit Natürlichkeit, Unschuld und Kindlichkeit zu tun hat und das in der Schäferpoesie und den Schäferspielen der Rokokozeit gerade sehr in Mode ist. Für Zinzendorf allerdings ist es das »Lamm Gottes, das der Welt Sünde trägt«[316]; das heißt, er bringt die Vorstellung von Wunden und Blut in das idyllische Bild hinein. »Lamm und Blut ist das höchste Gut, hier und droben«[317], so hat er der Gemeine vor seiner Amerikareise eingeschärft.

Das Bild des Lammes ist der Brüdergemeine noch aus einem anderen Grund wichtig: Das aus der alten Brüder-Unität übernommene Bischofssiegel zeigt das Lamm mit der Siegesfahne und der lateinischen Umschrift: »Vicit agnus noster, eum sequamur.« (Unser Lamm hat gesiegt, lasst uns ihm folgen!)

Die junge Generation hat sich in Zinzendorfs Abwesenheit mit großer Inbrunst in die Vorstellungen von »Lamm und Blut« eingelebt und sie schwärmerisch weiterentwickelt. Der Seminarist Johannes Langguth zum Beispiel hält Andachten, die nur um die Worte »Blut« und »Wunden« kreisen und bei den älteren Gemeinemitgliedern erheblichen Anstoß erregen.

Untereinander leben die Jugendlichen in einer von Liebe und Fröhlichkeit geprägten Gemeinschaft, in die sich Zinzendorf nur zu gerne hineinziehen lässt. Das ist doch etwas ganz anderes als der unfrohe Pietismus in Halle oder die pharisäerhafte Moral der aufgeklärten Bürger! Kindliche Natürlichkeit, wie sie der Graf im indianischen Urwald erlebt hat, das ist es, was die Gemeine braucht!

In dem Richtungsstreit zwischen älterer und jüngerer Generation wendet sich Zinzendorf also ganz der Jugend zu. Er gründet einen »Närrchen-Orden«, der das Ideal der fröhlichen, spielerischen Kindlichkeit entfalten soll nach dem Jesuswort: »Wenn ihr nicht umkehrt und werdet wie die Kinder, werdet ihr nicht ins Himmelreich kommen«[318].

Das Bischofssiegel: Lamm mit Siegesfahne und Umschrift

Zinzendorf fühlt sich sehr wohl in diesem Kreis jugendlicher Verehrer, zu dem außer seinen Kindern Benigna und Christian Renatus auch Johannes Langguth gehört und Anna Nitschmann, die ebenfalls aus Amerika zurückgekommen ist. Diese Gruppe bekommt die leitenden Ämter der Ältesten und Ältestinnen in den Chören der Unverheirateten, die in dieser Zeit wegen ihrer großen Zahl das Leben in Herrnhaag bestimmen. Der Graf ist der schwärmerisch geliebte und bedingungslos verehrte »Papa«, wie ihn alle nennen, nicht nur seine Kinder.

Reise nach Livland

Im Herbst 1743 ist Zinzendorf wieder auf Reisen; er besucht Berlin und die neuen schlesischen Gemeinen. Aus Livland kommen schlechte Nachrichten: Die russische Regierung hat die Lehre der Brüdergemeine und ihre Versammlungen verboten und viele Brüder ausgewiesen. Deshalb entschließt sich Zinzendorf, von Schlesien aus nach Petersburg weiterzureisen und selbst am Kaiserhof für seine Brüder zu sprechen. Aus seiner jugendlichen Gefolgschaft begleiten ihn unter anderen Christian Renatus und Anna Nitschmann.

Für Christel ist es die erste große Reise. In seinen Briefen an die Mutter beschreibt er sehr genau die einzelnen Gasthäuser, so dass der Vater sich über ihn amüsiert und unter einen der Briefe schreibt, an »Akkuratesse der Wirtshäuser« fehle es Christel nicht; »ich wollte, er hätte doch bisschen mehr Sachen geschrieben«[319].

Eine Reise nach Russland ist zu dieser Zeit nicht ungefährlich, wie schon Gräfin Erdmuth erfahren musste. Die Behörden sind in ihren Maßnahmen unberechenbar, willkürlich und misstrauisch, da sie Spione in allen Westeuropäern wittern. So kann ein Reisender schnell im Gefängnis landen oder sich auf einem »Schlitten nach Sibirien«[320] wiederfinden.

Zinzendorf gelangt im Dezember 1743 mit seiner Reisegesellschaft unbehelligt bis Riga, wo ihn der Gouverneur zwar freundlich empfängt, aber ihm die Weiterreise untersagt, bis die Erlaubnis dazu von der Kaiserin in Petersburg eingeholt ist. In der Zwischenzeit werden die Reisenden auf der Zitadelle in Riga festgehalten. Man behandelt sie zuvorkommend, lässt sie aber die Burg nicht verlassen, so dass sie ihren erzwungenen Aufenthalt als »Arrest« und Gefangenschaft empfinden, zumal sie nicht wissen, wie die Sache ausgehen wird. Nach drei Wochen bekommt Zinzendorf den Bescheid, er habe mit seiner Begleitung Russland auf dem schnellsten Wege zu verlassen. Aus der Reise nach Petersburg wird nichts; der Graf muss noch froh sein, ungeschoren davonzukommen. Für die Brüdergemeinen in Livland und Estland hat er also nichts erreichen können. Sie müssen viele Jahre ihre Arbeit im Untergrund weiterführen, bis die Kaiserin Katharina II. 1764 in den russischen Provinzen wieder Religionsfreiheit gewährt.

Herrnhaag

Am 12. Januar 1744 reist Zinzendorf mit Gefolge aus Riga ab. Wieder legt er einen längeren Aufenthalt in Schlesien ein und besucht von dort aus zweimal die Gemeine in Herrnhut, heimlich und inkognito, da er ja immer noch aus Sachsen verbannt ist.

Im Mai ist er wieder in der Wetterau, wo für die nächsten vier Jahre in Marienborn und Herrnhaag der Mittelpunkt seines Wirkens sein wird, abgesehen von vielen Besuchsreisen in die europäischen Gemeinen.

Seit Zinzendorf am 20. Mai 1738 zum ersten Mal von der Anhöhe aus das Gebiet von Herrnhaag besichtigt hat, ist hier Erstaunliches geschehen. Während bei der Gründung von Herrnhut die mährischen Bauern nach und nach ihre einfachen Häuschen errichteten, wurde Herrnhaag von vornherein großzügig nach einem durchdachten Grundriss geplant. Um einen großen quadratischen Platz gruppieren sich als zweigeschossige Bauten mit Mansardendächern die einzelnen Chorhäuser, die Wohnhäuser und schließlich die »Lichtenburg«, wo ab 1747 die gräfliche Familie wohnen wird und wo auch der große Gemeinsaal entsteht, der für 1000 Menschen Platz bietet. Terrassengärten im französisch-geometrischen Stil ziehen sich den Hang hinunter bis zum Gottesacker der Gemeine. Die ganze Anlage wirkt wie eine spätbarocke Residenz in einer formvollendeten, ausgewogenen Archtitektur, und doch ist der Mittelpunkt nicht das Herrschaftshaus, sondern der von Häusern umschlossene Platz, als Zeichen der Gemeinschaft aller Geschwister. Vier Wege führen zur Mitte des Platzes, den ein Brunnen einnimmt, überdacht von einem hübschen Brunnenhäuschen mit einem Stern auf der Dachspitze.

Bei der Finanzierung der prächtigen Bauten helfen die holländischen Freunde mit großzügigen Krediten. Außerdem stoßen jetzt viele reiche Adlige zur Brüdergemeine, und viele begüterte Bürger möchten sich in Herrnhaag niederlassen. Für den Bau des Brüderhauses hat zum Beispiel Johannes Langguth sein ganzes väterliches Vermögen gegeben. Kaufleute ziehen in die Siedlung, und Handwerker richten ihre Werkstätten ein. Berühmt wird der Tischler Abraham Roentgen; seine erlesenen Möbelstücke sind überall begehrt.

Die Einwohner von Herrnhaag unterstehen laut Vertrag mit dem Grafen Ernst Casimir von Büdingen keiner kirchlichen Obrigkeit und können deshalb ihr gemeindliches Leben nach eigenen Vorstellungen gestalten. Dass sich inzwischen in der Brüdergemeine eigene liturgische Formen gebildet haben, zeigt sich deutlich in der Einrichtung des Kirchsaals. In dem hellen, lichten Raum gibt es weder Kanzel, Altar noch Taufstein. Der »Liturgus« trägt keine Amtstracht; er sitzt während des Gottesdienstes auf einer erhöhten Stufe an der Breitseite des Saales hinter einem Tisch. Die Bänke vor ihm sind ebenfalls parallel zur Breitseite hintereinander angeordnet, so dass ein Querkirchenraum entsteht, der die Gemeine und ihren Liturgus in gleicher Weise umschließt.

Diese ganze Anordnung, ebenso die gelungene bauliche Anlage der Siedlung, wird vorbildlich für andere Niederlassungen der Brüdergemeine; später wird man vom »Herrnhuter Barock« sprechen. Herrnhaag hat eine große Anziehungskraft und die Einwohnerzahl steigt schnell; vor allem alleinstehende Frauen und Männer wollen in die Gemeine aufgenommen werden. 500 ledige Brüder zählt man schließlich in Herrnhaag.

Herrnhaag in der Wetterau Tuschzeichnung von 1753

»Mutteramt des heiligen Geistes«

Auf diesem festlich-vornehmen Hintergrund von Herrn-
haag entfaltet sich ein ganz besonderes religiöses Leben, geprägt von
Zinzendorf und seiner jugendlichen Anhängerschaft, wobei der Graf
die geistigen Anstöße und Ideen vorgibt und die anderen sie begeistert aufgreifen und weiterführen. Es ist Zinzendorfs schöpferischste
Zeit; in zahlreichen Reden lässt er die Gemeine an der Entwicklung
seiner theologischen Gedanken teilnehmen.

So verkündet Zinzendorf 1744 die »Inthronisation des heiligen Geistes als Mutter der Gemeine«. Damit entsteht ein überra-
schendes und zunächst schockierendes Bild der Dreieinigkeit von
Vater, Sohn und heiligem Geist als »Familie«. Wie ist Zinzendorf
darauf gekommen? Er kann sich auf Luther berufen, der als »rechte
Definition« des Geistes angibt, »dass er unser Tröster ist, der uns
tröstet, wie einen seine Mutter tröstet«[321]. Der heilige Geist hat also
das »Mutteramt«, er ist die »sorgfältige Mutter«[322] der Gemeine. Mit
der »Familienidee« wird nach Zinzendorfs Meinung das Wirken des
Geistes leichter begreiflich und vorstellbar – vor allem auch für die
Heiden in den Missionsgebieten – als durch theoretische theologische Spekulation über die Trinität; dieser praktische Zweck ist es,
auf den es Zinzendorf ankommt.

Ebenfalls im Jahre 1744 verfasst Zinzendorf mit anderen
zusammen die »Wundenlitanei«, eine Anrufung der fünf Wunden Jesu im Wechselgesang von zwei Chören. Die »Wunden« werden das Thema für Poetenliebesmahle und Dichterwettbewerbe, mit
denen Zinzendorf die Gemeine zu eigenen Liedern und Gedichten
anregen will.

»Kreuzluftvögelein«

Die kindlich-spielerische Seite an diesen poetischen
Übungen gefällt Zinzendorf ganz besonders. Zum Geburtstag seines
Sohnes am 19. September 1745 überrascht er diesen mit einer neuen
Sprachschöpfung. Er nennt ihn

»ein Kreuzluftvögelein,
kränkelnd vor Liebespein
nach JESU Seitenschrein ...«[323]

Merkwürdige sprachliche Bilder – aber Zinzendorfs jungen Freunden sind sie ohne weiteres verständlich. Das »Kreuzluftvögelein« ist der von seiner Erlösung freudig überzeugte Christ, der sich am liebsten in der Atmosphäre des Kreuzes aufhält. »Krank vor Liebe« ist ein Zitat aus dem alttestamentlichen Hohen Lied[324], wo die Geliebte voller Sehnsucht nach ihrem Freund sucht. Mit »Jesu Seitenschrein« ist die Seitenwunde des Gekreuzigten gemeint, die wieder mit einem Bild aus dem Hohen Lied in Verbindung gebracht wird, mit dem Felsenritz, in dem die Taube sich versteckt[325], eine »bergende Höhle«, die Zuflucht und Sicherheit bietet.

Dass die Liebesmystik des Hohen Liedes auf die Passion Christi übertragen wird, ist in dieser Zeit geläufig, auch Johann Sebastian Bach hat sie in den Arien seiner Passionen verwendet. Das »Kreuzluftvögelein« allerdings ist eine Erfindung von Zinzendorf, und es hat eine durchschlagende Wirkung auf die jungen Leute. Alle fühlen sich plötzlich als fröhliche, beschwingte Kreuzluftvögelein. Ein zehnstrophiges Gedicht entsteht, das den Tageslauf eines »Kreuzluftvögeleins« beschreibt und folgendermaßen beginnt:

»Was macht ein Kreuzluftvögelein, wenns sich schwingt zu
dem Lämmelein, wenns sich ums Lamm herum bewegt und
Ave mit den Flügeln schlägt?«[326]

Der »Närrchen-Orden« macht also seinem Namen alle Ehre. Alle diese Symbole und Bilder sind aber in Gefahr, ein Eigenleben zu entwickeln und den Blick auf den gekreuzigten Christus zu verstellen. Das »Kreuzluftvögelein« beschäftigt sich mehr mit sich selbst, mit seiner eigenen Gefühlswelt, wo es »niedlich, seliglich ... lammhaft, turteltäubelich«[327] zugeht.

Christus als Mensch

Deshalb kann Zinzendorf seiner Gemeine gar nicht drastisch genug beschreiben, was es bedeutet, dass Christus für uns Mensch geworden und gestorben ist. Jesus ist der Gottessohn, in dem der ferne, unerreichbare Gott, der Schöpfer der Welt, den Menschen ganz nahe gekommen ist. Um diese Nähe möglichst sinnlich zu erleben, soll die Gemeine alle Phasen des Menschenlebens Jesu bis ins Einzelne nachfühlen und nachempfinden. Seine Kindheit und Jugend soll lebendig werden, die Zimmermannslehre, sein Tageslauf mit Essen, Trinken, Schlafen – und vor allem sein Leiden mit Blut und Wunden, bis in die krassen und abstoßenden Bilder des Sterbens hinein: »Wir müssen ihn uns so naturell vorstellen können, als ob er vor unseren Augen stünde.«[328]

Dass Christus Mensch geworden ist, bedeutet für Zinzendorf aber auch, dass der menschliche Leib nichts Minderwertiges und Verächtliches ist. Jesus hat auch die Schwachheiten des Leibes getragen, so dass wir Menschen diese in Gemeinschaft mit ihm auf uns nehmen können. Das ganze leiblich-seelisch-geistige Leben ist also durch die Menschwerdung Christi geheiligt und auf ihn ausgerichtet als ein »liturgisches Leben«.

Ehereligion

Am 20. Mai 1746 gibt es im Hause Zinzendorf eine Hochzeit. Die älteste Tochter Benigna heiratet den sieben Jahre älteren Johannes von Watteville. Hinter diesem Namen verbirgt sich niemand anderes als Johannes Langguth, Zinzendorfs treuer und unentbehrlicher Mitarbeiter, den Friedrich von Watteville zwei Jahre vorher adoptiert hat. Die Hochzeit wird während einer Synode in Holland gefeiert, auf Schloss Zeist bei Utrecht. Es ist kurz vorher von einem reichen Amsterdamer Bürger erworben worden, der zur Brüdergemeine gehört. Das ehemalige Oranierschloss ist ein neuer großartiger Stützpunkt der Gemeine. Die prächtige Auffahrt und der vornehme Saal bieten einen festlichen Hintergrund für diese Hochzeitsfeier.

Der Brautvater Zinzendorf traut das junge Paar und hält die Ansprache über einen Text aus dem Epheserbrief, Kapitel 5, Vers 23: »Er ist seines Leibes Heiland.« Er gibt eine neue und eigenartige Auslegung der Bibelstelle, in der er seine Auffassungen über die Ehe formuliert, die in der Folgezeit für die Gemeine richtungweisend werden.

Der Apostel Paulus gebraucht an dieser Stelle das Bild der ehelichen Verbindung für die Gemeinschaft Christi mit seiner Gemeinde. Deshalb sind nach Zinzendorfs Ansicht alle Seelen eigentlich weiblich vorzustellen, jede ist des Heilands künftige Braut. Wie aber steht es mit der irdischen Ehe? Hier ist laut Zinzendorf der Mann für die Zeit der Diesseitigkeit der Stellvertreter des Heilands, der »Prokurator«, der »Vize-Mann«. In der ehelichen Vereinigung sieht Zinzendorf eine sakramentale Handlung, sie ist ein Geheimnis, ein Abbild der zukünftigen Verbindung mit dem Heiland. Deshalb hat sie auch ihren Sinn und Seligkeit in sich, sie dient nicht nur der Kinderzeugung, wie in der Geschichte des Christentums oft gefordert wurde, weil die sexuelle Lust als sündig galt. Dazu meint Zinzendorf einige Jahre später, die Eheleute sollen warten,

> »ob sie der Heiland segnen will zu einer Gottesfamilie auf Erden, oder ob er zwei selige und unter sich selbst vergnügte Herzen singulatim (einzeln) erhalten will. Denn ein Ehestand ohne Kinder ist in sich selbst ebenso groß und wichtig als mit Kindern«[329].

Die Ehe bekommt also einen besonderen, festlich-sakramentalen Platz im Leben der Gemeine, wobei sie ganz in religiöse Zusammenhänge eingebunden ist. In einer Zeit, wo in pietistischen Kreisen alle sexuellen Dinge mit einem ängstlichen Tabu belegt werden, bedeutet das einen Schritt heraus aus moralistischer und lustfeindlicher Enge. Über sexuelle Themen spricht man in Herrnhaag – zum Entsetzen der Umwelt! – viel freier und unbefangener, als es sonst in der Gesellschaft üblich ist; denn schließlich ist der Heiland ja von einer Frau geboren worden und als »Knäblein« auf die Welt gekommen. Deshalb kann Zinzendorf sagen: »... die Scham muss weg, die muss einen neuen Namen kriegen ...«[330]

Die Gemeine empfindet die Gedankengänge des Grafen als Befreiung zur Freude an der Ehe und Sexualität. Dass aber diese Ideen auch missverständlich und angreifbar sind, liegt nahe. Die zahlreichen »Antizinzendorfianer« stürzen sich darauf. Umfangreiche Hetzschriften, ja ganze Bücher gegen Zinzendorf werden in Druck gegeben, wo er als Verführer seiner Gemeine und Lästerer der Heiligen Schrift gebrandmarkt wird.

Anna Nitschmann

Auch seine persönliche Lebensführung wird unter die Lupe genommen. Wie ist das zum Beispiel mit Anna Nitschmann, die er ja immer in seiner Nähe hat und die ihn auch auf Reisen begleitet? Man hat beobachtet, dass der Graf mit Anna Nitschmann und anderen in einer Kutsche voraus gefahren ist, seine Frau mit ihrer Begleitung in einem andren Reisewagen hinterher. Was soll man daraus für Schlüsse ziehen? Wie steht es mit Zinzendorfs Ehe?

Anna Nitschmann war als Kind mit ihren Eltern 1725 aus Mähren nach Herrnhut gekommen. Sie hatte im Schloss bei der Gräfin gedient und die Komtesse Benigna mit erzogen. Bereits mit 14 Jahren wurde sie Ältestin der Schwestern. Kurz darauf schloss sie einen Bund mit anderen jungen Mädchen und gründete eine Wohngemeinschaft, die zum Chor der ledigen Schwestern wurde. Zinzendorf erkannte sehr schnell ihre große geistliche Begabung und übertrug ihr zunehmend die Seelsorge und Betreuung der Schwestern, die nach seiner Überzeugung in weiblichen Händen liegen sollte. Daraus ergab sich eine sehr enge Zusammenarbeit zwischen ihr und dem Grafen; sie wurde ihm als vertraute und verständnisvolle Mitarbeiterin immer unentbehrlicher.

Als Anna 20 Jahre alt war, geriet sie in eine schwere innere Krise und wollte ihr Ältestenamt niederlegen. Damals stand ihr Zinzendorf als Seelsorger zur Seite; seitdem hat sie ihn, wie er selbst

Anna Nitschmann (1715–1760)

in einem Gedicht sagt, »zu sehr geliebet und verehret«[331]. Um aufkommende böse Gerüchte zu entkräften und trotzdem mit dieser ihm so wichtigen Gehilfin weiter zusammenarbeiten zu können, verfiel Zinzendorf auf einen sonderbaren Ausweg: Er ließ sich von Anna Nitschmanns Vater 1737 adoptieren. Seitdem steht er offiziell in einem geschwisterlichen Verhältnis zu ihr. Damit glaubt Zinzendorf die Sache bereinigt zu haben; aber der Klatsch lässt sich natürlich nicht den Mund verbieten.

Gräfin Erdmuth, in ihrer zurückhaltenden, vornehmen Art, äußert sich nicht zu diesen heiklen Dingen. Seit Zinzendorfs Verbannung aus Sachsen muss sie ja als Ortsobrigkeit Herrnhut und Berthelsdorf verwalten und dort viele Monate verbringen. Dazu kommen Zinzendorfs große Reisen – das Ehepaar ist also häufig getrennt. Erdmuths Wirkungsbereich in der Gemeine ist nach wie vor hauptsächlich das Wirtschafts- und Finanzressort, das sie natürlich längst nicht mehr allein bewältigen kann. Außer Friedrich von Watteville gibt es inzwischen viele andere Helfer und Assistenten und viele Schwestern, die ihr nahe stehen. Um »Mama Zinzendorf« bildet sich also ebenso wie um ihren Mann ein eigener Kreis von Vertrauten und Mitarbeitern aus der Reihe der Geschwister, mit denen es viel zu besprechen gibt, so dass man öfter in »getrennten Kutschen« fährt. Naturgemäß ergibt sich so ein allmähliches Auseinanderleben der Ehegatten.

Zu Anna Nitschmann, ihrer ehemaligen Haus- und Pflegetochter, hat Erdmuth ein gutes, herzliches Verhältnis, worauf Zinzendorf großen Wert legt. In einem Gedicht stellt er 1744 »der Tochter Harmonie mit der Mama« als »herzerfreulich«[332] heraus. Im Übrigen weiß er sehr gut, was er an Erdmuth hat. Dankbar bekennt er einmal, er habe »aus Erfahrung gelernt, dass die Gehilfin, die ich habe, die Einzige gewesen, die von allen Ecken und Enden her in meinen Beruf eingepasset«[333].

Festliches Leben in Herrnhaag

1747 zieht die gräfliche Familie nach Herrnhaag, in die »Lichtenburg«. Zinzendorf verkündet einen »dreijährigen Sabbath«; die Gemeine soll für einige Zeit von der »Streiterschaft« ausruhen, sich in der Stille sammeln und die Seligkeit der Gemeinschaft in Christus genießen.

Warum wirkt Herrnhaag so ungeheuer anziehend auf alle Christen, die auf der Suche nach einem erfüllten Leben in Gemeinschaft sind? Die »Blut- und Wundentheologie« Zinzendorfs ist ja ein Ausdruck für die befreiende lutherische Lehre von der Versöhnung und Erlösung durch Christus, die man in der Brüdergemeine neu erlebt hat und in einer besonderen, für Außenstehende manchmal anstößigen Sprache verkündet. Aber wer sich bis jetzt bekümmert und bedrückt um Heiligung seines Lebens bemüht hat, für den ist die ansteckende Fröhlichkeit und Heilsgewissheit, die in Herrnhaag mit Händen zu greifen ist, wie eine befreiende Offenbarung. Und er setzt alles daran, hier aufgenommen zu werden.

So entsteht eine bunt gemischte Gesellschaft in Herrnhaag, die sich nicht nur aus allen sozialen Schichten, sondern auch aus den verschiedensten europäischen und überseeischen Ländern zusammengefunden hat. Der Lebensstil ist nicht mehr von Arbeit und Entbehrung geprägt wie damals in Herrnhut, sondern ein gewisses Wohlleben beginnt sich breitzumachen. Die Kleidung wird aufwendiger und passt sich dem Erscheinungsbild der vielen Adligen an, die in Herrnhaag leben. Man hat Zeit für die schönen Künste wie Musik und Malerei. Der Gemeinegesang erlebt eine Hochblüte, aber auch die Instrumentalmusik wird gepflegt. Kantaten mit Chorälen, Rezitativen und Arien werden für bestimmte Gelegenheiten komponiert. Der Maler Valentin Haidt eröffnet sein Atelier in Herrnhaag und porträtiert nach und nach alle markanten Persönlichkeiten der Gemeine.

Berühmt aber werden vor allem die Feste von Herrnhaag. Neben den großen Kirchenfesten werden die besonderen Erinnerungstage der Gemeine gefeiert, dazu die Chorfeste, Liebesmahle und Geburtstage. Liebevoll und mit großem Zeitaufwand werden diese Feiern inszeniert. In den Gärten und Alleen errichtet man Ehrenpforten und arrangiert Festzüge.

So beschreibt das Gemeinetagebuch die Geburtstagsfeier für Gräfin Zinzendorf am 10. November 1747. Zuerst wird im Haus der ledigen Schwestern gesungen und musiziert:

> *»Sodann kamen Mamachen (Gräfin Zinzendorf) und die sämtliche teure Familie ins Haus der ledigen Brüder. Die hatten in ihrem Saal die Wände und die Bänke an den Wänden herum so mit Tannenzweigen überflochten und den Boden mit Sand und grünen Einfassungen als mit Blumenstücken bedeckt, dass der Saal einem angenehmen Garten gleichsah. Unten war eine Grotte vorgestellt, worinnen ein Felsen stund mit drei Höhlen, und in deren jeden einen ... man ein Täubchen erblickte. Aus denen Höhlchen selbst träufelte Wasser kontinuierlich herab. In der Mitte war ein Bassin, aus welchem eine Fontaine so hoch als die Decke sprang, einige lebende Vögel flogen herum und badeten sich unter der Fontaine gar herzlich. Dabei wurde eine Cantate musiziert.«*[334]

Freude am Spielen

Unmerklich aber beginnt die fröhlich-gelassene, liebenswerte Atmosphäre umzukippen. Das Spielerisch-Kindliche tritt immer mehr in den Vordergrund. »Eine Gemeine ohne Spielen ist nichts«, sagt Zinzendorf in einer Ansprache und meint damit eine heitere, gelöste Natürlichkeit, wie sie sich die Rokokozeit ersehnt. Aber ob diese Kindlichkeit durch Wörter wie »Täubelein, Schwälbelein, Blümelein, Kälbelein, Äugelein, Schnäbelein« und andere Verkleinerungsformen zu erreichen ist? Davon wimmelt es in Zinzendorfs Dichtungen aus diesen Jahren und andere machen es ihm nach. Die größte Rolle aber spielt das »Seitenhöhlchen«, dem ganze Lieder gewidmet werden; denn »bei uns Kreuzleutelein gilt oft der Seitenschrein fürs ganze Lämmelein ...«[335]

Nicht alle verstehen, worauf es Zinzendorf ankommt, und er muss immer wieder gegen Albernheiten und Ausgelassenheit einschreiten: »Kälbereien sind keine Liturgien!«[336] Aber sein Tadel ist nur halbherzig; er ist selbst viel zu sehr von der Wichtigkeit des Spiels überzeugt, als dass er erkennen könnte und wollte, dass die Sache allmählich ausartet. Auf Warnungen von Seiten der älteren Generation hört er nicht. Immerhin mahnt er bei einem Vortrag im Seminar vor Antritt einer längeren Visitationsreise im Februar 1748, »dass wir keinen Leichtsinn müssen einreißen lassen«[337].

Am 4. März verlässt Zinzendorf die Wetterau. Als Ältesten der ledigen Brüder lässt er Christian Renatus zurück; dieser hat damit die wichtigste und verantwortungsvollste Stellung in Herrnhaag.

Christel als Ältester

Christel ist der heißgeliebte und zärtlich verehrte Mittelpunkt des Brüderhauses. Mit seinen Freunden zusammen, die er »Herzel« nennt, arrangiert er das Fest der ledigen Brüder am 2. Mai; es soll ein ganz besonderer Höhepunkt werden. Christel ist der Liturgus und zieht mit 30 Brüdern in weißen Talaren im Saal ein. Ein Lied mit 30 Strophen, an das »Lämmlein« gerichtet, das er für diesen Tag gedichtet hat und vorträgt, bringt ihn immer mehr in Ekstase, so dass er zum Schluss ausruft: »Es ist da, ihr könnt leiblich mit ihm reden!«[338]

Alle Anwesenden werden von seinem Enthusiasmus erfasst, viele geraten außer sich und brechen in Tränen aus. Abends wird am Eingang zum Brüderhaus eine Illumination veranstaltet: Hell beleuchtet erscheint das Seitenhöhlchen; Christel geht in seinem weißen Talar als Erster hindurch ins Haus, die anderen folgen ihm in seliger Wonne.

Von nun an steigt die Gefühlstemperatur in Herrnhaag immer mehr an; Tränen fließen, Küsse und Umarmungen werden ausgetauscht. Die bedenklichen Stimmen der Älteren häufen sich, Spannungen und Gruppierungen entstehen, die Angriffe von außen werden immer heftiger. Der vertrauensselige und weltfremde Christel gerät unter den Einfluss von gewissen Brüdern, die in der aufgeladenen Atmosphäre von Herrnhaag ihr eigenes Süppchen kochen wollen.

Zinzendorf taucht im September 1748 noch einmal für kurze Zeit in der Siedlung auf, will aber die Gefahr nicht erkennen und reist nach England ab, wobei er einen Zwischenaufenthalt in Holland einlegen will.

Nach seiner Abreise geht in Herrnhaag einiges aus den Fugen, ohne dass Christel die Einsicht oder die Kraft hätte, dagegen einzuschreiten. Die jungen Leute fühlen sich in einer Endzeitstimmung, wo alles erlaubt scheint, und meinen, das Reich Christi auf Erden sei schon angebrochen. Die Trennung der Geschlechter in den Chören, bisher eisernes Gesetz, wird nicht mehr eingehalten. Es entstehen »Privatsozietäten«; ein Bruder gründet sogar »mit etlichen Jungfern eine Schätzelgesellschaft«[339].

Der »Strafbrief«

Als einige der hochgestimmten Brüder nach Herrnhut kommen und ihre neuen Ansichten verbreiten wollen, wird es den Leitern der dortigen Gemeine zu bunt. Bruder Peistel, ein ehemaliger Leutnant, reist Zinzendorf nach und erreicht ihn noch in Holland, als er gerade das Schiff nach England besteigen will. Auf der Überfahrt berichtet Peistel dem Grafen eindringlich von den schlimmen Auflösungserscheinungen in Herrnhaag. Zinzendorf ist hin- und hergerissen, zögert aber immer noch, das Abgleiten seiner jugendlichen Anhänger zur Kenntnis zu nehmen.

Zu Anfang des Jahres 1749 erscheint ein umfangreiches Pamphlet »Das entdeckte Geheimnis der Bosheit der Herrnhuter Sekte«, das die übelsten Vorwürfe gegen Zinzendorf erhebt, höhnisch die neue Sprache von Herrnhaag zitiert und mit Skandalgeschichten aufwartet. Jetzt endlich ist Zinzendorf aufs Höchste alarmiert und schreibt am 10. Februar von London aus einen »Strafbrief«[340].

Er setzt bei der Sprache an und verbietet den Gebrauch von Verkleinerungswörtern wie »Schätzel, Seitenhöhlchen, Närrchen, Bräutel« usw. Die Lehre vom »Seitenhöhlchen« erklärt er für »überjährt« und will sie »in die Sakristei zurückstellen«. Privatsozietäten, »Spezialumgang« von ledigen Brüdern und Schwestern werden untersagt. Beim Friedenskuss in den Versammlungen soll man nicht so küssen, »dass es schmatzt«. Weitere Einzelanweisungen folgen; sie zeigen, wogegen die Angriffe der Gegner gerichtet waren, und sie zeigen das Bestreben Zinzendorfs, möglichst schnell alle Auswüchse zu beseitigen. Er selbst will nicht mehr »Papa« genannt werden, sondern »Ordinarius«, das heißt ordinierter Diener der Gemeine. Zum Schluss droht er, sein Amt niederzulegen, wenn ihm die Gemeine nicht folgt, und sie der bürgerlichen Gerichtsbarkeit zu unterstellen. Er schließt mit dem Bibelzitat: »Her zu mir, wer dem Herrn angehört!«[341]

Mit gleicher Post werden Christian Renatus und seine Mitältesten aufgefordert, ihre Ämter niederzulegen und umgehend nach London zu kommen.

Die Betroffenheit und Erschütterung in Herrnhaag ist groß. Christel begreift nicht, was er falsch gemacht hat, wo er doch glaubte, ganz im Sinne seines Vaters zu handeln. Erst nach zwei Monaten entschließt er sich, mit seinen Freunden nach London zu fahren, wo er »von den Brüdern mit vielen Freuden, von seinem Papa aber etwas rau«[342] empfangen wird. In vielen Gesprächen kann der Vater den Sohn endlich davon überzeugen, dass er den falschen Freunden vertraut und die Brüder auf einen gefährlichen Weg gebracht hat.

Das Ende von Herrnhaag

Wie soll es in Herrnhaag weitergehen? Während Zinzendorf, der noch in London festgehalten wird, sich verschiedene Maßnahmen für den Neuanfang in Herrnhaag überlegt, bricht über die Siedlung eine Katastrophe von außen herein. Graf Ernst Casimir von Büdingen, der die Brüdergemeine in seiner Grafschaft aufgenommen und ihr großzügige Privilegien in Rechtssachen und Religionsausübung gewährt hatte, stirbt im Oktober 1749. Seinem Nachfolger Gustav Friedrich und vor allem dessen Ratgebern ist Herrnhaag schon lange ein Dorn im Auge: Dieses völlig selbständige Gebilde mitten in der Grafschaft, das mit seinen Prachtbauten der gräflichen Residenz Konkurrenz macht und außerdem zu bösen Gerüchten Anlass gibt, will man so nicht länger dulden. Deshalb wird die Gemeine von Herrnhaag aufgefordert, dem neuen Landesherrn mit einem Eid zu huldigen und sich zugleich von der »Untertänigkeit« gegenüber Zinzendorf und ihren Ältesten loszusagen.

Vergeblich protestiert die Gemeine und verweist auf die zugesagte Gewissensfreiheit. Die Bedrohung von außen schließt alle Mitglieder wieder fest zusammen. Sie einigen sich gegenüber der Regierung auf eine Erklärung, dass sie dem Landesherrn Gehorsam versprechen, sich aber niemals von Zinzendorf, ihren Lehrern und Ältesten lossagen werden.

Am 18. Februar 1750 soll sich die Gemeine im Saal versammeln, um die Anordnungen des Landesherrn entgegenzunehmen. Sechs Soldaten der Büdinger Regierung marschieren auf zum Schutze eines Regierungsrats, der den Befehl des Landesherrn verliest, die Gemeine habe Herrnhaag innerhalb von drei Jahren zu räumen.

Gefasst nehmen die 1000 Einwohner der Siedlung diese harte Entscheidung hin. Sie begreifen die Ausweisung als »eine gnädige Zucht Gottes« und als »Religionsverfolgung«; deshalb können sie ohne Zorn und Verbitterung »ihre schönen Häuser und wohleingerichteten Werkstätten und Fabriken« stehen lassen und »im Namen Jesu den Wanderstab nehmen«[343]. Auch Zinzendorf, dem natürlich alle Ereignisse nach London berichtet werden, will keine rechtlichen Schritte gegen die Büdinger Regierung unternehmen und rät zur Emigration.

Drei Tage nach Bekanntgabe des Regierungserlasses beginnt der Exodus: 30 ledige Brüder brechen nach Pennsylvanien auf. Noch einmal kommt Zinzendorf nach Herrnhaag, im August 1750, und hält eine letzte Ansprache, dann wird der Saal geschlossen. Drei Jahre später steht Herrnhaag leer; die Bewohner haben sich auf die verschiedenen Stützpunkte der Brüdergemeine verteilt, die Anstalten, wie das Seminar und die Knabenschule, wurden verlegt.

Die herrlichen, einmal von fröhlichem Leben erfüllten Gebäude verfallen, bald gleicht Herrnhaag einer Geisterstadt. Niemand will dort wohnen, auch wenn die Büdinger Regierung verzweifelte Versuche macht, neue Siedler zu finden.

»Sichtungszeit«

Wenn die Gemeine später auf die Jahre von 1743–1750 zurückblickt, spricht sie von der »Sichtungszeit« in Anlehnung an das Jesuswort: ».der Satan hat euer begehrt, dass er euch möge sichten wie den Weizen«[344]. Eine Zeit der Prüfung also, die aber die Gemeine nicht zerstört hat, sondern sie in eine neue Zukunft entlässt, nachdem einige befremdliche Phänomene »in die Sakristei zurückgestellt« waren. Die »wirkliche Einfältigkeit und kindliche Fröhlichkeit« aber will Zinzendorf der Gemeine unbedingt erhalten, wie er 1750 auf einer Synode betont: trotz aller schlimmen Ereignisse habe er »nicht die geringste Reue«[345]. Die Schuld für die Entgleisungen der Sichtungszeit sieht er zunächst bei seinem Sohn und dessen leichtsinnigen Freunden. Es dauert lange, bis er begreift, dass er selbst diese Entwicklung angestoßen hat:

> »Die erste Gelegenheit zu der kurzen, aber entsetzlichen Sichtungsstunde bei uns habe ich vermutlich selbst gegeben, und zwar durch die Idee, die ich mein Lebtage nicht habe los werden können ..., dass nämlich nichts ganz Seliges ... in seiner Gemeine zu hoffen ist, als bis man im Herzen wieder zum Kind ... wird.«[346]

14. Von Herrnhut nach London

Wie sieht es eigentlich inzwischen in Herrnhut aus? 1736 hatte Kurfürst Friedrich August II. Zinzendorf aus Sachsen verbannt und geglaubt, damit würde sich die »Herrnhuterei« in seinem Land von selbst erledigen.

Zehn Jahre später kommt der Kurfürst auf einer Reise zufällig durch Herrnhut und ist höchst erstaunt über den gepflegten und bei aller Einfachheit doch vornehmen Anstrich des Ortes. Wie in Herrnhaag sind auch in Herrnhut viele Adlige zugezogen. Ihr Stil- und Formgefühl zeigt sich in der Gestaltung der Häuser, Straßen und Plätze. Über die Bewohner Herrnhuts notiert ein zeitgenössischer Besucher:

> *Man findet daselbst eine Menge der artigsten und belebtesten, auch gelehrten Leute beiderlei Geschlechts, welche fast aus allen Gegenden der Welt zusammengekommen ... Jedermann, den man sieht, ist vergnügt; man findet allhier keine traurigen Gesichter, sondern bei allen erblickt man eine innere wahre Zufriedenheit der Seele ... Dabei ist das pietistische bizarre Wesen und Kopfhängen nicht zu spüren ...*[347]

Lobend wird auch die »Menge geschicktester Handwerker« erwähnt, deren Fleiß und Arbeitseifer neben den gottesdienstlichen Aktivitäten das Leben in Herrnhut bestimmen. Ein Landesfürst kann sich eigentlich nichts Besseres wünschen als solche tüchtigen und zufriedenen Untertanen wie die Herrnhuter!

Zinzendorfs Rückkehr nach Herrnhut

Was den verbannten Grafen Zinzendorf betrifft, der in den vergangenen zehn Jahren immer wieder um die Erlaubnis zur Rückkehr nach Sachsen gebeten hat und jedesmal barsch abgewiesen wurde, so macht den hochverschuldeten Kurfürsten die Tatsache nachdenklich, dass Zinzendorf offenbar über viel Geld und beste Geschäftsverbindungen nach Holland verfügt. Er hat Großhennersdorf, das Gut seiner Großmutter, zurückgekauft, das in fremde Hände gekommen war. Soll man sich einen so finanzkräftigen Untertanen auf die Dauer entgehen lassen?

Zinzendorfs Scharfblick hat die schwache Stelle in der Haltung des Kurfürsten schnell erkannt: Im Juli 1747 bietet er in einem höflichen Schreiben dem kurfürstlichen Hof ein Darlehen von 100 000 Talern an und äußert gleichzeitig sein Interesse an Schloss Barby an der Elbe, das in den Besitz des Kurfürsten übergegangen ist und das der Graf für die Brüdergemeine pachten möchte.

Daraufhin kann der Kurfürst nicht mehr anders als »in Gnaden« wahrzunehmen, dass Zinzendorf »gegen sein Vaterland eine gute Intention« (Absicht)[348] hege. Der Graf wird nach Leipzig zur Messe eingeladen und dort von einem Unterhändler des Kurfürsten sehr zuvorkommend empfangen. Seine Angebote werden angenommen und man versichert ihm, dass der Kurfürst freie Religionsausübung zusage.

Am 12. Oktober 1747 bekommt Zinzendorf die Erlaubnis, nach Sachsen zurückzukehren, und bereits zwei Tage später zieht er in Herrnhut ein, wo man ihn mit jubelnder Freude und Dank empfängt.

Neue Untersuchungskommission

Aber Zinzendorf, der sich jetzt fest im Sattel fühlt, will von der kurfürstlichen Regierung nicht nur eine Art Begnadigung, sondern eine volle Rehabilitierung, die zugleich ein für allemal die Rechtgläubigkeit der Herrnhuter Brüdergemeine bestätigen soll. Er verlangt also selbst eine neue »Generaluntersuchung«. Die Sache zieht sich hin bis zum Sommer 1748, wo in Herrnhut und in Hennersdorf eine kurfürstliche Kommission aus weltlichen und geistlichen Vertretern erscheint. Vor allem die geistlichen Herrn gehen bei ihrer Untersuchung sehr genau vor; denn man hat viel Sonderbares über Zinzendorfs Theologie in den letzten Jahren gehört.

Zum Beispiel bleibt der Graf trotz harter Angriffe von Seiten der Theologen bei der Aussage, dass »sein Schöpfer sein Heiland«[349] sei, während doch im evangelischen Bekenntnis Gott der Vater als Schöpfer genannt wird. Nach Zinzendorfs fester Überzeugung ist aber die dreieinige Gottheit und damit der Schöpfer der Welt für den Menschen nur in dem menschgewordenen Christus zu erkennen.

Zu einer Einigung kommt man über diesen und andere Streitpunkte nicht. Aber der Kurfürst, dem inzwischen sehr daran gelegen ist, die Brüdergemeine im Lande zu halten, stellt schließlich die Bedenken seiner Theologen beiseite und erteilt am 20. September 1748 ein »Königliches Versicherungsdekret«, in dem er die Brüderkirche als »Augsburger Religionsverwandte«[350] anerkennt. Damit ist die künftige Existenz der Brüdergemeine gesichert; sie ist von nun an praktisch selbständig, wenn sie auch formal noch zur sächsischen Landeskirche gehört.

Zinzendorf kann sich nach der Abreise der Kommission nicht lange in der Oberlausitz aufhalten, denn seine Anwesenheit ist an anderen Orten dringend erforderlich. Im September 1748 ist er, wie schon erwähnt, für kurze Zeit in Herrnhaag, hält sich dann drei Monate in Holland auf und besteigt am 31. Dezember das Schiff nach England.

Die Brüderkirche in England

1737 war Zinzendorf zum ersten Mal in England, um sich bei dem Erzbischof von Canterbury um die Anerkennung der Brüdergemeine zu bemühen – eine wichtige Voraussetzung für die Missionsarbeit in den englischen Kolonien. Während seines Aufenthaltes

Nikolaus Ludwig von Zinzendorf
Ölgemälde Werkstatt Joh. Kupetzky 1748

in Lindseyhouse hielt Zinzendorf tägliche Andachten, zu denen sich viele Zuhörer einfanden. Einige schlossen sich nach seiner Abreise zu einem Freundeskreis der Brüdergemeine zusammen. Zinzendorf schickte ihnen ein Jahr später den jungen Peter Böhler aus dem Kreis der Jenaer Studenten, der die Gruppe seelsorgerlich betreuen sollte.

John Wesley

Im Februar 1738 lernte Peter Böhler im Hause eines Bekannten John Wesley kennen, den späteren Gründer der Methodistenkirche. Für Wesley waren die Herrnhuter keine Unbekannten: Ein paar Jahre zuvor waren er und sein Bruder Charles auf einem Schiff nach Amerika zusammen mit 26 Herrnhuter Missionaren gereist und waren von ihrer Glaubenszuversicht und ihrer den Alltag erfüllenden Frömmigkeit tief beeindruckt gewesen.

John Wesley und Peter Böhler wurden nach der ersten Begegnung Freunde und führten intensive Glaubensgespräche. Wesley suchte durch ein streng geregeltes Leben in Frömmigkeit das Heil seiner Seele zu finden – dieses Bestreben hatte ihm und seinem Bruder schon in der Studentenzeit den Spottnamen »Methodisten« eingetragen –, während Böhler darauf hinwies, dass der Glaube an die Erlösung und Sündenvergebung ein Gnadengeschenk Gottes sei. Wer es empfangen habe, werde ganz von selbst als Frucht des Glaubens ein Leben in Heiligung und wahrer Freude führen. Beide Brüder Wesley erlebten kurze Zeit später eine solche Gottesbegegnung. Sie hielten sich zu der Gruppe, die Böhler unter den Mitgliedern der anglikanischen Kirche gesammelt hatte und die nach herrnhutischen Regeln leben wollte. Diese Gruppe nannte sich später nach ihrem Treffpunkt, der Fetter-Lane-Kapelle, die »Fetter Lane Society«.

John Wesley wollte nun auch Herrnhut kennen lernen, wo er das Vorbild einer urchristlichen Gemeinde zu finden hoffte. Im Sommer 1738 besuchte er auf einer Deutschlandreise Marienborn, Halle und schließlich Herrnhut, wo er sich zwei Wochen lang aufhielt. Von dem Geist der Liebe und des Glaubens in der Brüdergemeine war Wesley sehr angetan, hierin übertraf sie seine »höchsten

Erwartungen«[351]; ihre Lebensführung hätte er sich allerdings strenger und ernster gewünscht. Auch gegenüber Zinzendorf, den er in Marienborn traf, hatte er kritische Vorbehalte; dessen Stellung in der Gemeinschaft war nach Wesleys Geschmack zu überragend.

Als John Wesley im September 1738 nach London zurückkehrte, war Böhler nach Amerika weitergereist. Die Fetter Lane Society blieb zunächst eine blühende Gemeinschaft, bis sich allmählich immer deutlicher eine Spaltung in zwei Gruppen herauskristallisierte, eine herrnhutische und eine, die sich zu Wesley hielt. Schließlich zog Wesley mit seiner Anhängerschaft aus der Fetter-Lane-Kapelle aus.

1741 kam es noch einmal zwischen Wesley und Zinzendorf in London zu einem klärenden Gespräch, wo sich die verschiedenen theologischen Standpunkte deutlich herausstellten: Zinzendorf vertrat die Rechtfertigung des Sünders aus Gnade, die Erlösung durch Christi Kreuzestod als einzigen Weg zum Heil. Wesley verlangte außerdem ein Leben der schrittweisen Heiligung; der Mensch muss die »sinnless perfection«[352] – die sündlose Vollkommenheit – zu erreichen suchen. Diese Abkehr von der lutherischen Rechtfertigungslehre war für Zinzendorf unmöglich; es war klar, dass die Herrnhuter und die Methodisten von nun an getrennte Wege gehen würden, wenn auch Wesley viele Anregungen und Elemente aus der herrnhutischen Frömmigkeit übernahm.

In den folgenden Jahren setzte in England eine Erweckungsbewegung ein. Prediger der Brüdergemeine und Prediger aus Wesleys Mitarbeiterkreis wirkten nebeneinander in den englischen Städten und auf dem Land. Die englische Brüdergemeine erwarb einen zweiten Stützpunkt, Fulneck in Yorkshire, wo eine brüderische Siedlung nach bewährtem Muster mit Gemeinsaal, Schulen und Chorhäusern entstehen sollte. Von hier aus entfalteten die Brüder eine rege Diasporatätigkeit, das heißt, sie hielten Versammlungen an verschiedenen Orten ab, predigten regelmäßig in bestimmten Dörfern und gewannen viele Anhänger und Freunde.

Aber es konnte nicht ausbleiben, dass während der Sichtungszeit die zahllosen Schmähschriften gegen die Brüdergemeine auch in England bekannt wurden. Wesley übernahm viele dieser

Vorwürfe und stellte sich gegen die Brüderkirche; er fürchtete wohl auch ihre Konkurrenz.

Eine weitere Schwierigkeit für die Brüderkirche bildeten das Misstrauen und die Angriffe von staatlicher Seite; denn die Brüder lehnten aus Überzeugung den Militärdienst und den Treueid ab. Wenn aber die englische Regierung sich gegen die Brüderkirche stellte, dann war auch deren Missionsarbeit in den englischen Kolonien gefährdet.

Anerkennung der Brüderkirche in England

In dieser bedrängten Lage kommt Zinzendorf den englischen Brüdern Anfang des Jahres 1749 zu Hilfe. Mit ihnen zusammen setzt er eine Petition an das englische Parlament auf, in der er die Einrichtungen der Brüderkirche darstellt und um ihre Anerkennung im englischen Herrschaftsgebiet bittet. Es kommt zu einer genauen Untersuchung im Ober- und Unterhaus, wobei sich der alte Freund Zinzendorfs, General Oglethorpe, und andere sehr für die Brüdergemeine einsetzen. Im Mai 1749 ist es dann endlich soweit: In einer »Akte« wird die »Unitas Fratrum« als »alte evangelische bischöfliche Kirche«[353] anerkannt, ihre Mitglieder von Eid und Kriegsdienst befreit. Ein großer Erfolg für die Brüder, der ihnen in der englischsprachigen Welt Tore und Türen öffnet! »Unitas Fratrum« – »Brüderunität« – behält man seit der Akte als Bezeichnung bei, daneben bleiben weiterhin die Namen »Brüderkirche«, »Brüdergemeine« oder »Moravian Church« (Mährische Kirche).

Zinzendorf reist durch England und beteiligt sich an der Diasporaarbeit der Brüder. Er hält die Aufgabe in England für so wichtig, dass er hier von 1749 bis 1755 bleibt und nur ein Jahr dazwischen, vom Sommer 1750 bis Sommer 1751, wieder in Deutschland verbringt.

Christian Renatus: Krankheit und Tod

Christian Renatus, den sein Vater 1749 aus Herrnhaag nach London zitiert hat und der seitdem bei ihm in England lebt, hat die Erlebnisse von Herrnhaag lange nicht verwunden. Bei einem letzten Besuch dort im August 1750 – der Ort ist schon teilweise von seinen Bewohnern verlassen – kommt er nach Gesprächen mit seinen früheren Freunden zu der Überzeugung, dass er im Jahr zuvor als Ältester und Leiter des Brüderchors versagt hat. Seine sensible und verletzliche Natur leidet schwer unter dieser Schuld.

In England will er durch verdoppelten Einsatz seine Fehler wieder gutmachen. Bei der Brüdergemeine in London wird er der engste und eifrigste Gehilfe seines Vaters; er ist Liturg der Gemeine, leitet mit Hingabe das Chor der ledigen Brüder und hat eine umfangreiche Korrespondenz zu bewältigen. Er arbeitet bis in die Nacht hinein und verbringt danach noch einige Stunden in Meditation. Sein zunehmender Hang zur Schwermut macht seinem Vater und seinen Freunden Sorgen.

Da Christel das dunstige Londoner Klima mit der von Kohlenstaub durchsetzten Luft nicht verträgt, leidet er immer mehr unter einem starken Husten, bis ihn im Februar 1752 ein Blutsturz auf das Krankenlager wirft. Seine Freunde pflegen ihn in einem Gartenhaus der Westminsterabtei, wo die Luft etwas besser ist. Der Vater besucht ihn oft, will aber, von Arbeit überhäuft, nicht wahrhaben, wie schlecht es um Christel steht. Er hält außerhalb von London eine Konferenz ab, als ihn am 28. Mai 1752 die Nachricht von Christels Tod erreicht. Verzweifelt eilt Zinzendorf nach London zurück, erschüttert sitzt er am Totenbett des Sohnes und kann dieses Ende nicht begreifen:

> *Wenn ich nun meine Gedanken sagen soll, lieben Geschwister, so kann ich's mit wenig Worten sagen: ich verstehe es nicht ... Wie sich der Heiland hat resolvieren (entschließen) können, 3000 Menschen ihren Engel ... und uns allen, in gewissem Verstande seinen schönsten Abdruck weg und auf die Seite zu nehmen, das kann ich nicht verantworten. Das wird er selber in allen Herzen klarmachen ...*[354]

Christels Sarg wird am 1. Juni auf der Themse stromab-wärts nach Chelsea gebracht. Hier hat Zinzendorf vor kurzem den Landsitz Lindseyhouse erworben und hier entsteht der Gottesacker der Gemeine, auf dem Christel seine letzte Ruhe findet.

Noch härter als der Vater ist die Mutter von dem Verlust des Sohnes getroffen. Zwölf Kinder hat Erdmuth von Zinzendorf geboren, nur vier haben das Kindesalter überlebt; neben den drei Töchtern ist Christel der einzige, innig geliebte Sohn! Als Erdmuth die Nachricht von seiner Erkrankung in Herrnhut erhält, will sie sich sofort auf den Weg zu ihm machen, wird aber selbst so krank, dass sie ihre Abreise verschieben muss. Als sie endlich unterwegs ist, bringt ihr ein Bruder in Holland kurz vor Zeist die Todesnachricht, die sie wie ein Keulenschlag trifft und ihr die Kraft zur Weiterreise nimmt. Sie muss eine Ruhepause in Zeist einlegen. Von dort schreibt sie an ihren Neffen Heinrich von Reuß nach England: »Ach, guter Heinrich, die Welt ist mir wirklich zu eng. Es zieht erstaunlich in die andere Atmosphäre, da jetzt meinem auserwählten Christelein so wohl ist . . .«[355]

Ein wenig hofft sie, Zinzendorf werde sie in Zeist abholen. Aber dieser hat sich schon wieder in die Arbeit gestürzt und kann ihr nicht entgegenkommen. Er findet auch wenig Zeit für sie, als sie schließlich in London eintrifft. Nach wenigen Wochen, in denen sie viele Stunden am Grab des Sohnes verbringt, kehrt sie tiefgebeugt nach Herrnhut zurück.

Christels Andenken wird in der Folgezeit vor allem bei den jungen ledigen Brüdern sehr hoch gehalten. Er gilt ihnen als ein früh Vollendeter, dessen große Frömmigkeit ihn nach Zinzendorfs Mei-nung »zu tief ins Heiligtum geraten« ließ: »Er hat was antizipiert (vorweggenommen), das uns hier nicht gehört.«[356]

Finanzkrise

Der Ausbau von Lindseyhouse zu einem neuen Brüder-zentrum mit Versammlungsraum ist in dieser Zeit Zinzendorfs gro-ßer Trost; an diesem schönen englischen Herrensitz, wo er schon bei seinem ersten Englandaufenthalt gewohnt hat, hängt sein ganzes Herz. Im März 1753 kann er hier mit dem vertrauten Kreis seiner Mitarbeiter einziehen. Er blickt hinunter auf die breite Terrasse an der Themse, wo es eine Bootsanlegestelle gibt, so dass Besucher mit dem Schiff aus London kommen können. Noch weitere Häuser hat der Graf mit seinem Architekten auf dem Grundbesitz geplant: Es soll Platz zum Wohnen geschaffen werden für Hunderte von neuen Mitgliedern der Gemeine, für die Ausbildung von Studenten und für die Teilnehmer der vielen Konferenzen.

Da aber zeigt sich Anfang 1753, dass der Graf sich mit dem Kauf und Umbau von Lindseyhouse finanziell völlig übernommen hat. Zinzendorf kann mit Geld nicht umgehen; er hat große Summen für seine Pläne und Projekte geliehen, ohne die finanziellen Möglichkeiten der Brüderunität zu überblicken, die durch den Verlust von Herrnhaag in große Schwierigkeiten geraten ist. Jetzt sind die Zinsen für die zahlreichen Kredite nicht mehr zu bezahlen. Der Bankrott eines englischen Bankiers bringt die Finanzkrise der Brüder offen zutage; sogleich wollen alle Gläubiger auf einmal die geliehenen Gelder zurückgezahlt haben.

Zinzendorf, der sich für die Finanznöte verantwortlich fühlt, übernimmt die Bürgschaft für die Brüderunität mit seinem Besitz und sogar mit seiner Person; denn einer der Gläubiger droht, den Grafen in den berüchtigten »Schuldturm« werfen zu lassen. Dort werden säumige Schuldner gefangen gehalten, bis ihre Schuld bezahlt ist. Mit viel Verhandlungsgeschick und der Hilfe treuer Freunde kann die schlimmste Gefahr abgewendet werden, aber es dauert lange, bis sich die Finanzen der Brüdergemeine wieder konsolidiert haben. Ein Verwaltungsgremium wird eingesetzt, das die Schulden durchrechnet und alle Gemeinen zur »Mitleidenschaft«, das heißt zur finanziellen Unterstützung heranzieht. Später bekommt dieses Gremium den Namen »Direktorialkollegium« und wird die erste Verwaltungsbehörde der Brüderunität.

Das »Jüngerhaus«

Auf einer englischen Synode 1753, wo über die Finanzmisere beraten wird, bekennt der Graf »in der schmerzhaftesten Verlegenheit«: »Ach, meine Brüder, ich bin schuld an diesem Unglück!«[357] Wie er vorher schon öfter angekündigt hat, will er sich jetzt von allen offiziellen Ämtern in der Gemeine zurückziehen und nur noch »Jünger« sein, das heißt sich um Predigt und Seelsorge kümmern. Die mit ihm lebende Gemeinschaft seiner Mitarbeiter bekommt den Namen »Jüngerhaus«, ihr Tagebuch heißt »Jüngerhausdiarium«. Kopien der Eintragungen aus dem Jüngerhausdiarium, die auch viele Reden und Gesprächsbeiträge Zinzendorfs enthalten, werden immer wieder an die Gemeinen und Missionsstationen verschickt.

Zinzendorf entfaltet in diesen Londoner Jahren eine umfangreiche Predigttätigkeit; 81 »Londoner Predigten« von ihm werden später gedruckt. Außerdem stellt er das »Londoner Gesangbuch« zusammen, eine ökumenische Liedersammlung, in der die schönsten Gesänge und Dichtungen aus allen Kirchen und Konfessionen enthalten sind.

In den Predigten und Ansprachen aus diesen Jahren weist Zinzendorf immer wieder darauf hin, wie wichtig für den Christen der tägliche »Umgang mit dem Heiland« ist. Christ zu sein und zu bleiben, das bedeutet, in ständiger Gebets- und Gesprächsgemeinschaft, in »Konnexion mit dem Heiland«[358] zu leben und auf diese Weise schon hier auf Erden seine Nähe zu erfahren. Ein besonderes Hilfsmittel für die »Konnexion mit dem Heiland« sind die Losungen, die Zinzendorf nach wie vor selbst für jedes Jahr zusammenstellt zur »Beförderung der täglichen Andacht zu seiner lieben Nähe«[359].

Die »Konnexion mit dem Heiland« beschränkt sich aber nach Zinzendorfs Meinung nicht auf die Einzelperson, sondern bezieht die anderen Menschen mit ein: »Ich statuiere kein Christentum ohne Gemeinschaft«[360], hat Zinzendorf einmal sehr eindringlich gesagt. In der Brüdergemeine wird diese Gemeinschaft vor allem in den Chören erlebt; jedes Gemeinemitglied gehört ja als lediger Bruder oder Schwester, Ehepartner, Witwe oder Witwer von vornherein einem Chor an und ist so in eine Gruppe eingebunden.

Rückkehr nach Herrnhut

Gräfin Erdmuths körperliche Kräfte haben seit dem Tod ihres Sohnes sehr nachgelassen: »Mein morsches Hüttchen bebt und kracht gar sehr«[361], schreibt sie 1753 nach London, um sich zu entschuldigen, weil sie nicht zur Synode nach England kommen kann. Mit der »Hütte« ist nach Herrnhuter Sprachgebrauch der irdische Leib gemeint. Zinzendorf, seinerseits mit unerschöpflicher Tatkraft und Energie gesegnet, kann solche Schwäche nicht verstehen und beklagt sich darüber, dass »die Mama sich ganz zurückgezogen« habe, nicht mehr nach London kommen und die Finanzverwaltung der Gemeine ganz in andere Hände abgeben will.

Im Sommer 1754 rafft sich die Gräfin tatsächlich noch einmal zu einer mehrwöchigen Englandreise auf, in Begleitung ihrer 14-jährigen Tochter Elisabeth. Erdmuth will das Grab ihres Sohnes besuchen, gleichzeitig ihren Mann bitten, endlich wieder nach Herrnhut zurückzukehren. Sie macht ihm den Vorschlag, den gemeinsamen Wohnsitz nach Schloss Hennersdorf zu verlegen, ein Plan, den Zinzendorf für ein »Meisterstück des Heilands«[362] hält.

Im März 1755 verlässt der Graf England, wo er mit Unterbrechungen sechs Jahre zugebracht hat. Die Mitglieder seines »Jüngerhauses« reisen mit ihm. Nach ausgiebigen Gemeindebesuchen in Zeist, Neuwied, Neudietendorf, Kleinwelka und Niesky trifft er am 2. Juni in Herrnhut ein.

15. Letzte Lebensjahre

In Herrnhut stellt der Graf erfreut fest, dass der Ort sich merklich verschönert hat. Die Gräfin und Friedrich von Watteville haben dafür gesorgt, dass neue Gärten angelegt und Hecken gepflanzt wurden. Nach Berthelsdorf hinunter wurden Linden zu einer Allee gesetzt, ebenso hinauf zum Hutberg, wo der Gottesacker der Gemeine liegt.

Die wirtschaftliche Entwicklung Herrnhuts

In den über 30 Jahren seines Bestehens ist Herrnhut immer mehr zu einer blühenden Handwerkersiedlung geworden. Unter den ersten mährischen Ansiedlern waren zwar mehr Bauern als Handwerker. Da es aber für die Landwirtschaft nicht genug Grund und Boden gab, mussten sich die meisten auf ein Handwerk umstellen. Viele versuchten es mit der Weberei; aber damit war kaum das tägliche Brot zu verdienen, wie das Beispiel der zahlreichen anderen Weber in der Oberlausitz zeigte. So verlegten sich die Ansiedler auf andere Gewerbe. Die Anfänge waren sehr mühsam; aber allmählich entstand bei dem eisernen Fleiß, der großen Sparsamkeit und der geordneten Gemeinschaft in Herrnhut eine ungeheure Vielfalt an Handwerksbetrieben. Vom Schlosser, Schuhmacher, Seifensieder, Lichtgießer, Töpfer und Hufschmied bis zu den Bäckern, Leinewebern, Schreinern, Perückenmachern usw. sind alle Berufe in

Teebrett mit Ansicht von Herrnhut im Jahre 1755

Herrnhut zu finden. Eine Aufzählung von 1763[363] nennt 57 Gewerbe-betriebe im Ort.

In den Chorhäusern der Unverheiraten entstehen ebenfalls professionelle Werkstätten: Das Brüderhaus betreibt eine Tischlerei, Schneiderei und Schuhmacherei; im Schwesternhaus werden unter anderem feine Handarbeiten und Stickereien hergestellt.

Die Herrnhuter Erzeugnisse sind nicht billig, aber sie werden wegen ihrer guten Qualität geschätzt. Auswärtige und Fremde kaufen gern in Herrnhut ein, »weil sie hier alles besser als anderer Orten kriegen«[364], wie Bruder Johann Nitschmann befriedigt feststellt.

Die Überschüsse aus den handwerklichen Betrieben fließen in die »Gemeinkasse«. Damit werden die Gemeindeeinrichtungen und die Anstalten finanziert, aber auch die Mission unterstützt. Die große Schuldenlast, die noch aus der Zeit der Finanzkrise auf der Brüdergemeine liegt, kann mit Hilfe der vielen fleißigen und gewissenhaften Arbeiter allmählich abgetragen werden.

Abraham Dürninger

Ganz besondere Verdienste um die wirtschaftliche Entwicklung Herrnhuts hat sich Abraham Dürninger erworben, ein Straßburger Kaufmann, der nach Herrnhaag zur Brüdergemeine gekommen war. 1747 holte ihn Zinzendorf nach Herrnhut und übertrug ihm den »Gemeinladen«. Als Dürninger in die Brüdergemeine aufgenommen wurde, wollte er eigentlich den Kaufmannsberuf aufgeben, weil er glaubte, dass eine klare christliche Haltung und kaufmännisches Profitstreben nicht zusammenpassen. Er ließ sich aber überzeugen, »dass man Handel und Geschäfte machen kann, ohne sein Gewissen in irgendeiner Weise zu verletzen«[365]. Ein redlicher Kaufmann also, der feste Preise einhält, auf Qualität achtet und trotzdem gute Geschäfte macht!

Aus dem »Gemeinladen« ist inzwischen ein ausgedehnter Handel mit Leinwand und Baumwolle geworden. Abraham Dürninger hat eine richtige Industrie in Herrnhut aufgebaut; er gibt zahlreichen Menschen Arbeit, nicht nur den Leinwandwebern auf den Dörfern rings um Herrnhut, sondern auch vielen Brüdern und Schwestern in den Chorhäusern, die für ihn Baumwolle spinnen und weben. Eine Bleiche für die Leinwand ist in Herrnhut entstanden, ebenso eine Färberei. Schließlich baut Abraham Dürninger, um von der Heimarbeit wegzukommen, sogar eine »Fabrik« mit Spinn-, Web- und Druckereibetrieb. Für die Farbdrucke mit ihren besonderen künstlerischen Mustern verwendet Dürninger eine sehr haltbare tiefblaue Farbe, deren Herstellungsrezept er streng geheim hält.

Die Herrnhuter Stoff- und Tapetendrucke werden weithin berühmt, zumal Dürninger seine Handelsbeziehungen bis nach Amerika ausdehnt und überall geschickte Werbung betreibt. Kein Wunder, dass ihm die Gräfin persönlich die Ehre erweist, seinen Betrieb genau zu besichtigen; ein paar Jahre später erscheint sogar der von Dürninger hoch verehrte Graf Zinzendorf in seinem Geschäft, was den Kaufmann mit großem Stolz erfüllt.

»Mama Zinzendorf«

Graf und Gräfin Zinzendorf sind im Sommer 1755 nach langer Zeit wieder in Herrnhut vereint. Aber der »große Plan« eines gemeinsamen Umzugs des Ehepaares nach Großhennersdorf lässt sich nicht verwirklichen; zu verschieden sind in den Jahren der Trennung die Lebensgewohnheiten der beiden geworden. Schon im November 1755 zieht Zinzendorf mit seinen »Hausgeschwistern« nach Berthelsdorf hinunter, um in »Bethel« – so heißt inzwischen das Berthelsdorfer Schloss – »ein Jüngerhaus anzufangen«[366].

Die Gräfin, das »liebe Mamachen«, wie sie allgemein genannt wird, bleibt in Herrnhut im Herrschaftshaus wohnen, wo sie ihre vertraute, hübsch und geschmackvoll eingerichtete »Stube« hat, die Anlaufstelle für alle, die Rat und Hilfe brauchen. Vom frühen Morgen bis zum späten Abend gehen hier die Geschwister ein und aus. Die Gräfin kann gut zuhören, aber auch sehr lebendig von ihren vielen Reisen erzählen. Trotz des großen Vertrauens, das sie genießt, achtet sie auf Formen und eine gewisse Distanz. Ihr Sofaplatz und ihr

Tischchen in der Ecke sind ihr ausschließliches Eigentum, und niemand würde es wagen, sich hierhin zu setzen. In ihrem äußeren Auftreten kann und will sie trotz aller Gleichstellung mit den Geschwistern die aristokratische Herkunft nicht verleugnen, passt sich aber in der Kleidung den Schwestern an, bei denen sich eine »hübsche Ortsmode«[367] herausgebildet hat; charakteristisch dafür ist die weiße Haube, die durch ein Band gehalten wird, wobei die Farbe des Bandes die Chorzugehörigkeit anzeigt.

Tod der Gräfin

Im Mai 1756 nehmen die Kräfte der »Mama« zusehends ab; sie wird von einer großen Müdigkeit und Schwäche befallen. Ihre Töchter kümmern sich um sie und die ihr nahe stehenden Schwestern, unter denen sich auch ihre Schwägerin Theodore von Reuß befindet, um die Zinzendorf einst so stürmisch geworben hatte. Nach dem Tod ihres Mannes, des »Neunundzwanzigsten«, ist Theodore nach Herrnhut gezogen. Ihre Söhne gehören zu Zinzendorfs Mitarbeiterkreis; einen von ihnen hat der Graf adoptiert.

Wie schlecht es seiner Frau geht, bemerkt Zinzendorf nicht, zumal sie in Begleitung Theodores Anfang Juni noch an der Eröffnung einer Synode teilnimmt, die er in Berthelsdorf abhält. Dann aber nimmt ihre Schlafsucht immer mehr zu. Zinzendorf besucht sie am 14. Juni, ohne zu ahnen, dass er sie zum letzten Mal sieht. Am Morgen des 19. Juni schläft sie für immer ein. Ihr Zimmer bleibt, wie ihr Neffe Heinrich berichtet, »bis zur letzten Viertelstunde der Rendezvousplatz der Geschwister, und das Aus- und Eingehen hörte nicht auf, bis sie ihre Augen schloss«.

Johannes von Watteville geht auf die Synode nach Berthelsdorf, um Zinzendorf die Nachricht vom Tod seiner Frau zu bringen. Sie trifft ihn »ganz und gar unvermutet ... und zu desto größerer Bestürzung, er hat gleich zu Johannes gesagt: ›Nun lasst mich ganz allein‹, und sich auf etliche Stunden eingeschlossen und sich recht ausgeweint«[368].

*Gräfin Zinzendorf in Herrnhuter Tracht
mit dem blauen Haubenband der Ehefrauen*

Zur Beisetzung der Gräfin am 25. Juni kommt der Landadel der Umgebung, auch die Kinder aus den Internatsschulen von Hennersdorf und Niesky. Mit den Einwohnern von Herrnhut und Berthelsdorf geben sie dem Sarg auf den Hutberg zum Gottesacker hinauf das Geleit.

Zinzendorf nimmt nicht am Begräbnis teil, wie es der Sitte seines Standes entspricht. Er verbringt den Tag still und in Gedanken versunken in Hennersdorf. Was Erdmuth für die Gemeine bedeutet hat, wird ihm sehr deutlich, und er weiß, dass »jetzt eine Periode geschlossen ist, die nicht wiederkommen wird, weil es nur eine Mama gegeben hat«[369]. Später entwirft Zinzendorf eine Grabinschrift für Erdmuth, wo er sie eine »Fürstin Gottes unter uns« und die »Säugamme der Brüderkirche«[370] nennt.

Wie sehr er um sie trauert, sagt er zwei Tage nach ihrem Tod auf der Synode in Berthelsdorf:

> *Ich kann also sagen, dass ich in meinem ganzen Sterbensleben das noch nicht erfahren habe, was ich diesmal erfahre, und dass es mir bei meinem Christel, der mir ein großer Mitarbeiter war und dessen Heimgang mir sehr nahe ging, doch nicht so gewesen ist wie bei diesem Vorgang.*[371]

Das Trauerjahr

Das Jahr nach Erdmuths Tod verlebt Zinzendorf in Zurückgezogenheit, wenn er auch seine »Winkelchen« und »abgelegenen Stuben«[372] an die verschiedenen Gemeindeorte verlegt, denn die Besuche dort hält er für seine wichtigste Aufgabe. Die riesige Arbeit, die Finanzen der Brüderkirche zu ordnen und ihr eine Verfassung zu geben, überlässt er dem Direktorialkollegium.

Was die Entwicklung der Brüdergemeine betrifft, so beobachtet Zinzendorf besorgt, dass sie immer deutlicher zu einer Freikirche wird. Viele Mitglieder der Gemeine, vor allem die Mähren, möchten die aus der alten Brüderkirche übernommenen Formen ihrer Gemeinschaft, zum Beispiel die Laienämter, endlich unangefochten in einer eigenen Kirche durchführen und nach ihren erprobten Regeln leben. Sie wollen sich in die Tradition der alten mährischen Brüderkirche stellen und sie erneuern. Zinzendorfs Haltung dazu ist zwiespältig: Er wollte seinerseits nie eine eigene »Konfession« gründen, sondern nur ein »Kirchlein in der Kirche« gestalten. Er muss aber zugeben, dass die Vertreter seiner angestammten lutherischen Kirche alles getan haben, um die Brüdergemeine aus ihrer Mitte hinauszudrängen, sie »gleichsam mit Ofengabeln«[373] wegzustoßen. Die mährische Brüderkirche aber ist bereit, die ausgestoßene Gemeine wie ein »Gasthaus«[374] aufzunehmen. So kommt Zinzendorf zu der Überzeugung, dass seine Bestrebungen »vom Heiland selbst durchschnitten worden« sind und dass dessen »Allmachtshand«[375] bei der Entwicklung zur Freikirche als »Erneuerte Brüder-Unität« zu spüren ist.

Es ist aber sicher nicht die Absicht des Heilands, wie Zinzendorf in einer späteren Rede sagt, dass sich die Gemeine nun auf wenige Orte zurückziehen und »auf einem Haufen beisammen sitzen«[376] soll. Ganz wichtig ist ihm die Diasporaarbeit, das heißt der Dienst an den »verstreuten Kindern Gottes« in den anderen Konfessionen. Mit diesen wahren Christen in den Landeskirchen sollen die Brüder und Schwestern Gemeinschaft suchen, ohne sie ihren Kirchen abspenstig zu machen. Zinzendorf sieht die ökumenische Aufgabe der Brüdergemeine darin, den großen Kirchen Hilfestellung zu geben, weil diese immer mit der Gleichgültigkeit und Verweltlichung ihrer Mitglieder zu kämpfen haben, und so für die Einheit der Kinder Gottes zu wirken.

Der Seelsorger

Zinzendorf hält sich also aus der Arbeit des Direktorialkollegiums heraus und widmet sich der seelsorgerlichen Arbeit, die ihn voll und ganz beansprucht. Er hat eine umfangreiche Korrespondenz zu führen, da ihn unzählige Menschen aus der ganzen Welt um Rat und Hilfe bei persönlichen Problemen bitten. Diese Briefe trägt er, bis er sie beantworten kann, in den ausgebeulten Taschen seines

Rocks mit sich herum, damit sie nicht in fremde Hände kommen. Ordnung ist nicht gerade Zinzendorfs Stärke; beschriebene Zettel, Manuskripte und Dokumente liegen verstreut in seinen Zimmern herum, weshalb er schon vor Jahren in echter Verzweiflung um einen Sekretär gebeten hat, der zugleich die Pflichten eines Kammerdieners übernehmen soll:

> *Ich brauche einen Bruder, der nachmittags um drei Uhr sagen kann, wo meine Schuhe, Rock und die Skripturen aus den Kleidern sind, der die Briefe, die abgegangen sind und ankommen, aufschreibt, der alle Wochen auskehrt und sieht, ob was in den Fächern liegt, das nicht hineingehört ...*[377]

Mit unermüdlicher Treue macht Zinzendorf Gemeindebesuche und scheut dabei keine Strapazen. Am Himmelfahrtstag 1757 kommt er zum Beispiel nach Gnadenfrei, wo man ihn schon freudig erwartet. Im vollbesetzten Saal hält er eine Festrede; danach lässt er die einzelnen Chöre nacheinander zu sich kommen, die Witwer, die ledigen Schwestern, die Eheleute, die Witwen und zum Schluss die ledigen Brüder. An jede Gruppe richtet er eine besondere, auf ihre Situation bezogene Ansprache, dann gibt er jedem und jeder Gelegenheit zum Einzelgespräch mit ihm. Am nächsten Tag lässt er sich den Ort und die Einrichtungen zeigen, um dann in die nächste Gemeinde weiterzureisen.

Bei seinen Reden ist Zinzendorf von unglaublicher Ausdauer; die Worte strömen ihm zu, ein unendlicher Gedankenreichtum steht ihm zur Verfügung. Wenn er alle vier Wochen in Herrnhut einen »Gemeintag« hält, drängen sich Zuhörer aus der ganzen Umgebung in den Saal. Biblische Betrachtungen wechseln mit Liedern, Berichten und Briefen, die aus den Missionsstationen eingetroffen sind. Abends hält Zinzendorf noch eine mehrstündige »Lehrrede«, und die Gemeine, die von früh morgens bis in die späte Nacht zusammenbleibt, hört ihm andächtig zu. Allerdings sinkt manchmal jemand ohnmächtig von der Bank und muss hinausgetragen werden. Zinzendorf ist dann immer sehr erstaunt, da er beim Zuhören und Reden keine Ermüdung kennt.

Auch die Bildungsanstalten der Brüdergemeine liegen Zinzendorf sehr am Herzen. In Hennersdorf gibt es das »Pädagogium«, eine auf das Studium vorbereitende Schule für die Kinder der Gemeine. Anschließend können die jungen Leute an der »Akademie« in Barby weiter studieren, die sich aus dem ehemaligen »Seminar« entwickelt hat. Zinzendorf macht sich viele Gedanken über die richtige Erziehung und Ausbildung für den Dienst in der Gemeine und verbringt viele Wochen in Barby, um selbst hier Reden und Vorlesungen zu halten.

Die zweite Heirat

Nach Ablauf des Trauerjahrs schließt Zinzendorf am 27. Juni 1757 eine zweite Ehe, und zwar mit seiner langjährigen Mitarbeiterin Anna Nitschmann. Die Trauung vollzieht Leonhard Dober im Berthelsdorfer Schloss in einem kleinen Kreis von Freunden.

Vor ihnen begründet Zinzendorf diesen nicht unproblematischen Schritt mit seelsorgerlichen Notwendigkeiten. Er könne auf die Dauer nicht als Witwer sein Amt als Seelsorger unter den Chören der Schwestern ausüben. Das habe auch die »selige Mama« schon vor vielen Jahren gesagt, als er mit ihr vor seiner Abreise nach Amerika über die Möglichkeit gesprochen habe, dass sie vor ihm »aus der Zeit gehen« könnte. Sie habe ihn damals schon auf Anna Nitschmann als einzig mögliche Nachfolgerin verwiesen.

Zinzendorf will diese Heirat als »Amtsehe« zugunsten der Gemeine verstanden wissen und stellt seine persönlichen Gefühle für Anna in den Hintergrund. Was den Standesunterschied betrifft, so hat er für ihn selbst keinerlei Bedeutung; die »Ännel« hat »außerordentlichen Verstand, Gemüts- und Seelengaben«, die sie »ehrwürdig und vornehm machen«, so dass er sie »ohne Bedenken vor aller Welt zu seiner Gräfin machen«[378] kann. Aus Rücksicht auf seine alte Mutter aber, die sehr krank ist und sich über seine Heirat mit einer mährischen Bauerntochter allzu sehr aufregen könnte, will er die Ehe einstweilen noch geheim halten und bittet die Anwesenden, Stillschweigen darüber zu bewahren.

Erstaunlicherweise wird in der Gemeine tatsächlich nicht über diese Ehe gesprochen, bis Zinzendorf und Anna eineinhalb Jahre später, im November 1758, der Gemeine offiziell davon Mitteilung machen.

Montmirail

Im September 1757 bricht Zinzendorf wieder zu einer großen Reise auf, nach Montmirail in der Schweiz; es war das ehemalige Gut der Wattevilles und ist dann in den Besitz der Brüdergemeine übergegangen. Begleitet wird Zinzendorf von seiner Frau Anna, den Töchtern Benigna und Elisabeth, dem Schwiegersohn Johannes von Watteville, seinem Sekretär und anderen Geschwistern. In zwei Kutschen bricht die Reisegesellschaft von Herrnhut auf.

Alle Schweizer Freunde und die »Arbeiter« aus den Gemeinden sind von der Reise benachrichtigt worden, so dass eine große Konferenz in Montmirail zusammenkommt, wo alle Angelegenheiten der weitverzweigten Brüderkirche besprochen werden. Daneben führt Zinzendorf seinen Schriftverkehr, empfängt Briefe aus den deutschen Gemeinen und Tagebücher aus den Missionen. Er setzt fest, was davon veröffentlicht wird und lässt diese Schriftstücke nach Barby schicken, wo ein ganzes Schreiberkollegium für die Abschriften zuständig ist und wo sich auch die Druckerei der Brüdergemeine befindet. Der Graf führt unendlich viele Einzelgespräche, Besprechungen mit Gruppen, hält zahlreiche Reden und feiert schließlich als Höhepunkt des Schweizer Aufenthalts das Ältestenfest. Der Zusammenhalt und die Verbindung zwischen den vielen, die zu einer Gemeine gehören, ist ihm unendlich wichtig und wird, wie er ein paar Monate später sagt, ihn selbst und seine Familie überdauern:

> *Wenn's auf einen Menschen und seine Familie gesetzt wird, so ist's nichts. Wer mir aber eine Gemeine zeigen kann, dem kann ich Dauer versprechen. Das ist der Segen der jetzigen Zeit, Gemeinen, Hunderte, die einen Geist bekommen haben.*[379]

Zinzendorfs Reden werden alle von seinen Sekretären mitgeschrieben, von ihm selbst nachkorrigiert und erscheinen dann handschriftlich im Jüngerhausdiarium oder im Druck, wie zum Beispiel die 85 »Kinderreden« aus den Jahren 1755–1757.

Die Rolle der Schwestern

Am 12. Mai 1758 konstituiert sich Herrnhut als selbständige Kirchengemeinde, während der Ort bisher immer noch zur Parochie Berthelsdorf gehört hat. Eine Kirche gibt es in Herrnhut nicht: Mittelpunkt des Gemeindelebens ist der neue, erst vor einem Jahr eingeweihte Gemeinsaal mit dem kleinen Dachreiter.

An diesem 12. Mai werden im Gemeinsaal neue Ämter verliehen. Brüder und Schwestern werden zu Ältesten und Ältestinnen, Diakonen und Diakonissen geweiht. Denn seit 1745 hat Herrnhut aus der Ordnung der alten Brüderkirche die dreifache Weihe zum Diakon, Presbyter (Priester) und Bischof übernommen.

Bezeichnend ist für Zinzendorf, dass er an diesem Tag auch drei Schwestern zu Presbyterinnen weiht. Er, der schon immer für die Gleichstellung der Frauen in der Gemeine eingetreten ist und ihnen vor allem die Seelsorge an ihren Geschlechtsgenossinnen übertragen hat, ist im Lauf der Jahre zu der Überzeugung gekommen, dass »die Schwestern eben auch Recht am Priestertum«[380] haben. Als Beweis dient ihm die Frage der Mirjam an ihren Bruder Moses im Alten Testament: »Hat nicht der Herr auch durch uns geredet?«[381]

Zinzendorf weiß natürlich, dass die Gegner der Frauenordination sich auf das Pauluswort aus dem 1. Korintherbrief berufen: »Lasset eure Weiber schweigen in der Gemeinde!« Aber der Graf geht mit der Bibel ebenso vertraut wie unbefangen um und äußert die Vermutung, dass der Apostel diese Weisung vielleicht nicht für alle Frauen, sondern nur für die besonders vorwitzigen Korintherinnen erlassen habe. Außerdem hat die Brüdergemeine »ihren Plan und Gemeingang ... nicht von den Aposteln, sondern vom Heiland selbst ... Ihm nach wird auf die Egalität (Gleichheit) der Brüder und Schwestern gearbeitet«[382]. Der Heiland nämlich, der von einer Frau

Kirchsaal in Herrnhut, Innenaufnahme vor 1945

geboren wurde, hat nach Zinzendorfs Überzeugung auf vielerlei Weise gezeigt, dass er den Frauen den »Respekt«[383] wiedergeben wollte, den sie in der Gesellschaft seiner Zeit nicht hatten.

Mit diesen Ideen über die Gleichberechtigung der Frau ist Zinzendorf seiner Zeit weit voraus. Allerdings will er die Unterschiede zwischen den Geschlechtern nicht verwischen. Die Eigenart und die besonderen Fähigkeiten der Schwestern sollen sich in der Gemeine genauso wie die der Brüder entfalten dürfen; die Leitung und Führung der Gemeine allerdings muss in männlichen Händen bleiben; »denn wenn die Schwestern souverän regierten, so wäre es eine Konfusion in der Gemeine«.[384]

Letzte Reisen

Noch einmal ist Zinzendorf für längere Zeit von Herrnhut abwesend. Fast ein Jahr, vom August 1758 bis Juli 1759, hält er sich in Holland auf, in Heerendijk, das etwa vier Stunden von Zeist entfernt liegt. Hier kann der Graf mit seiner Hausgemeine in relativer Zurückgezogenheit leben. Seit einiger Zeit hat er gesundheitliche Probleme; er hat stark zugenommen, wird von häufigen Erkältungen, Husten und schwerer Heiserkeit geplagt, so dass seine Stimme nicht mehr trägt und er die Reden in großen Versammlungen seinem Schwiegersohn Johannes überlassen muss. In Heerendijk führt er ein regelmäßigeres und gesünderes Leben als sonst, mit Spaziergängen, ausreichender Nachtruhe und genügend Zeit für die Mahlzeiten mit seiner Tischgesellschaft. Täglich hält er dreimal eine Versammlung für die Hausgemeine ab.

Immer wieder kommen Besucher nach Heerendijk. Vor allem nimmt sich Zinzendorf Zeit für die Missionsgeschwister, die aus Grönland und Südamerika zurückgekommen sind und nach dem Heimaturlaub wieder auf ihre Stationen ausreisen wollen. Mit großem Interesse hört er ihre Berichte, bespricht eingehend mit ihnen alle Probleme und nimmt sie mit in die Hausversammlungen und Konferenzen. Beim Abschied empfiehlt sie der Graf »der Liebe und dem Andenken der Gemeine«[385] und erteilt ihnen seinen Segen für ihre schwierige Arbeit. In dieser Zeit werden auch die ersten Herrnhuter Missionare nach Indien geschickt.

Im Sommer 1759 bricht Zinzendorf mit seinem ganzen Haus zur Heimreise auf, wobei unterwegs wieder wochenlange Aufenthalte in Zeist, Neuwied und Barby eingelegt werden. Zwischen Preußen und Österreich herrscht in dieser Zeit der Siebenjährige Krieg, der schon 1756 angefangen hat. Zeitweise war die sächsische Oberlausitz Kriegsschauplatz, aber Herrnhut hatte außer der Einquartierung von Offiziersstäben keine Belastungen zu tragen. Sehr viel schlimmer hat es die Brüdergemeine in Neusalz an der Oder getroffen, wo im September 1759 russische Truppen zwei Tage lang plündern und schließlich die Siedlung niederbrennen. Die Mitglieder der Gemeine können sich im letzten Moment retten und finden erste Zuflucht in der Gemeine Gnadenberg. Zinzendorf erfährt auf der Heimreise von Holland Ende September von diesen Geschehnissen und erkundigt sich mit großer Anteilnahme nach den Flüchtlingen, die aber inzwischen schon ohne große Probleme auf die Gemeinen Niesky, Gnadenfrei und Herrnhut verteilt werden konnten. Dass »alle Brüder und Schwestern, klein und groß, ... durch Gottes augenscheinliche Hilfe und Bewahrung errettet worden«[386] sind, lässt Zinzendorf an alle Gemeinen berichten und ermahnt sie, Gott dafür zu danken und nicht dem materiellen Verlust an Häusern und Gütern nachzutrauern.

Das Jahr 1760

Am 24. Dezember kehrt Zinzendorf mit dem »Jüngerhaus« nach Herrnhut zurück und zieht im Herrschaftshaus ein. Anna ist erschöpft und krank von der langen Reise zurückgekommen und scheint sich nicht mehr erholen zu können. Zinzendorf, der körperliche Beschwerden möglichst zu ignorieren pflegt, kann nur schwer begreifen, dass seine langjährige, eifrige und unermüdliche Mitarbeiterin ihren Verpflichtungen bei der Chorleitung kaum mehr nachkommen kann, obwohl sie sich immer wieder aufzuraffen versucht.

Anna kann die großen Hoffnungen nicht erfüllen, die der Graf in diese zweite Ehe gesetzt hat. Sie ist nicht mehr die von jugendlicher Begeisterung erfüllte Gefährtin und gläubige Schülerin wie in früheren Jahren, wo sie »sein erstes großes Mädchen«[387] war und seinen Gedanken und Höhenflügen mit Inbrunst gefolgt ist. Jetzt ist sie in der Chorarbeit manchmal anderer Meinung als er, sie zeigt kleinliche Züge, ist kritisch und schlecht gelaunt und zieht sich immer mehr in ihre Krankheit zurück.

Der Graf selbst arbeitet in der gewohnten Weise weiter wie bisher, fast noch angestrengter, wie einer, der weiß, dass er nicht mehr viel Zeit hat. Er nimmt teil an der »Oberlausitzischen Predigerkonferenz«, die ihm ein besonderes Anliegen ist; hier treffen sich lutherische Pfarrer mit Herrnhutern zu Gesprächen. Zinzendorf macht seine Gedanken über den »Umgang mit dem Heiland« noch einmal deutlich, dass nämlich die »Freundschaft und Bekanntschaft mit seiner Person ... das beste, ja das einzige Mittel zur Seligkeit und Heiligkeit«[388] sei.

Ende April beginnt Zinzendorf, die Losungen für das Jahr 1761 zusammenzustellen. Den Plan einer neuen Reise nach Zeist schiebt er auf, aus Rücksicht auf den schlechten Gesundheitszustand seiner Frau.

»Herr, nun lässt du deinen Diener in Frieden fahren ...«

Am 5. Mai 1760 erkrankt Zinzendorf an einem »starken, hitzigen Katarrhalfieber«[389], wie sein Arzt feststellt. Der Graf wird von Hustenanfällen und Schlaflosigkeit geplagt, versucht aber immer noch an den Losungen für das kommende Jahr zu arbeiten. Als der Zustand des Patienten sich verschlimmert, vermutet der Arzt einen »Steckfluss« – also Wasser in der Lunge – und ordnet eine Pflege rund um die Uhr an.

Zu seinem Sekretär sagt Zinzendorf am 8. Mai, als es ihm etwas besser geht, im Rückblick auf die Brüdergemeine:

Hattest du wohl im Anfang gedacht, dass der Heiland so vieles tun sollte, als wir nun wirklich sehen an den Gemeinorten, in der Diaspora und unter den Heiden? Da habe ich es nur auf etliche Erstlinge aus ihnen angetragen und nun geht's in die Tausende!

Das Jüngerhausdiarium verzeichnet genau die Tage und den Verlauf der Krankheit und beginnt den 9. Mai mit den Worten:

Den 9. Mai war denn der Brüderkirche unvergesslicher Tag, da unser Herr Seinen Jünger in Seine Freude eingehen hieß und ihm Erlaubnis gab, von aller seiner Arbeit auszuruhen …

Zinzendorf weiß am Morgen dieses Tages, dass er »heimgehen« wird. Er lässt seinen Schwiegersohn Johannes von Watteville rufen, winkt ihn ganz nahe zu sich heran, weil ihm das Sprechen schwer fällt und sagt leise:

Nun, mein guter und bester Johannes, ich werde nun heimgehen, ich bin fertig, ich bin mit meinem Herrn ganz verstanden, und Er ist mit mir zufrieden … Wir müssen aber noch erst Konferenz halten und die pressantesten Sachen regulieren.

Dann versucht er noch einige Dinge zu regeln, bis ihm die Stimme versagt und er um Atem ringen muss. Inzwischen sind seine Töchter herbeigerufen worden, aber der Vater kann sie nur noch mit einem Kopfnicken grüßen und segnen. Im Sterbezimmer und im Vorgemach drängen sich die Geschwister, alle wollen noch einen letzten Blick des »Jüngers« mitbekommen. Gegen zehn Uhr schließt Zinzendorf seine Augen für immer. Johannes spricht einen Segen über ihn, wie es in Herrnhut bei Sterbenden üblich ist: »… Herr, nun lässest du deinen Diener in Frieden fahren. Der Herr segnet dich und behütet dich …«

Danach geht Johannes zu der schwerkranken Anna, um ihr vom Tod ihres Mannes zu berichten. Unter Tränen sagt sie zu den

Anwesenden: »Ich habe unter euch allen den seligsten Prospekt (Aussicht); ich werde bald zu ihm kommen.«

Eine Stunde später blasen vom Gemeinhaus die Posaunen einen Sterbechoral; auf diese Weise wird in Herrnhut der Tod eines Gemeinemitglieds verkündet. Zinzendorf wird mit seinem Talar bekleidet im Salon des Herrschaftshauses aufgebahrt; chorweise kommen alle Schwestern und Brüder, um ihn ein letztes Mal zu sehen. Dann wird der Sarg geschlossen und bis zur Beerdigung eine wechselnde Totenwache eingerichtet. Leise Musik und Gesänge bilden eine »kontinuierliche Liturgie um den Sarg«.

Das Begräbnis

Am 16. Mai wird Zinzendorf zu Grabe getragen. Herrnhut ist »so voller Menschen, als man's noch nie gesehen hatte«. Über 2000 Mitglieder der Brüdergemeine sammeln sich auf dem Platz vor dem Gemeinhaus und ordnen sich nach Chören zur Prozession. Die Schwestern tragen ihre weiße Feiertagstracht, auch die Kinder sind weiß gekleidet. Oft hat Zinzendorf seiner Gemeine eingeprägt, dass der Tod eines Christen trotz allem Trennungsschmerz kein trauriges, sondern ein erfreuliches Ereignis ist, wie die Heimkehr der Braut in die Arme ihres Bräutigams[390]. Und so liegt auch über diesem Begräbnis ein »allgemeiner herzergreifender stiller Frieden«.

32 Prediger und Diakone der weltweiten Brüderkirche – es sind gerade Gäste aus Holland, England, Irland, Livland und Grönland in Herrnhut – tragen den Sarg abwechselnd auf den Gottesacker. Vor einem Fenster des Schwesternhauses bleiben sie stehen; zu diesem Fenster hat Anna sich bringen lassen und nimmt von hier aus Abschied von ihrem Mann.

Der riesige Leichenzug bewegt sich in unglaublicher Ordnung und Disziplin auf den Hutberg hinauf. Tausende von Zuschauern sind nach Herrnhut gekommen, müssen aber aus Platzgründen außerhalb des Gottesackers bleiben.

Zinzendorf findet seine letzte Ruhestätte neben dem Grab seiner ersten Gemahlin. Kurze Zeit später wird neben seinem ein

Die Gräber der Familie Zinzendorf auf dem Hutberg

weiteres Grab ausgehoben für seine zweite Frau Anna. Sie stirbt am 21. Mai, fünf Tage nach Zinzendorfs Beerdigung.

Rückblick

Durch Zinzendorfs ganzes bewegtes Leben zieht sich von der Kindheit bis zum Tod die tiefe und innige Liebe zum gekreuzigten Heiland; nie ist er davon abgewichen. Diese Liebe ist die treibende Kraft, die ihn zu einem erstaunlichen Lebenswerk befähigt hat. Christus bildet den Mittelpunkt seines Daseins; der tägliche »Umgang mit dem Heiland« macht ihn aber nicht zum einsamen Mystiker, der nur Versenkung und innere Einkehr erstrebt, sondern er ist von seiner frühen Jugend an auf der Suche nach einem Leben in Gemeinschaft mit Gleichgesinnten.

Entscheidend wird für Zinzendorf die Begegnung mit den mährischen Glaubensflüchtlingen, mit der Tradition und den Lebensformen der alten Brüderkirche. Hier hat er seine Lebensaufgabe gefunden, die Gestaltung einer Gemeinschaft von wahren Christen, die sich aber nicht von der Außenwelt abschließen, sondern als Boten des Evangeliums bis in die entlegensten Ecken der Welt ziehen. Zinzendorf wird Seelsorger, Organisator und Erzieher dieser Gemeinschaft. Später ist er unermüdlich auf Reisen, besucht die Niederlassungen und Stützpunkte seiner Gemeine und wird berühmt als Redner und Prediger des Evangeliums. Er hinterlässt eine unübersehbar große Zahl von gedruckten und ungedruckten Büchern und Schriften, von Kirchenliedern und Gedichten.

Zeit seines Lebens hat Zinzendorfs geniale, temperamentvolle und oft unbequeme Persönlichkeit die Gegnerschaft vieler Zeitgenossen herausgefordert, weil er in keinen Rahmen passt. Er überspringt die festgefügten Standesgrenzen, indem er den geistlichen Beruf ergreift und mit Menschen von einfachster Herkunft in brüderlicher Gemeinschaft lebt. In einer Zeit, die vom Konfessionalismus, religiösen Abspaltungen und Gruppierungen geprägt ist, will er die in der Zerstreuung lebenden wahren Christen zur Gemeinschaft ermutigen, ohne sie aus ihren eigenen Kirchen abzuwerben.

Seine kraftvolle und originelle, aber auch oft bizarre und überzogene Sprache erregt Anstoß, manche neuartigen und überraschenden Gedankengänge werden heftig angegriffen. Dagegen haben bedeutende Geistesgrößen des 18. Jahrhunderts, wie Lessing, Herder und Goethe, lebhaft für ihn Partei ergriffen. Kaum jemand kommt zu einem ausgewogenen Urteil: »Alles ist voller Affekte, wenn man von dem Grafen Zinzendorf spricht.«[391] Ein Theologe vergleicht Zinzendorf treffend mit der »Unruhe«[392] einer Schlaguhr, die Bewegung in die Kirche bringt – und diese hat das dringend nötig!

Welche Bedeutung hat Zinzendorf in der Kirchengeschichte? Wie in seinem Leben ist Zinzendorf auch in seiner Theologie »christozentrisch« ausgerichtet. Gegen den »Bußkampf« und das ängstliche Heiligungsstreben des Pietismus, gegen den platten Moralismus der Aufklärung stellt er die fröhliche Gewissheit, dass der Mensch »allein aus Gnade« durch Christi Erlösungstat gerettet wird. Damit vertritt er die Grundgedanken Martin Luthers. Was aber nach Zinzendorfs Meinung der lutherischen Kirche seiner Zeit fehlt und was er ihr geben will, ist eine neue Praxis des christlichen Lebens, eine »Herzensfrömmigkeit« in der unmittelbaren Beziehung zum Heiland: »Christus muss in uns Gestalt gewinnen ... in unsers Herzens Grunde sein Nam und Kreuz allein funkelt all Zeit und Stunde ...«[393]

Zuversicht, Heiterkeit und Gelassenheit gelten den Zeitgenossen als charakteristische Kennzeichen der Brüdergemeine. Dazu sagt Zinzendorf:

> *Worin besteht also die Religion eines Bruders? Wir erwarten im Himmel keine größere, aber eine ununterbrochenere Seligkeit als hier, weil unsre ganze Seligkeit in nichts besteht, als unserm Schöpfer so lieb haben zu können und mit ihm so nahe zu werden, dass nichts mehr zwischen ihm und uns sei, dass wir seine und er unsere Liebe ganz genießen.*[394]

NACHWORT: DIE BRÜDERGEMEINE NACH ZINZENDORF

Mit Zinzendorf hat die Brüderkirche ihren genialen und charismatischen Leiter verloren, den »Ordinarius der erneuerten Brüder-Unität«, wie auf seinem Grabstein steht. Allerdings hatte sich schon in den letzten Jahren seines Lebens abgezeichnet, dass die Brüdergemeine in eine andere Richtung strebte, als Zinzendorf es gewünscht hatte, nämlich zu größerer kirchlicher Selbständigkeit. Nach seinem Tod wird diese Richtung noch deutlicher; außerdem ergibt sich die Notwendigkeit, die Frage der Leitung neu zu regeln und der Brüdergemeine eine Verfassung zu geben.

Die Synoden

In drei Synoden 1764, 1769 und 1775 beschließt die »Evangelische Brüder-Unität«, wie sie sich jetzt nennt, eine neue Organisation. An der Spitze steht ein Kollegium, die Unitäts-Ältesten-Konferenz. Die aus der mährischen Brüderkirche übernommenen Weihegrade werden beibehalten, auch das Bischofsamt; dieses hat aber nicht die Funktion der Leitung, sondern der Seelsorge und Ordination.

Die Synodenbeschlüsse lassen deutlich erkennen, dass einige der Ideen und Gedankenflüge Zinzendorfs, die zum Teil in der Gemeine, vor allem aber in den Landeskirchen auf Ablehnung und Gegnerschaft gestoßen waren, nun vorsichtig zurückgeschraubt werden. Zum Beispiel hatte Zinzendorf sich besonders in seinen letzten Lebensjahren ausdrücklich für die Gleichstellung der Frauen ausgesprochen; bereits auf der Synode von 1764 wird aber die Besorgnis der Brüder vor einem »Schwesternregiment« deutlich. Daher wird in den Beratungen und Beschlüssen immer wieder die Gehilfinnenposition der Schwestern betont, wenn sie auch weiterhin in der Seelsorge an Frauen mitarbeiten und an den Konferenzen teilnehmen sollen. Man geht also auf dem Weg zur Gleichstellung der Frau nicht vorwärts, sondern eher zurück und baut möglichst viele Sicherungen gegen ein Frauenregiment in der Gemeine ein.

Im Verhältnis zu den lutherischen Landeskirchen sind die Synoden auf Ausgleich und Annäherung bedacht: Die Brüder-Unität will auf keinen Fall in den Ruf einer Sekte geraten. Manche überspitzten und einseitigen Formulierungen Zinzendorfs, vor allem in der Trinitätslehre, werden behutsam geglättet und abgemildert.

Das Los und der richtige Umgang damit ist inzwischen vielen zum Problem geworden. Schon 1769 erhebt sich die Frage, ob man den Losgebrauch nicht überhaupt abschaffen soll. Schließlich behält man ihn bei, unterwirft ihn aber festen Regeln und schränkt ihn immer mehr ein, bis er 1889 ganz eingestellt wird. Nur die »Losungen« werden nach wie vor nach dem Losprinzip gezogen.

August Gottlieb Spangenberg

Schon in der 2. Synode von 1769 fällt das Präsidium an August Gottlieb Spangenberg, der 1762 von seinem dritten Amerikaaufenthalt zurückgekehrt ist.

Die lange Freundschaft und Zusammenarbeit zwischen Zinzendorf und Spangenberg – 1727 war Zinzendorf dem Studenten Spangenberg in Jena zum ersten Mal begegnet – blieb nicht ohne Spannungen und Konflikte. Die beiden Männer waren in ihrem Wesen grundverschieden und doch brauchte jeder den anderen als notwendige Ergänzung:

> *Sie sind eben ein Adler*, so schrieb Spangenberg einmal an Zinzendorf, *der keine Landstraße hält, sondern Sie schwingen Ihre Flügel, und so geht's über Berg und Tal, über Land und See. Wer Ihnen nachkommen will, muss wie ein Zaunkönig auf Ihren Rücken sitzen, sonst verliert er Bahn und Weg.*[395]

Spangenberg besitzt die »Bodenhaftung« und Stetigkeit, die Zinzendorf abgeht, allerdings fehlt ihm Zinzendorfs mitreißender Schwung und Genialität.

1744 war Spangenberg nach Bethlehem in Pennsylvanien gekommen und hatte dort mit dem Aufbau der tatkräftigen und einsatzfreudigen Kommunität sein »Meisterstück«[396] geliefert. Nach Zinzendorfs Tod wird in Herrnhut sein Organisationstalent und seine vermittelnde Klugheit gebraucht. Er wird als Bischof und Mitglied der Ältesten-Konferenz der »Ordner der Unität« und gibt den ersten 30 Jahren nach Zinzendorf die entscheidende Prägung.

Spangenberg verfasst nicht nur eine ausführliche Biographie Zinzendorfs, die von 1773–1775 in acht Bänden erscheint, sondern auch eine Darstellung der brüderischen Glaubenslehre: »Idea fidei fratrum oder kurzer Begriff der christlichen Lehre in den evangelischen Brüdergemeinen«[397].

Mission

Auch über die Brüdermission schreibt Spangenberg und entwirft eine Art Lehrbuch für die ausziehenden Missionare.[398] Das Kennzeichen der Herrnhuter Mission ist wie zu Zinzendorfs Zeiten die Zurückhaltung. Die eigentliche Missionsarbeit tut nach Überzeugung der Brüder der Heiland selbst; deshalb muss die Predigt seiner Boten nicht überredend und zwingend sein. Das Evangelium von Jesus Christus wird auf den Missionsstationen angeboten, aber nicht aufgedrängt; außerdem ist für die Zuhörer immer zu spüren, dass sie von den Brüdern als gleichberechtigte Mitmenschen angesehen werden. Deshalb gewinnen die Brüdermissionare meist schnell das Vertrauen der Bevölkerung.

Über die ganze Welt vertreut entstehen Siedlungen und Stationen nach Herrnhuter Vorbild, die sich möglichst bald wirtschaftlich selbst tragen sollen. Die Heimatgemeinen können finanziell nicht viel helfen, wenn auch in Deutschland, England, Holland und Amerika allmählich Gesellschaften zur Unterstützung der Mission entstehen.

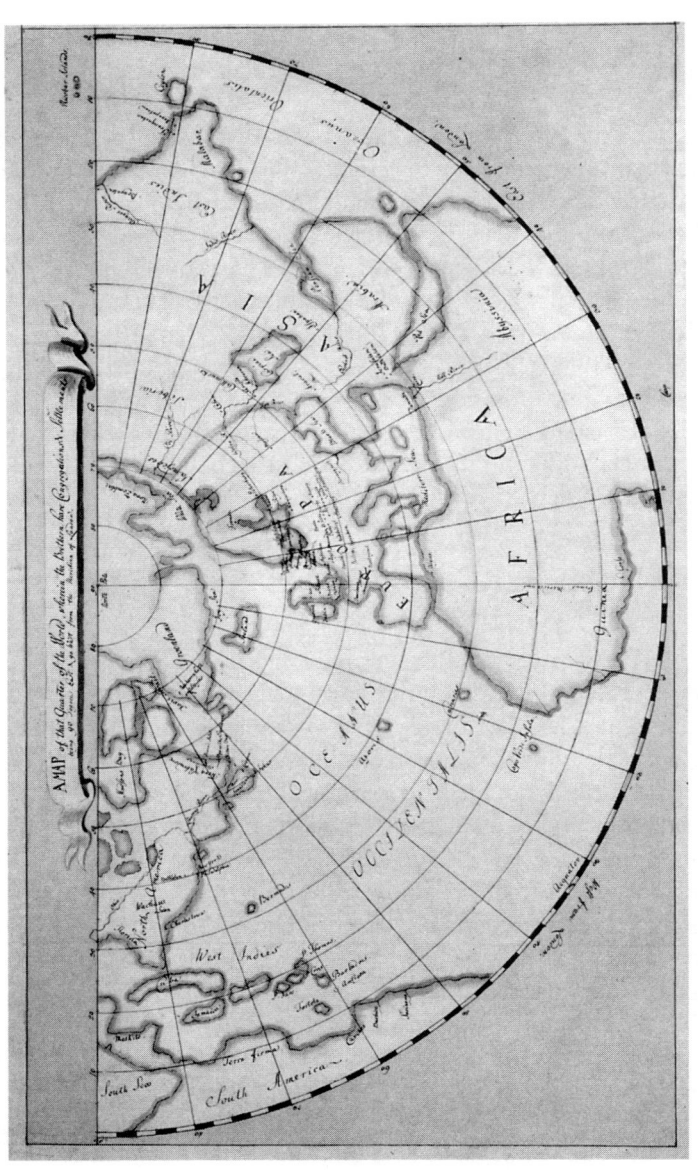

Weltkarte mit Missionsgebieten der Brüdergemeine

Eine Weltkarte zeigt die Missionsstationen der Herrnhuter von Grönland, Labrador und Alaska über Nordamerika zu den Karibischen Inseln, bis Surinam und Berbice in Südamerika; in Südafrika entsteht eine Missionsstation im Gebiet der Hottentotten, in Indien bei Tranquebar, und sogar ins Himalajagebirge nach Tibet werden Boten geschickt. Manche kühne Missionsversuche erweisen sich als unmöglich und werden abgebrochen, manche schon etablierte Missionsstationen müssen wieder aufgegeben werden.

Erziehungsarbeit der Brüdergemeine

Im 19. Jahrhundert werden die Heimschulen der Brüdergemeinen über Deutschland hinaus bekannt als Bildungsanstalten, die guten Unterricht mit Erziehung im christlichen Geist verbinden. Zinzendorf war zwar eigentlich gegen solche »Pensionsanstalten«; nach einigen Experimenten war er zu der Überzeugung gekommen, dass die Erziehung im Elternhaus vorzuziehen sei. Auch war es seiner Meinung nach nicht die Aufgabe der Brüdergemeine, Kinder von außerhalb aufzunehmen und zu erziehen. Für Waisenkinder allerdings war schon 1724 in Herrnhut ein Waisenhaus errichtet worden.

Später ergab sich die Notwendigkeit, die »Missionskinder« unterzubringen, deren Eltern auf den fernen Missionsstationen arbeiteten. In Kleinwelka bei Bautzen wurde deshalb eine Knaben- und Mädchenanstalt eingerichtet. Daneben gab es das schon erwähnte Pädagogium für die Kinder der Gemeine in Hennersdorf, das später nach Niesky verlegt wurde.

Erst nach 1782 gibt die Brüder-Unität dem vielfachen dringenden Wunsch nach, auch Kinder, deren Eltern nicht zur Gemeine gehören, gegen Kost- und Schulgeld aufzunehmen. Vor allem die kirchlich geprägten Adelsfamilien auf dem Lande wollen ihre Kinder in Herrnhuter Schulen unterbringen. Mit der Zeit entstehen in den Gemeinen die verschiedenartigsten Schulen und Internate: Mittel- und Oberschulen, Gymnasien, Haushaltungsschulen, Frauenfachschulen, Kindergärtnerinnenseminare usw. Bis zum Zweiten Weltkrieg sind es 16 Schulen in den 22 deutschen Brüdergemeinen.

Die Evangelische Brüder-Unität heute

Heute ist die Brüder-Unität eine evangelische Freikirche, deren Mitglieder über die ganze Welt verstreut sind. Sie gliedert sich in 19 »Provinzen«, wie die inzwischen selbständigen Kirchen genannt werden, die in den ehemaligen Missionsgebieten entstanden sind. Die Provinzen in der Karibik, Tansania und Südafrika haben die weitaus größten Mitgliederzahlen, die Europäisch-Festländische Provinz macht nur ein Zehntel aus. Das leitende Organ der gesamten Brüder-Unität ist die Unitätssynode, die alle sieben Jahre in einer der Provinzen tagt.

Insgesamt hat die Brüder-Unität nicht viel mehr als eine halbe Million Mitglieder. Das hat seinen Grund darin, dass sie keine Werbung für ihre eigene Kirche betreibt. Denn es geht ihr nicht darum, als Kirche möglichst groß zu werden, sondern die Menschen zu einem Leben in der Nachfolge Christi einzuladen und ihnen dafür den Rahmen einer Gemeinschaft zu bieten, gleichgültig, zu welcher Konfession sie gehören. Damit handelt die Brüder-Unität ganz im Sinne Zinzendorfs, der ja die Gemeinschaft der wahren Christen über die Konfessionsgrenzen stellte.

Von daher ist die Brüder-Unität besonders befähigt und berufen, in der ökumenischen Bewegung ein gewichtiges Wort mitzureden und die Verbindung zwischen der lutherischen und reformierten Kirche und den Freikirchen zu fördern und zu beleben.

In Deutschland gibt es Ortsgemeinden der Brüder-Unität, wo die besonderen liturgischen Formen bei den kirchlichen Festen, das Liebesmahl und die Singstunde in der alten Weise gefeiert werden: außer in Herrnhut zum Beispiel in Bad Boll oder in Königsfeld/ Schwarzwald. Viele Mitglieder der Brüdergemeine, die zu weit entfernt von einer solchen Ortsgemeinde wohnen, nehmen am kirchlichen Leben ihrer jeweiligen landeskirchlichen Gemeinde teil, da die Brüdergemeine zu allen Landeskirchen gute Kontakte und Beziehungen hat. Es gibt für landeskirchliche Christen natürlich die Möglichkeit, Mitglied der Brüdergemeine zu werden, es gibt aber auch die Möglichkeit der Doppelmitgliedschaft in der Landeskirche und der Brüdergemeine.

Viele ihrer Schulen und Internate hat die Brüder-Unität aufgegeben, als die Internatserziehung aus verschiedenen Gründen immer weniger in Anspruch genommen wurde. Es gibt in Deutschland noch Schulen in Königsfeld/Schwarzwald und in Tossens an der Nordsee. Inzwischen engagiert sich die Brüdergemeine auch in der Behindertenarbeit und in anderen diakonischen Werken.

»Die täglichen Losungen und Lehrtexte der Brüdergemeine«

Was aber die Brüdergemeine in der ganzen Welt bekannt gemacht hat, das sind die »Losungen und Lehrtexte«, die für jedes Jahr erscheinen. 1728 hat Zinzendorf zum ersten Mal eine solche »Losung« ausgegeben. Heute werden die Losungen alljährlich im Sitzungssaal des »Vogtshofes« in Herrnhut aus einer Sammlung von 1700 alttestamentlichen Bibelsprüchen gezogen. Die Auslosung geschieht zwei Jahre im Voraus, damit die jeweils dazu passenden neutestamentlichen Lehrtexte, Gesangbuchverse und Gebete ausgewählt werden können.

Dann müssen die fremdsprachlichen Ausgaben vorbereitet werden; denn die Losungen erscheinen inzwischen auf den fünf Kontinenten der Erde in 46 Sprachen – »von Afrikaans bis Zulu«, wie es im Losungsbuch von 1999 heißt. Die Losungen bilden eine Verbindung zwischen Christen auf der ganzen Welt, indem sie allen dasselbe Wort der Bibel für jeden Tag vorgeben, zum Nachdenken, zur Meditation, zum »Umgang mit dem Heiland«, wie Zinzendorf es ausgedrückt hat. Wie wichtig ihm das war, hat er in einem bekannten Kirchenlied gesagt:

Herr, dein Wort, die edle Gabe,
Dieses Gold erhalte mir!
Denn ich zieh es aller Habe
Und dem größten Reichtum für.
Wenn dein Wort nicht mehr soll gelten,
Worauf soll der Glaube ruhn?
Mir ist's nicht um tausend Welten,
Sondern um dein Wort zu tun.[399]

ZEITTAFEL ZUR ZINZENDORFBIOGRAFIE

Wichtige Daten zur Zeit- und Kulturgeschichte:

Lebensdaten Zinzendorfs:

1658–1705: Kaiser Leopold I. von Habsburg

1683: Belagerung Wiens durch die Türken. Sieg der deutschen und polnischen Truppen am Kahlenberg

1697–1733: August II., der Starke, Kurfürst von Sachsen und König von Polen

1700: Einführung des Gregorianischen Kalenders

1700–1721: Nordischer Krieg: Schweden (Karl XII.) gegen Dänemark, Russland, Polen

1701: Preußen wird Königreich unter Friedrich I., König in Preußen

1705: Philipp Jakob Spener gestorben

1708: Böttcher erfindet das Porzellan

1713–1740: Friedrich Wilhelm I., preußischer König

1717: Kampf gegen die Türken: Prinz Eugen nimmt Belgrad ein

1700: 26.Mai: Nikolaus Ludwig von Zinzendorf geboren
7. November: Erdmuthe Dorothea von Reuß geboren

1710–1716: Zinzendorfs Schulzeit in Halle

1716–1719: Studium in Wittenberg

1719–1720: Kavaliersreise nach Holland und Frankreich

1720: Herbst/Winter: Aufenthalt in Oberbürg und Castell

1721: Besuch in Ebersdorf. Verlobung Heinrichs XXIX. mit Theodore von Castell Zinzendorf ab Oktober Justizrat in Dresden

Wichtige Daten zur Zeit- und Kulturgeschichte:	Lebensdaten Zinzendorfs:
1722: Bau des Dresdner Zwingers vollendet	1722: Zinzendorf kauft das Gut Berthelsdorf. 17.6.: Beginn des Anbaus von Herrnhut. 7.9.: Trauung Zinzendorfs mit Erdmuthe Dorothea von Reuß. 22.12.: Erster Besuch in Herrnhut 1723–1726: In Dresden, dazwischen monatelang in Berthelsdorf
1723: Johann Sebastian Bach wird Thomaskantor in Leipzig 1726: Baubeginn für Dresdner Frauenkirche 1727: August Hermann Francke gestorben	1726: Tod der Großmutter Henriette von Gersdorf 1727: 12.5. Bekanntgabe der Herrnhuter Statuten. 15.6. Übersiedlung der Familie Zinzendorf nach Herrnhut 13. 8. Erweckung der Herrnhuter Gemeine 1729: Reise nach Jena 1730: In Berleburg und Schwarzenau 1731: Reise nach Kopenhagen zur Krönung des dänischen Königs
1732: Salzburger Emigration	1732: Anfang der Brüdermission: Abreise der ersten Missionare nach St. Thomas. Erste Ausweisung Zinzendorfs aus Sachsen. Verkauf der Güter an Gräfin Erdmuth. 1733: Zinzendorfs Aufenthalt in Tübingen, Rückkehr nach Herrnhut 1734: Examen in Stralsund. Eintritt in den geistlichen Stand. 1736: Reise nach Holland. Zinzendorfs zweite Ausweisung aus Sachsen. In Frankfurt und auf der Ronneburg. Reise nach Riga

Wichtige Daten zur Zeit- und Kulturgeschichte:	Lebensdaten Zinzendorfs:

Wichtige Daten zur Zeit- und Kulturgeschichte:

Lebensdaten Zinzendorfs:

und Reval. Begegnung mit König Friedrich Wilhelm in Berlin.

1737: Erster Londoner Aufenthalt. 20. Mai: Zinzendorf zum Bischof geweiht

1738: Berliner Reden. Einzug in Marienborn. Gründung von Herrnhaag. 22.10. Abreise nach St. Thomas

1739: In St. Thomas. Rückkehr nach Marienborn im Juni

1740–1786: Friedrich II., der Große, preußischer König

1741: Zinzendorfs Reise nach Genf. Rückkehr nach Marienborn. 16.9. Londoner »Verlasskonferenz«. 26.9. Abreise nach Nordamerika

1740–1780: Kaiserin Maria Theresia

1742: Januar bis Juli in Philadelphia: 7 Konferenzen, Pfarramt. Dann 3 Reisen zu den Indianern. Weihnachten in Bethlehem/Pa

1740–1742: Erster schlesischer Krieg (Preußen gegen Österreich)

1743: Rückkehr nach Marienborn und Herrnhaag. Reise nach Riga, Gefangenschaft auf der Zitadelle.

1744: Rückreise über Schlesien nach Marienborn

1744–1745: Zweiter schlesischer Krieg

ca. 1743–1750: »Sichtungszeit«

1747: Übersiedlung der gräflichen Familie nach Herrnhaag. Aufhebung der Verbannung Zinzendorfs aus Sachsen. 14. Oktober: Zinzendorf in Herrnhut

Wichtige Daten zur Zeit- und Kulturgeschichte:	Lebensdaten Zinzendorfs:
	1748: Kurfürstliche Kommission in Hennersdorf und Herrnhut Im Dezember: Zinzendorf bricht von Holland nach England auf.
	1749–1755: Aufenthalt in England
	1750: Reise durch deutsche Gemeinen. Auflösung des Herrnhaag
	1752: Tod des Sohnes Christian Renatus
	1753: Zinzendorfs Einzug in Lindseyhouse
	1755: Rückkehr nach Herrnhut.
	1756: Tod der Gräfin Erdmuth von Zinzendorf
1756–1763: Siebenjähriger Krieg	1757: Gemeindereisen. 27. Juni: Zinzendorfs zweite Heirat mit Anna Nitschmann. Reise in die Schweiz (Montmirail)
	1758: Reise nach Holland. Aufenthalt in Heerendijk
	1759: Aufenthalt in Zeist, Rückkehr nach Herrnhut
	1760: 9. Mai:Tod Zinzendorfs in Herrnhut. 21. Mai: Tod von Zinzendorfs zweiter Frau Anna, geb. Nitschmann
1763: Friede zu Hubertusburg	

ERLÄUTERUNG WICHTIGER BEGRIFFE

Apostolische Sukzession (lat.): Ununterbrochene Aufeinanderfolge der Bischöfe seit der Zeit der Apostel. Das Amt wird von einem Bischof zum anderen durch Handauflegung weitergegeben. Die römisch-katholische, griechisch-orthodoxe und auch die anglikanische Kirche legen von ihrem Amtsverständnis her großen Wert auf die Sukzession, im Gegensatz zur evangelischen Kirche, die unter apostolischer Sukzession vor allem die Weitergabe der ursprünglichen Botschaft versteht.

Aufklärung: Beherrschende Geistesbewegung im 18. Jahrhundert, in dem Zinzendorf gelebt hat. Die Aufklärung sah in der Vernunft des Einzelnen den gültigen Wertmaßstab für die Gestaltung des menschlichen Lebens. Von dieser Grundüberzeugung her hat die Aufklärung im öffentlichen und staatlichen Bereich (z. B. Rechtspflege, Volksbildung, religiöse Toleranz) viele Fortschritte gebracht. Auch auf dem Gebiet der Religion forderte die Aufklärung den Gebrauch der Vernunft, um zu einer »natürlichen« Religion zu gelangen. Sie glaubte an die von Natur aus guten Anlagen des Menschen, die ihm bei entsprechender Einsicht und Belehrung zu einer sittlich guten Lebensführung verhelfen sollten.

Augsburgische Konfession, lateinisch »Confessio Augustana«: Grundlegende Bekenntnisschrift der lutherischen Kirche, von Philipp Melanchthon verfasst und Kaiser Karl V. auf dem Reichstag zu Augsburg 1530 übergeben. Später nahm Melanchthon an der Confessio Augustana noch Änderungen vor, so dass die »Confessio variata« (geänderte Konfession) auch von dem Reformator Calvin und der reformierten Kirche anerkannt wurde. Deshalb konnten im Westfälischen Frieden 1648 (siehe dort) auch die Reformierten als »Augsburgische Konfessionsverwandte« anerkannt werden, obwohl die lutherische Kirche seit 1560 wieder auf die ursprüngliche, unveränderte (»invariata«) Fassung der Confessio Augustana zurückgegriffen hatte.

Diaspora (griech.): »Zerstreuung«. Man spricht im Allgemeinen von Diaspora, wenn Mitglieder einer Religionsgemeinschaft zerstreut und als Minderheit unter Andersgläubigen leben. Zinzendorf allerdings verstand darunter die »verstreuten Kinder Gottes« (vgl. Joh 11, 52), also die wahren Christen in allen Konfessionen (siehe »Philadelphia«).

Geheimer Rat: Seit dem 16. Jahrhundert in den deutschen Einzelstaaten die oberste Regierungsbehörde. Die Mitglieder der Behörde hatten den Titel »Geheimer Rat«, später »Geheimrat«.

Mystik (abgeleitet von dem griechischen Wort »myein«: »Augen schließen«): Versuch des Glaubenden, mit Gott eins zu werden, indem er sich selbst verliert, um sich in Gott zu finden. Die Mystik ist eine Grundform des religiösen Lebens; ihre Grundlagen sind Askese – also Entsagung und Selbstzucht – und die Einkehr in sich selbst. Mystische Erfahrungen gibt es in vielen Religionen, auch im Christentum.

Orthodoxie (griech.): »rechte Lehre«, »Rechtgläubigkeit«: Übereinstimmung mit der offiziellen Lehre einer bestimmten Kirche. Die lutherische Orthodoxie (16.–18. Jahrhundert) wollte die theologischen Erkenntnisse der Reformation sichern, weitergeben und sie vor Abweichungen schützen. Deshalb standen bei vielen orthodoxen Theologen und Pfarrern die Fragen der rechten Lehre und der Kampf gegen die aufkommende Bibelkritik der Aufklärung im Vordergrund, weniger die Seelsorge und die Bemühung um geistliches Leben in der Kirche. – Seit Luthers Zeiten waren die deutschen lutherischen Landeskirchen eng mit der jeweiligen Obrigkeit verbunden; der Landesfürst nahm die Stelle des obersten Bischofs der Landeskirche ein, die von einer landesherrlichen Behörde, dem Konsistorium (geistliche und weltliche Mitglieder) verwaltet wurde.

Philadelphia (griech.): »Bruderliebe«. Name einer urchristlichen Gemeinde in Kleinasien, an die eines der sieben Sendschreiben der Johannesoffenbarung gerichtet ist (Offb 3, 7–13). Im 17. Jahrhundert kam die Deutung auf, dass die sieben Sendschreiben sich auf bestimmte Epochen der Kirchengeschichte beziehen. Man glaubte am Beginn der Zeit von Philadelphia zu stehen, wo die wahren Kinder Gottes sich zusammenfinden und sammeln werden. »Philadelphia« verstand man also als Bruderliebe, die bei wahren Christen alle konfessionellen Unterschiede überwindet. Diese Gedankengänge vertrat auch Zinzendorf in seiner philadelphisch-ökumenischen Idee: Schon im 2. Teil der Statuten von 1727 spricht er von der »Liebe mit allen Brüdern und Kindern Gottes in allen Religionen«. – »Philadelphia« nannte auch William Penn die von ihm 1683 gegründete Stadt in der Kolonie Pennsylvanien.

Pietismus (von dem lateinischen Wort »pietas«: »Frömmigkeit«): Bedeutendste Frömmigkeitsbewegung im Protestantismus nach der Reformation. Sie entstand um die Wende vom 16. zum 17. Jahrhundert aus der Kritik an den bestehenden kirchlichen Verhältnissen etwa zur gleichen Zeit in mehreren europäischen Ländern. In Deutschland standen die Pietisten im Gegensatz zur orthodoxen »Staatskirche«. Sie verlangten eine Erneuerung des christlichen Lebens und der Kirche: Christ zu sein bedeutete nach ihrer Meinung, von Gott »erweckt« zu sein, sein Leben zu ändern und nach Heiligung zu streben, wobei die Gemeinschaft mit anderen sehr wichtig war. Als »Vater des Pietismus« galt in Deutschland Philipp Jacob Spener (1635–1705), der private Erbauungskreise (Collegia pietatais) einrichtete und die Programmschrift des Pietismus verfasste: »Pia desideria oder herzliches Verlangen nach gottgefälliger Besserung der wahren Kirche«(1675). – Im Pietismus gewannen die Laien neben den Geistlichen an Profil und Einfluss; gewisse Gleichheitsbestrebungen wurden deutlich.

Prädestination (lat.): Vorherbestimmung. Unter Prädestinationslehre versteht man in der christlichen Kirche die Auffassung, dass Gott von Ewigkeit her über Seligkeit oder Verdammnis eines Menschen entschieden hat. Der Kirchenvater Augustin entwickelte die Prädestinationslehre auf Grund bestimmter neutestamentlicher Aussagen (z. B. Röm 8, 29–30; 9, 16–24). In der Reformationszeit wurde sie vor allem von dem Reformator Calvin vertreten.

Separation (lat.): Trennung, Absonderung. **Separatisten**: Menschen, die sich von einer größeren Gruppe absondern. Im kirchlichen Raum versteht man darunter diejenigen, die sich von der Großkirche trennen – einzeln, in kleineren Gemeinschaften, Freikirchen oder Sekten.

Tropus: lateinische Form des griechischen Wortes »Tropos«: »Art und Weise«. Zinzendorf verstand unter »Tropen« die verschiedenen Lehr- und Erziehungsweisen Gottes für die »mancherlei Arten der menschlichen Köpfe«. Schon vor Zinzendorf hatte Christoph Matthäus Pfaff (1686–1760) den Begriff »Tropos paideias« (Erziehungsweise) gebraucht. – Die verschiedenen »Tropen« entsprechen den verschiedenen christlichen Konfessionen, die Zinzendorf also nicht negativ sieht; sondern in ihrer »Vielheit und Mannigfaltigkeit« liegt seiner Meinung nach »eine der tiefsten Absichten Gottes« (zitiert nach Uttendörfer, Zinzendorfs Weltbetrachtung, Berlin 1929, 77).

Westfälischer Friede, geschlossen am 24. Oktober 1648 zu Osnabrück und Münster. Er beendete den Dreißigjährigen Krieg (1618–1648), der unter anderem aus religiösen Gegensätzen entstanden war. Im Westfälischen Frieden wurden die Anhänger der Augsburgischen Konfession – also die lutherische Kirche – als gleichberechtigt neben den Katholiken anerkannt, ebenso die Reformierten als »Augsburger Konfessionsverwandte«.

Westindien: die Inseln Mittelamerikas (von den Antillen und Bahamas bis Trinidad). Als Kolumbus 1492 von Spanien aus westlich nach Indien segeln wollte, entdeckte er die Antillen, die er für »Westindien« hielt. Von daher bekam die Inselgruppe ihren Namen.

LITERATURVERZEICHNIS

Abkürzungen für häufig verwendete Literatur:

BEYREUTHER I, II, III: I. Erich Beyreuther, Der junge Zinzendorf, Marburg (1957); II. Ders., Zinzendorf und die sich allhier beisammen finden, Marburg (1959); III. Ders., Zinzendorf und die Christenheit, Marburg (1961)

BEYREUTHER, Francke: August Hermann Francke 1663–1727, Zeuge des lebendigen Gottes, Marburg 1956

BEYREUTHER, Studien: Studien zur Theologie Zinzendorfs, Neukirchen-Vluyn (1962)

BECKER, Zinzendorf: Bernhard Becker, Zinzendorf und sein Christentum, Leipzig 1900

CRANZ, Brüdergeschichte: David Cranz, Alte und Neue Brüderhistorie, in: N.L. von Zinzendorf, Mat. und Dok., Reihe 2, Bd. XI, Hildesheim 1973

D. MEYER, Zinzendorf: Dietrich Meyer, Zinzendorf und Herrnhut, in: Pietismus II, 3–106

ERBE, Herrnhaag: Hans-Walter Erbe, Herrnhaag, Hamburg 1988

G. REICHEL, Anfänge: Gerhard Reichel, Die Anfänge Herrnhuts, Ein Buch vom Werden der Brüdergemeine, Herrnhut (1922)

G. REICHEL, Senfkornorden: Gerhard Reichel, Der Senfkornorden Zinzendorfs, in: N. L. von Zinzendorf, Mat. und Dok., Reihe 2, Bd. XII, Hildesheim 1975

G. REICHEL, Der 13. August 1727: Gerhard Reichel, Der 13. August 1727, Gnadau 1927

G. REICHEL, Spangenberg: Gerhard Reichel, August Gottlieb Spangenberg, Tübingen (1906)

HAHN/REICHEL: Hans-Christoph Hahn, Hellmut Reichel (Hg.), Zinzendorf und die Herrnhuter Brüder. Quellen zur Geschichte der Brüder-Unität von 1722–1760, Hamburg (1977)

JANNASCH, Erdmuthe:Wilhelm Jannasch, Erdmuthe Dorothea Gräfin von Zinzendorf, Herrnhut (1915)

MÜLLER, Zinzendorf: Josef Theodor Müller, Zinzendorf als Erneuerer der alten Brüderkirche, Leipzig (1900; Nachdruck Hildesheim 1975)

MODROW, Dienstgemeine: Irina Modrow, Dienstgemeine des Herrn, Theolog. Texte und Studien, Bd.4, Hildesheim (1994)

NATZMER, Jugend: Gneomar Ernst von Natzmer, Die Jugend Zinzendorfs, Eisenach 1894

PIETISMUS I: Geschichte des Pietismus Bd. I, Das 17. und frühe 18. Jahrhundert, Göttingen (1993)

PIETISMUS II: Geschichte des Pietismus, Bd. II: Der Pietismus im 18. Jahrhundert. Hrsg. von Martin Brecht und Klaus Deppermann, Göttingen (1995)

SCHRAUTENBACH, Zinzendorf: Ludwig Carl Freiherr von Schrautenbach, Der Graf von Zinzendorf und die Brüdergemeine seiner Zeit, Gnadau/Leipzig (1851)

SPANGENBERG, Leben: August Gottlieb Spangenberg, Leben des Herrn N.L. Grafen und Herrn von Zinzendorf und Pottendorf, 8 Teile, Barby (1773–1775)

STEINECKE, Bildungsreise: O. Steinecke, Zinzendorfs Bildungsreise, Halle a.S.(1900)

UF: Unitas Fratrum, Zeitschrift für Geschichte und Gegenwartsfragen der Brüdergemeine

UTTENDÖRFER, Die Brüder: Otto Uttendörfer und Walther E. Schmidt, Hg., Die Brüder 3. Aufl. (1922)

UTTENDÖRFER, Frauen: Otto Uttendörfer, Zinzendorf und die Frauen, Herrnhut (1919)

UTTENDÖRFER, Mystik: Otto Uttendörfer, Zinzendorf und die Mystik, Berlin (1952)

WOLLSTADT, Dienen: Hans-Joachim Wollstadt, Geordnetes Dienen in der christlichen Gemeinde, Göttingen (1966)

ZBG: Zeitschrift für Brüdergeschichte, Herrnhut Jg. 1–14., 1907–1920. Reprint Hildesheim 1973

ANMERKUNGEN

1. Zitiert nach BEYREUTHER I., 42
2. SPANGENBERG, Leben, 18
3. HAHN/REICHEL, 20
4. Zitiert nach G. REICHEL, Anfänge 13
5. Ebd., 16
6. Zitiert nach UTTENDÖRFER, Mystik 22
7. Zitiert nach G. REICHEL, Anfänge 17
8. B. BECKER, Zinzendorf, 535; vgl. G. REICHEL, Anfänge, 21
9. HAHN/REICHEL, 20
10. SPANGENBERG, Leben I, 21
11. Zitiert nach UTTENDÖRFER, Mystik, 24
12. Ebd., 24
13. HAHN/REICHEL, 21
14. G. REICHEL, Anfänge, 25
15. Ebd., 8
16. SCHRAUTENBACH, Zinzendorf, 67
17. In einem Brief an Francke, vom 21. Juni 1710, zitiert bei BEYREU-THER I, 90
18. In einem Brief an Francke vom 10. März 1706, zitiert bei G. REICHEL, Anfänge, 18
19. Zitiert nach G. REICHEL, Senfkornorden, 20
20. Gegenbewegung der römisch-katholischen Kirche gegen die Reformation, prägte vor allem den Zeitraum von 1555–1648
21. Zitiert nach G. REICHEL, Senfkornorden, 19
22. G. REICHEL, Anfänge, 29
23. Ebd., 36
24. Ebd., 37. Vgl. ZBG 6(1912), 204
25. G. REICHEL, Senfkornorden, 38
26. Ebd., 45
27. G. REICHEL, Anfänge, 35
28. M. BRECHT, in: PIETISMUS I, 490
29. G. REICHEL, Anfänge, 44
30. G. REICHEL, Senfkornorden, 193
31. Zitiert nach G. REICHEL; Senfkornorden, 125
32. G. REICHEL, Anfänge, 37
33. Heinrich Plütschau (1677–1746), Bartholomäus Ziegenbalg (1682–1719), Johann Ernst Gründler (1677–1720): Alle drei waren Missionare in Indien
34. G. REICHEL, Anfänge, 55
35. BEYREUTHER I, 120

[36] Ebd., 123
[37] ZBG 1 (1907), 147, Anm.147; vgl. G. REICHEL, Senfkornorden, 1–14
[38] Mt 13, 32
[39] Das Tagebuch ist zum Teil abgedruckt in ZBG 1–4 (1907–1910)
[40] ZGB 1 (1907), 124
[41] Ebd., 117
[42] Ebd., 156–161
[43] SPANGENBERG, Leben, 53
[44] BEYREUTHER I, 135
[45] Zitiert nach G. REICHEL, Anfänge, 60
[46] Zitiert nach BEYREUTHER I, 132
[47] ZBG 2 (1908), 120–129
[48] Zitiert bei SPANGENBERG, Leben, 77
[49] NATZMER, Jugend, 159
[50] HAHN/REICHEL, 23
[51] Zitiert nach BEYREUTHER I, 146
[52] NATZMER, Jugend 118
[53] Ebd., 150
[54] Ebd., 185
[55] Ebd., 224
[56] Zitiert nach BEYREUTHER I, 160
[57] SPANGENBERG, Leben, 97
[58] Manuskript im Unitätsarchiv Herrnhut: UA R 20 A 6
[59] UA R 20 A 6, S. 15
[60] Zitiert bei STEINECKE; Bildungsreise, 8
[61] Ebd., 10
[62] UA R 20 A 6, S. 28
[63] Ebd., S. 36 f.
[64] G. REICHEL, Anfänge, 72
[65] STEINECKE, Bildungsreise, 14
[66] Ebd., 25
[67] Ebd., 14
[68] Ebd., 3
[69] UA R 20 A 6, S. 88
[70] Zitiert bei STEINECKE, Bildungsreise, 53
[71] Ebd., 53
[72] Zitiert bei BEYREUTHER I, 182
[73] Zitiert bei STEINECKE, 59
[74] Ebd., 60
[75] Ebd., 56
[76] Ebd., 47
[77] Ebd., 50 f.

[78] Ebd., 74
[79] Ebd., 84
[80] Es handelt sich um die päpstliche Bulle Unigenitus, die 101 Sätze aus der erwähnten Übersetzung von Quesnel verbot
[81] Zitiert bei STEINECKE, 87
[82] Ebd., 88
[83] Ebd., 89
[84] Kurze Generalidee, zitiert bei STEINECKE, 127
[85] HAHN/REICHEL, 24
[86] Zitiert bei BEYREUTHER I, 207
[87] Ebd., 207
[88] Zitiert bei G.REICHEL, Anfänge, 78
[89] Ebd., 80
[90] Ebd., 85
[91] Ebd., 89
[92] Zitiert bei JANNASCH, Erdmuthe, 348
[93] Ebd., 350
[94] Ebd., 351
[95] Ebd., 352
[96] Ebd., 358
[97] SPANGENBERG, Leben, 167
[98] Zitiert bei JANNASCH, Erdmuthe, 367
[99] Ebd., 369
[100] Ebd., 376
[101] Ebd., 372
[102] Zitiert nach G. REICHEL, Anfänge, 99
[103] Ebd., 100
[104] Zitiert bei JANNASCH, Erdmuthe, 361
[105] Ebd., 54
[106] Zitiert bei G. REICHEL, Anfänge 107
[107] Ebd., 110
[108] Zitiert bei JANNASCH, Erdmuthe, 50
[109] Ebd., 424
[110] G. REICHEL, Anfänge 165
[111] Zitiert bei JANNASCH, Erdmuthe, 65
[112] Ebd., 54
[113] Ebd., 70
[114] Ebd., 74
[115] Ebd., 84
[116] Ebd., 76
[117] Zitiert bei G. REICHEL, Anfänge 179
[118] Ebd., 184
[119] Ebd., 186: Vgl. Mk 8,4

[120] Ebd., 190
[121] Ebd., 194
[122] Ebd., 196
[123] Ebd., 208
[124] Ebd., 210
[125] JANNASCH, Erdmuthe, 88
[126] SPANGENBERG, Leben, 226
[127] Francke in einem Brief an Zinzendorf; zitiert bei G. REICHEL, Anfänge, 138
[128] SPANGENBERG, Leben, 197
[129] BEYREUTHER II, 44; vgl. SPANGENBERG, Leben, 304
[130] Nikolaus Ludwig v. Zinzendorf, Der Teutsche Sokrates, in: Hauptschriften Bd. I, Hildesheim 1962, Inhalt
[131] SPANGENBERG, Leben, 340
[132] Zitiert nach THILO DANIEL, Zum Dreßdnischen Socrates, in: UF 41, 57
[133] Zitiert bei BEYREUTHER II, 49
[134] ZBG VI (1912), 54
[135] Zitiert nach BEYREUTHER II, 93
[136] ZBG VI (1912), 73
[137] Zitiert nach BEYREUTHER II, 118
[138] Ebd., 82
[139] ZBG VII (1913), 203
[140] Diese Idee geht auf Spener zurück: Vgl. MÜLLER, Zinzendorf, 9
[141] Zitiert nach JANNASCH, Erdmuthe, 93
[142] Ebd., 91
[143] Zitiert nach BEYREUTHER II, 41
[144] Ebd., 152
[145] Zitiert bei JANNASCH; Erdmuthe, 436
[146] ZBG VII (1913), 174
[147] Vgl. Offb 3, 7–13
[148] SPANGENBERG, Leben, 304
[149] Vgl. Offb 17, 5
[150] Vgl. Offb 13, 1
[151] ZBG VI (1912), 113
[152] HAHN/REICHEL, 95
[153] Zitiert bei BEYREUTHER II, 177
[154] Ebd., 179: gemeint ist das Standardwerk: Gottfried Arnold, Unpartheyische Kirchen- und Ketzerhistorie, Frankfurt 1729
[155] HAHN/REICHEL, 70–75
[156] Ebd., 75–80; zu »Willkür« vgl. WOLLSTADT, Dienen, 41, Anm.56
[157] MÜLLER; Zinzendorf, 24
[158] G.REICHEL, Die Geschichte des 13. August 1727, Gnadau 1927, 28

[159] Ebd., 29
[160] HAHN/REICHEL, 81
[161] MÜLLER, Zinzendorf, 26
[162] ZBG VI (1912), 115
[163] HAHN/REICHEL, 104; vgl. 2. Mose 13, 21
[164] HAHN/REICHEL, 109
[165] SPANGENBERG, Leben, 439; vgl. G. REICHEL, Geschichte des 13. August, 38
[166] HAHN/REICHEL, 107
[167] Vgl. Apg 6, 1–7; Röm 12, 7–8
[168] WOLLSTADT, Dienen, 184
[169] Ebd., 181
[170] Ebd., 210
[171] UTTENDÖRFER, Frauen, 23
[172] HAHN/REICHEL, 257; in Herrnhut sagt man »das Chor«, wie im 18. Jahrhundert neben der heute geläufigen Form üblich.
[173] ZBG VII (1913), 182
[174] Zitiert nach WOLLSTADT, Dienen, 43
[175] Ebd., 165
[176] G. Reichel, Der 13. August 1727, 29
[177] Zitiert nach BEYREUTHER II, 242
[178] SPANGENBERG, Leben, 406
[179] Zitiert nach UTTENDÖRFER, Frauen, 21
[180] Zitiert nach WOLLSTADT, 76
[181] Ebd., 77
[182] Zitiert nach JANNASCH, Erdmuthe, 123
[183] Ebd., 117
[184] Zitiert nach G. REICHEL, Der 13. August 1727, 30
[185] Zitiert nach WOLLSTADT, 222
[186] HAHN/REICHEL, 247
[187] Zitiert nach DIETRICH MEYER, Der Christozentrismus des späten Zinzendorf, Bern und Frankfurt 1973, 259
[188] HAHN/REICHEL, 247
[189] Ebd., 246
[190] WOLLSTADT, Geordnetes Dienen, 55
[191] 1. Kor 9, 21
[192] 2. Thess 3, 15
[193] SPANGENBERG, Leben, 664
[194] Zitiert nach BEYREUTHER II, 249
[195] Zitiert nach UTTENDÖRFER, Die Brüder, 76
[196] SPANGENBERG, Leben, 454
[197] Gottfried Clemens in seinem Lebenslauf; zitiert nach G. REICHEL, Spangenberg, 34

[198] Ebd., 32
[199] SPANGENBERG, Leben, 621
[200] MODROW, Dienstgemeine, 66
[201] SPANGENBERG, Leben, 625
[202] BEYREUTHER II, 273
[203] SPANGENBERG, Leben, 623
[204] BEYREUTHER II, 274
[205] SPANGENBERG, Leben, 633
[206] Ebd., 632
[207] BEYREUTHER II, 275
[208] SPANGENBERG, Leben, 634
[209] Zitiert nach BEYREUTHER II, 277
[210] JANNASCH, Erdmuthe, 120
[211] Zitiert nach BEYREUTHER II, 279
[212] Ebd., 281
[213] Ebd., 282
[214] SPANGENBERG, Leben, 703
[215] UTTENDÖRFER, Die Brüder, 42
[216] HAHN/REICHEL, 400
[217] Ebd., 359
[218] Ebd., 401
[219] UTTENDÖRFER, Die Brüder, 51
[220] BEYREUTHER III, 11
[221] Ebd., 12
[222] Zitiert nach BEYREUTHER, Studien, 147
[223] SPANGENBERG, Leben, 749
[224] BEYREUTHER, Studien, 154
[225] Apg 8, 26 und Apg 10
[226] BEYREUTHER, Studien, 155
[227] HAHN/REICHEL, 357
[228] BEYREUTHER, Studien, 159
[229] HAHN/REICHEL, 356 und 357
[230] Ebd., 351
[231] Zitiert nach BEYREUTHER, Studien, 157
[232] Zitiert nach BEYREUTHER II, 285
[233] JANNASCH, Erdmuthe, 134
[234] SPANGENBERG, Leben, 771
[235] Ebd., 783
[236] Zitiert bei BEYREUTHER III, 24
[237] Ebd., 33
[238] Ebd., 36
[239] Ebd., 39
[240] BEYREUTHER; August Hermann Francke, Marburg 1956, 50

[241] UTTENDÖRFER, Mystik, 111
[242] Ebd., 110
[243] Ebd., 109
[244] SPANGENBERG, Leben, 532
[245] HAHN/REICHEL, 27
[246] Zitiert bei SCHRAUTENBACH, Zinzendorf, 225; aus dem Lied von Martin Behm: »O Jesu Christ, meins Lebens Licht«, von 1644
[247] Zitiert bei BEYREUTHER III, 63
[248] UTTENDÖRFER, Mystik 140
[249] CRANZ, Brüdergeschichte, 230
[250] JANNASCH, Erdmuthe 166
[251] Zitiert bei BEYREUTHER III, 79
[252] Ebd., 80
[253] Vgl. 1. Kor 16,14
[254] SPANGENBERG, Leben, 859
[255] BEYREUTHER III, 86
[256] SCHRAUTENBACH, Zinzendorf, 228
[257] Zitiert nach MÜLLER, Zinzendorf 51
[258] Ebd., 52
[259] Zitiert nach JANNASCH, Erdmuthe, 138
[260] Zitiert nach BEYREUTHER III, 106
[261] Zitiert nach JANNASCH, Erdmuthe, 169
[262] BEYREUTHER III, 110
[263] MODROW, Dienstgemeine, 98
[264] SPANGENBERG, Leben, 953
[265] Ebd., 959
[266] Ebd., 972
[267] Zitiert nach BEYREUTHER III, 118
[268] Ebd., 122
[269] SPANGENBERG, Leben, 977
[270] Zitiert nach BEYREUTHER III, 143
[271] Zitiert nach JANNASCH, Erdmuthe, 176
[272] SPANGENBERG, Leben, 1003
[273] Ebd., 1017
[274] BEYREUTHER III, 149
[275] Ebd., 151
[276] BECKER, Zinzendorf, 472
[277] Zitiert nach BEYREUTHER III, 157
[278] Ebd., 161
[279] Ps 68, 32
[280] Zitiert nach SPANGENBERG, Leben, 892
[281] Zitiert nach BEYREUTHER III, 170
[282] Ebd., 170

283 Ebd., 173
284 SPANGENBERG, Leben, 1164
285 CRANZ, Brüdergeschichte, 312
286 Zitiert nach MODROW, Dienstgemeine, 121
287 Ebd., 122
288 HAHN/REICHEL, 438: Zinzendorf zitiert hier Luther.
289 Zitiert nach BEYREUTHER III, 179
290 Ebd., 189
291 Zeister Synode 1746
292 Offb 3, 20; Jes 45, 11
293 HAHN/REICHEL 156
294 SPANGENBERG, Leben, 1353
295 BEYREUTHER III, 185
296 Ebd., 215
297 Ebd., 218
298 SCHRAUTENBACH, Zinzendorf, 301
299 Zitiert nach BEYREUTHER III, 219
300 Ebd., 220
301 JANNASCH, Erdmuthe, 469
302 BEYREUTHER III, 217
303 CRANZ, Brüdergeschichte, 359
304 SPANGENBERG, Leben, 1429
305 Ebd., 1432
306 G. REICHEL, Spangenberg, 136
307 Untertitel von Hellmuth ERBE, Bethlehem, Stuttgart 1929
308 Zitiert nach MODROW, Dienstgemeine, 140
309 Zitiert nach MÜLLER, Zinzendorf, 80
310 Zitiert nach JANNASCH, Erdmuthe, 255
311 MÜLLER, Zinzendorf, 88
312 JANNASCH, Christian Renatus von Zinzendorf, in ZBG II (1908), 75
313 JANNASCH, Erdmuthe, 249
314 ERBE, Herrnhaag, 58, Anm.1
315 Ebd., 48
316 Joh 1, 29
317 ERBE, Herrnhaag, 34
318 Mt 18, 3
319 JANNASCH, Christian Renatus, ZBG II (1908), 78
320 SCHRAUTENBACH, Zinzendorf, 357
321 Zitiert nach BECKER, Zinzendorf, 401; Bibelstelle Jesaja 66, 13
322 Ebd., 410
323 Zitiert nach ERBE, Herrnhaag, 88
324 Hohes Lied 5, 8
325 Hohes Lied 2, 14

326 Zitiert nach ERBE, Herrnhaag, 90
327 Zitiert nach MODROW, Dienstgemeine, 156
328 Ebd., 156
329 ERBE, Herrnhaag, 103, Anm.18
330 Zitiert nach MODROW, 157
331 JANNASCH, Erdmuthe, 456
332 Ebd., 471
333 Ebd., 273
334 ERBE, Herrnhaag, 109
335 Ebd., 118
336 Ebd., 117
337 Ebd., 128
338 Ebd., 132
339 BEYREUTHER III, 250
340 HAHN/REICHEL, 172 f.
341 2. Mose 32, 26
342 ERBE; Herrrnhaag, 147
343 CRANZ, Brüdergeschichte, 497
344 Lk 22, 31
345 Zitiert nach MODROW, Dienstgemeine 167
346 Zitiert nach BETTERMANN, Theologie und Sprache bei Zinzendorf, Gotha 1935, 117
347 Zitiert nach BEYREUTHER III, 253
348 Zitiert nach MODROW, Dienstgemeine, 168
349 BECKER, Zinzendorf, 381
350 MODROW, Dienstgemeine, 173
351 Zitiert nach BEYREUTHER III, 194
352 D.MEYER, Zinzendorf, 41; vgl. Patrick Steiff, Der Methodismus in: Geschichte des Pietismus II, 628 f.
353 SPANGENBERG, Leben, 1775
354 Zitiert nach BEYREUTHER III, 272
355 JANNASCH, Erdmuthe 291
356 Zitiert bei MODROW, Dienstgemeine, 176
357 G.REICHEL, Spangenberg, 191
358 D.MEYER, Zinzendorf, 56
359 Ebd., 56
360 HAHN/REICHEL, 265
361 JANNASCH, Erdmuthe 295
362 Ebd., 306
363 UTTENDÖRFER, Wirtschaftsgeist und Wirtschaftsorganisation Herrnhuts und der Brüdergemeine, Herrnhut 1926, 423
364 Ebd., 420
365 H.HAMMER, Abraham Dürninger, Berlin 1925, 69

366 JANNASCH, Erdmuthe, 297
367 UTTENDÖRFER, Die Brüder, 123
368 JANNASCH, Erdmuthe 301
369 Ebd., 302
370 Ebd., 303
371 Ebd., 308
372 SPANGENBERG, Leben, 2102
373 UTTENDÖRFER, Die Brüder, 147
374 MÜLLER, Zinzendorf, 99
375 Ebd., 96
376 HAHN/REICHEL, 419
377 UTTENDÖRFER, Aus Zinzendorfs Alltagsleben, gekürzt in: Zinzendorf-Gedenkjahr 1960, Hamburg 1960, 67
378 JANNASCH, Erdmuthe 468
379 BEYREUTHER III, 283
380 UTTENDÖRFER, Frauen, 29
381 Ebd., 60; vgl. 4. Mose 12, 2
382 Ebd., 45
383 Ebd., 6
384 HAHN/REICHEL, 295
385 SPANGENBERG, Leben, 2188
386 Ebd., 2208
387 JANNASCH, 486
388 SPANGENBERG, Leben, 2220
389 Die folgenden Zitate sind aus dem Bericht über Zinzendorfs Tod und Begräbnis aus dem Jüngerhausdiarium 1760, Unitätsarchiv Herrnhut, R.20.B.8.a.
390 Vgl. HAHN/REICHEL, 344
391 HAHN/REICHEL, 479
392 W. F. Jung, zitiert bei HAHN/REICHEL, 483
393 Zitiert nach UTTENDÖRFER, Mystik, 372; der Liedvers von Val. Herberger
394 Ebd., 382
395 G. REICHEL, Spangenberg, 195
396 Ebd., 130–150
397 Gedruckt in Barby, 1779
398 A. G. SPANGENBERG, Von der Arbeit der evangelischen Brüder unter den Heiden, Barby 1782; ders., Unterricht für die Brüder und Schwestern, welche unter den Heiden am Evangelio dienen, Barby 1784
399 KNAPP, Geistliche Gedichte des Grafen Zinzendorf, Stuttgart/Tübingen 1845, 63

hänssler

Peter Zimmerling

Nikolaus Ludwig Graf von Zinzendorf und die Herrnhuter Brüdergemeine
Geschichte, Spiritualität und Theologie

Pb., 200 S., Nr. 393.347
ISBN 3-7751-3347-X

Anlässlich des 300. Geburtstages von Nikolaus Ludwig Graf von Zinzendorf geht Peter Zimmerling hier den Spuren des Gründers der Herrnhuter Brüdergemeine nach. Anhand der Glaubens- und Lebenspraxis der Brüdergemeine entfaltet er ihre überraschend modern anmutenden Überlegungen zur Rolle der Frau, zu Erziehung, zu Diakonie und Wirtschaftsethik an – Themen, die heute so aktuell wie vor 300 Jahren sind. Im zweiten Teil wird das theologische Denken der Brüdergemeine in den Vordergrund gestellt. Auch darin bahnte Zinzendorf neue, ungenormte Wege ...

Bitte fragen Sie in Ihrer Buchhandlung nach diesem Buch!
Oder schreiben Sie an den Hänssler Verlag, D-71087 Holzgerlingen.

hänssler

Theo Sorg

Leuchtzeichen am Wege
Mit den Losungen leben

Gb., 140 S., Nr. 392.835
ISBN 3-7751-2835-2

Das kennen Sie sicher auch – ein Losungsvers, der in Ihre persönliche Lebenssituation hineinspricht. Sie ermutigt, Ihnen neue Hoffnung gibt... Theo Sorg hat Erfahrungen und Erlebnisse mit den Losungen aus 50 Jahren aufgeschrieben. Entstanden ist ein Buch voll bewegender Einblicke in sein persönliches Leben. Es macht Mut, Gott täglich neu zu vertrauen.

Bitte fragen Sie in Ihrer Buchhandlung nach diesem Buch!
Oder schreiben Sie an den Hänssler Verlag, D-71087 Holzgerlingen.